マクロ安定化政策と日本経済

一橋大学経済研究叢書 49

浅 子 和 美 著

マクロ安定化政策と日本経済

岩 波 書 店

経済研究叢書発刊に際して

経済学の対象は私たちの棲んでいる社会である．それは，自然科学の対象である自然界とはちがって，たえず変化する．同じ現象が何回となく繰返されるのではなくて，過去のうえに現在が成立ち，現在のうえに将来が生みだされるという形で，社会の組立てやそれを支配する法則も，時代とともに変ってゆくのが普通である．したがって私たちの学問も時代とともに新しくなってゆかねばならぬ．先人の業績を土台として一つの建造物をつくりあげたと思った瞬間には，私たちは新しい現実のチャレンジを受け，時には全く新しい問題の解決をせまられるのである．

いいかえれば経済学者は，いつも摸索し，試作し，作り直すという仕事を，性こりもなく続けなければならない．経済研究所の存在意義も，この点にこそあると思われる．私たちの研究所も，一つの実験の場である．あるいは，所詮完全なものとはなりえない統計を，すこしでも完全なものに近づけることに努力したり，あるいは，その統計を利用して現実の経済の動きの中に発展の法則を発見しようとしたり，あるいは，分析の道具そのものをみがくことに専念したり，あるいは，外国の経済の研究をとおして日本経済分析のための手がかりとしたり，あるいは，先人のきわめようとした原理を追求することによって今日の分析のための参考としたり，私たちの仕事はきわめて多岐にわたる．こうした仕事の成果を，その都度一書にまとめて刊行しようというのが本叢書の趣旨にほかならない．ときには試論の域を出でないものがあるとしても，それは学問の性質上，同学の方々の鞭撻と批判を受けることの重要さを思い，あえて刊行を躊躇しないことにした．ねがわくば，読者はこの点を諒承していただきたい．

本叢書は，一橋大学経済研究所の関係者の筆になるものをもって構成する．必らずしも定期の刊行は予定していないが，一年間に少なくとも三冊は上梓のはこびとなろう．こうした専門の学術書は，元来その公刊が容易でないのだが，私たちの身勝手な注文を心よくききいれて出版の仕事を受諾された岩波書店と，研究調査の過程で財政的な援助を与えられた東京商科大学財団とには，研究所一同を代表して，この機会に深く謝意を表したい．

1953年8月

一橋大学経済研究所所長
都　留　重　人

はしがき

本書は，マクロ経済学とマクロ安定化政策について，私が過去に単著論文ないし共同研究者との共著論文として発表してきた理論的・実証的研究成果を，一冊の本としてまとめたものである．本書の構成は，それぞれが3つの章からなる，第I部「マクロ経済学の系譜と日本経済の構造」，第II部「政策目標・政策手段と最適政策」，そして第III部「日本のマクロ安定化政策」の3部構成の形をとっている．

第I部は，本書のタイトルともなっている「マクロ安定化政策と日本経済」についての準備的考察部分であり，マクロ経済学の二大潮流である古典派経済学の体系とケインズ経済学の体系の比較対照，総需要関数と総供給関数からなる日本経済の簡単なマクロモデルの推計と時期による構造変化の検証，日本の景気循環の特徴とマクロ安定化政策の歴史，等を簡潔に整理することに努めた．こうした準備的考察を通じて，マクロ安定化政策が必要とされる経済環境とはどのようなものか，日本経済がそれに該当するか，そして歴史的にはどのような政策が実際に発動されてきたか，といった問いに対する本書の立場を明示している．

第II部では，マクロ安定化政策に関連した理論分析を展開する．まずはじめに，政策目標と政策手段をめぐる諸原則，異なる政策発動法に伴う政策効果の相違，マクロ安定化政策の有効性をめぐる論点，等々いわばマクロ安定化政策の一般理論を概観する．こうした事項に関しての共通理解の欠如が，過去においてマクロ安定化政策をめぐる論争をいたずらに混乱させてきた経緯があるからである．後半では，マネーサプライ管理に関連した複数のモデル分析に基づいて，その積極的管理法が果たす役割について議論する．まず，景気循環に見舞われた経済でのマネーサプライ管理について分析し，長期のマネタリスト・ルールの下でも，短期においては，マネーサプライの長期目標をオーバーシュートする積極主義が望ましいとの命題を導出する．次に，通常の意味では貨幣の中立性なり超中立性が成立する枠組み下でも，マネーサプライ・ルールを工夫することによって実体経済の安定化に資することを，2 種類のモデル分析を通じて示す．

第 III 部の 3 つの章では，日本のマクロ安定化政策の実際について，いくつかの観点から評価を行う．各章は，「日本の金融政策の目標と制御可能性」，「財政政策の内部ラグと外部ラグ」，および「長期の政策目標とマクロ安定化政策」と題している．これらの分析においては，第 I 部と第 II 部で展開された準備的考察や理論命題を前提として，日本経済のデータを用いた統計的検証作業が行われたり新たなファクト・ファインディングが試みられる．

まず，「日本の金融政策の目標と制御可能性」では，日本の金融政策のパフォーマンスを評価する．ここでは，事前的な観点から政策発動の目標を探ることと，そうして意図された政策が確かに事後的にも実行されたか否かを確認することの，2 段階の課題が考察対象となる．第 1 段階の課題については、公定歩合の変更によって分類される金融政策の基本スタンスをもっとも適切に説明する政策目標を，歴史的および統計的観点から識別する．第 2 段階の課題については，事前的な政策意図と事後的な政策との整合性を調べることによって，政策手段の制御可能性を考察する．

「財政政策の内部ラグと外部ラグ」では，景気対策の機動性に焦点をあてながら，公共投資の景気安定化面での評価を試みる．まず，予算措置を伴う総合経済対策等が公表されてから国会で議決されるまでの経緯を追跡しながら，景気対策の行動ラグを推計する．次に，2 種類の計量経済学的手法を用いて，政策が発動されてから，それが効果を現すまでの外部ラグを推計する．これらの計量分析では，外部ラグは各期各期で可変として推計されるが，推計された外部ラグの長短の決定要因も探る．

本書の最終章となる「長期の政策目標とマクロ安定化政策」では，短期のマクロ安定化政策を遂行する上で，長期均衡のあるべき姿がどのような関連をもつかを考察する．具体的には，景気対策としての公共投資と長期的な社会資本整備の問題，財政支出と財政再建に関連した問題をとりあげる．後者については，財政赤字の持続可能性に対する懸念が背景にあるが，ここでは主として将来を過大に悲観する必要はないことを議論する．

本書は，私のはじめての単著である．米国での留学を終えて帰国し，研究者として独立の路を歩み始めて以来，イェール大学に提出したPh.D.論文の出版を含めて，過去にもいくつかの出版の企画があった．しかし，生来の私の怠惰癖ゆえに脱稿に至らず，ご迷惑をおかけしてしまった前歴がある．今回も当初の締切り期日に間に合わず，一橋大学経済研究所の和文叢書として出版する計画が危ぶまれたが，同僚の温かい支援もあって，ようやく日の目を見ることができた．こうした経緯を顧みるとき，本書が20世紀最後の節目の年に刊行されるに至ったのは，過去の研究を整理し，新しい気持ちで新世紀を迎えるという意味で大変感慨深いものがある．また，本書が和文叢書シリーズの第49号として刊行されることは，偶然の一致とはいえ，その数字が50歳を目前とした私の年齢と重なることから，改めて今日までの足跡に感じ入った次第である．

本書を最初に企画した段階では，全体で20章を超える大著の構想となったが，その後の外的・内的調整を経て，本書のようなコンパクトな体裁となった．本書に含めることを断念したり，複数の原論文を1つの章に合体したことによって，結果的には締まりのある有機的構成になったと自己評価している．割愛した主なものは，期待形成を重視した景気循環論，さまざまなショック源に対する政策割当問題，そして名目所得(インフレ)目標とマネーサプライ目標の比較，等々私が発表してきた研究成果の中では数式の展開が続く理論分析であり，もともと本書にとっては多少座りが悪いものかもしれない．

さて，本書を上梓するに当たっては，各方面で大変お世話になったり，ご迷惑をおかけしてしまった．一橋大学経済研究所の同僚や事務方の皆様には，和文叢書シリーズの定められた条件を寛大に適用して頂き，そのために生じた有形無形の調整コストを負担して頂いた．出版元の岩波書店に対しても，出版契約面において同様のご迷惑をおかけし，改めて遺憾の念を表したい．文部省科学研究費をはじめとして，過去において直接・間接に研究助成を頂いた財団法人三菱清明会，日本証券奨学財団，日本経済研究奨励財団，21世紀文化学術財団，簡易保険郵便年金文化財団，生活経済学会，学術振興野村基金，および全国銀行学術研究振興財団(以上順不同)には深くお礼申し上げるとともに，まとまった研究成果の公刊が20世紀末まで遅れたことをお詫び申し上げたい．

東京大学・大学院時代やイェール大学大学院時代の恩師であった宇沢弘文，ジェームス・トービン，岩井克人の先生方をはじめとして，その後勤務することになった筑波大学社会工学系，横浜国立大学経済学部，一橋大学経済研究所時代を通じて多くの先生方や先輩・後輩，友人から受けた研究上の助言や叱咤・激励には，本書に反映された分だけでも計り知れないものがある．また，研究官や嘱託研究員としてお世話になった，日本銀行金融研究所，大蔵省財政金融研究所，経済企画庁経済研究所，日本開発銀行設備投資研究所，海外経済協力基金開発援助研究所(以上名称は当時のもの)に在籍されておられた方々の中には，本書の記述の基礎となった研究に共同研究者として参画していただいた方が多く，深く感謝申し上げたい．さらに，過去に連名で発表した研究成果を，それぞれ僅かな修正のみでほぼ原形のまま本書に掲載することを快くお許し頂いた，加納悟，上田貴子，大久保正勝の3人の共著者には，深くお礼申しあげたい．

一橋大学経済研究所の松崎有紀助手をはじめとした学術出版・秘書室のスタッフには，時にその業務範囲を越えて，文字通りの「助け手」を差し伸べていただいた．岩波書店編集部の髙橋弘氏は，私自身が経済研究所側の和文叢書担当委員という状況を斟酌しても，通常の意味での著者と本叢書担当編集者という関係をはるかに越えてご苦労された．本書が20世紀中に刊行に至ったのも，ひとえに，時の流れに応じて逐次修正してご誘導頂いたお陰と深く感謝の意を表したい．原稿の校正を担当された居郷英司氏にも，その完璧なまでの仕事振りに感嘆した旨記したい．

最後に，研究者としての日頃の生活を支え続けてくれた妻敦子と壮美・立美・心美・研美の4人の息子たち，そして専ら研究者として自立するまでを支えてくれた両親や兄弟に感謝の意を表したい．とくに，昨年9月に急逝した母久代を偲んで，本書を捧げることとしたい．

2000年　晩秋

浅子和美

目　次

図目次

表目次

第Ⅰ部　マクロ経済学の系譜と日本経済の構造

第I部は，第1章「マクロ経済学の系譜と展開」，第2章「日本経済のマクロモデルと構造変化」，第3章「戦後日本の景気循環とマクロ安定化政策」の3つの章から構成される．

第1章では，ケインズ経済学が登場して以降今日までのマクロ経済学の系譜を概観し，マクロ経済学の経済観を二分する古典派経済学の体系とケインズ経済学の体系の相違点を対照的に整理する．ここでの考察は，いわばマクロ経済学の教科書1冊分を最大限凝縮したものであり，内容の論理的厳密性よりも，マクロ経済学の生成・発展にとって何が問題とされ，どのような論争が繰り広げられ，どう決着したのか(あるいは未決着のままなのか)を足早にトレースするように心掛けたものとなっている．

第2章ではマクロ経済学の理論的枠組みが日本経済にどれほど適合するか，また時代と共に構造変化が生じているか否かを具体的データを用いて検証する．とくに，日本経済にとって，国民総生産(GNP)ないし国内総生産(GDP)の決定過程において需要サイドと供給サイドのどちらがより制約となっているかを，総需要関数と総供給関数の2本からなるマクロモデルのフレームワークで考察する．いうまでもなく，需要サイドが制約となっていれば有効需要原理を基礎とするケインズ経済学の体系が，逆に完全雇用均衡の成立といった供給サイドが制約となれば古典派経済学の体系が，より日本経済の現実を描写するのに相応しいことになる．

第3章では，日本経済でのマクロ安定化政策の実際について，日本の景気循環の特徴を踏まえた上で，個別のエピソードよりも戦後の日本経済の大きな流れの中でその果たした役割と成果の評価を試みる．日本経済の節目節目での財政金融政策の成功・失敗については第III部で詳しく検討することから，ここでの考察は第1章同様，戦後日本のマクロ安定化政策の歴史を足早にトレースする役目を果たす．

以上の内容をもつ第I部は，それぞれの章が独立した体裁を成してはいるが，必ずしもそれら自体で完結したものになっているわけではない．むしろ，第II部と第III部で展開されるマクロ安定化政策の最適な政策運営の考察や，日本経済におけるマクロ安定化政策の評価の際に資するための，準備的考察となるものである．

第1章　マクロ経済学の系譜と展開

マクロ経済学には2つの相対立する考え方がある．1つはケインズ経済学であり，もう1つは広義には古典派経済学と呼ばれている．両者は，資本主義経済のメカニズムをどのように把握するかという基本的経済観をはじめとして，政府の役割や経済政策の有効性などさまざまな問題をめぐって論争を展開してきた．こうした論争によって，そもそも両者の決定的な相違は何であって，それがいったいどこから生じているのかということも，理論的にだいぶ整理されることになった[1]．

ケインズ経済学は，直接的には1929年にはじまる世界的大不況の中で誕生したわけである(ジョン・メイナード・ケインズ〔John Maynard Keynes〕の『一般理論』の出版が36年)が，その後60年代前半のアメリカにおいて黄金時代を迎えることになり，民主党のケネディ＝ジョンソン両大統領時代の「ニュー・エコノミックス」の理論的支柱となった．この時期は，アカデミックな世界でもケインズ経済学が圧倒的に優勢であり続け，マクロ経済学の教科書やほとんどの大学の講義はケインズ経済学の解説にあてられた．

ところが，1970年前後を境として勢力関係に変化の兆しが現れた．これは，この頃から労働生産性の上昇率や経済成長率の鈍化，高率のインフレーション，あるいは財政赤字の一方的増大や国際収支の慢性的不均衡などが先進諸国を共通に襲い，それが石油ショックによって決定的になったにもかかわらず，伝統的なケインズ経済学の政策処方箋が一向に有効性を発揮できなかったことが端緒になり，もう一方の古典派経済学が拮抗力と

本章は，浅子(1988)を加筆訂正したものである．

1)　ケインズ経済学の体系と古典派経済学の体系をより詳しく対照したマクロ経済学の教科書として，浅子・加納・倉澤(1993)がある．なお，2つの経済学の体系の伝統的な対比に批判的な見解として齊藤(1996)や岩本・大竹・齊藤・二神(1999)がある．もっとも，この批判は対比そのものに向けられているというよりも，それらに依拠する政策処方箋に向けられている感が強い．この点に関しては，本書全体を通じて明らかになるように，筆者も必ずしも反批判があるわけではない．

して急速に台頭することになったからである．この流れには，多分にケインズ経済学そのものの誤りというよりは政策運営の誤り(いわゆる政府の失敗)が関与しており，またそれまでのケインズ経済学への高い信頼感に対する過度の反動が現れたという側面も見逃せない．しかし，この流れを助長したものとしては，古典派経済学そのものが，それまでになく理論的に強固な道具だてをもって復活したという側面も評価されなければならない．

古典派経済学の復活は，一部には共和党のレーガン大統領の経済政策である「レーガノミックス」の支柱となる，貯蓄・投資行動に影響を与える税制を重視した「サプライサイド・エコノミックス」を登場させることになるが，より重要なのはマネタリズムの流れを汲む「マクロ合理派(macro rationalists)」あるいは「新しい古典派(new classical school)」と呼ばれる人々の登場であり，マクロ経済学の考え方そのものにも大きな影響を及ぼすことになった．とくに，マクロ経済を構成する経済主体に合目的的な行動を導入し，将来の期待形成をはじめとして利用可能な情報の最適処理を行動原理として規定したことは革新的であり，経済政策に対する民間セクターの反応面で新しい解釈を提供することにもなった．2000年代を迎えた今日，古典派経済学にはかつての勢いはないが，それでも大学院レベルでのマクロ経済学の教育面や若手研究者の研究テーマの選択面では，その基準になるという意味で現代の主流派経済学に多大な影響を与えたのも確かである．

もっとも，こうした評価が一本道で確立されたわけではない．1970年代から80年代前半にかけて猛威を奮った高率のインフレや高金利現象は，一時的にマネタリズムの影響力を過度に高める梃子の役割を果たしたものの，インフレの沈静化とともにその影響力も低下させた．さらに，80年代後半時点では古典派経済学の大きな実験であったレーガノミックスの失敗が叫ばれ，そのツケとしてのアメリカ経済の「双子の赤字」が世界経済に悪影響を及ぼすといった振り子の振り戻しもあった．

しかしながら，1990年代に入るとアメリカ経済は空前の好景気に湧き，ニューヨーク証券取引所の株価は上昇し続け，もはや景気後退はなくなったとの「ニューエコノミー論」も叫ばれることになった．こうした90年代を通じた空前の長期好況の原動力として，社会主義経済の破綻による冷戦終結やIT(情報技術)革命に代表される技術革新といった僥倖と同時に，レーガノミックスが掲げた供給面重視のサプライサイド・エコノミックスの成果が実を結んだものとの評価があり，それが需要面を重視する伝統的なケインズ経済学に対峙する古典派経済学の評価を高める要因として貢献していると考えられる．

アメリカ経済の株高には，1980年代後半期に日本経済が経験したバブルと同様のメカニズムが関与しているとの有力な観察がある．過去のバブルは早晩必ず崩壊してきたことから，2000年代には実体面でのアメリカ経済の失速も必然との見方もあり，その場合には需要面重視のケインズ経済学の影響力が増すであろう．あるいは，1990年代を通じてはグリーンスパン議長に率いられたFED(連邦準備制度理事会)[2)]の金融政策の舵取りが，臨機応変に先手先手をとったファイン・チューニング(微調整)であり，それはまさにケインジアン流の政策運用であるとの評価もある．いずれにしても，仮にレーガノミックスの成果とすれば，その結実がレーガン大統領の後継者であった共和党のブッシュ大統領の再選を阻止して誕生した民主党のクリントン政権下であったのは，歴史の皮肉といえよう．

以上のように，古典派経済学とケインズ経済学の評価をめぐっては，さまざまな面で対峙してきた経緯がある．こうしたマクロ経済学における主流派の考え方の流れを，本書全体の理解に資する範囲でより詳細に整理するのが本章の目的である．

1　古典派経済学とケインズ経済学

古典派経済学の体系は，端的には，マクロ経済学にミクロ経済学の体系を持ち込んだものである．これに対してケインズ経済学の体系は，ミクロ

2)　アメリカの中央銀行を指す言葉として，FRB(Federal Reserve Board)の代りに「連邦」部分の最初の3文字をとったFEDと呼ぶ習わしもある．FEDは連邦準備銀行制度(Federal Reserve System)全体を指し，FRBはその最高意思決定機関である．本書ではFEDを用いる場合が多いが，両者を特別使い分けるわけではなく，ほぼ同義語として用いる．

経済学の基本前提であるプライス・メカニズムがうまく働かず，分権的市場機構に限界があることを出発点とする．もちろん，マクロ経済学とミクロ経済学は，おのずからその重点の置き方が異なる．したがって，このような対照の仕方では語弊が生じる場合もあろう．しかし，両経済学体系の基本発想を理解するという意味では，有益な二分法である．この点を基礎に，以下では重要なトピックスを選んで，それぞれについて具体的な対照点をあげて整理してみよう．

1.1　価格調整と数量調整

古典派経済学の体系では，労働市場で完全雇用が実現される．これは，企業による労働需要と家計による労働供給が，それぞれ合理的に行動した場合ともに実質賃金率に依存し，市場での需給が均衡するように(与えられた物価水準のもとで)名目賃金率が伸縮的に調整されると考えるからである．均衡では，その実質賃金率のもとで働きたいと思う労働者はすべて実際に働けることになり，これが完全雇用の定義にもなる．

これに対して，ケインズ経済学の体系では，何らかの理由により名目賃金率は硬直性を示すとされる．このため，労働市場での需給の一致は保証されず，特に名目賃金率が均衡水準よりも高すぎるために，働きたいと望む労働者の方が企業の雇用計画を上回ってしまい，結果として誰かは職にありつけなくなる．非自発的失業の発生である．

どちらが現実経済をより的確に描写しているかの判断は，簡単なようで難しい．賃金に下方硬直性があるのは，日常生活の感覚からは理解しやすい．また，働けず失業状態にある人がいるのも確かである．しかしながら，問題は個別的経験ではなくマクロ経済全体での平均的な傾向についてである．また，失業も転職過程の一時的なものであったり，よりよい職を求めて高望みしなければ働き口がいくらでもあるといった状況かもしれない．失業については，自ら望んだ自発的なものか否かが決定的に重要でありながら，両者の区別が必ずしもはっきりしない．

そこで，両体系を区別する基準として，名目賃金率の硬直性という比較的狭い概念から，視点を変えて，より広く市場での需給調整が何によってなされるかといった面に求めてみよう．

こうした観点から捉えると，古典派経済学の体系では，市場の需給調整はすべて価格の変動によってなされるとする．もちろん，古典派経済学の体系でも数量がまったく変動しないということはないが，数量の変動は価格の変動によってもたらされる．これに対して，ケインズ経済学の体系では価格の変動を経由しないで，直接数量調整がなされる可能性を重視する．数量調整が起こるのは，そもそも価格の変動に足枷が架されプライス・メカニズムが有効に機能しないからであるが，後にみるようにその原因を探るのも現代主流派経済学の使命の一部となっている．

1.2　供給サイドと需要サイド

完全雇用水準は，労働市場で需要と供給が一致し，働きたいと望む労働者がすべて実際に働ける状況と定義した．したがって，完全雇用水準自体は，労働需要や労働供給が実質賃金率以外の要因でも変動するならば，それにあわせて変動することになる．例えば，資本蓄積や技術進歩によって企業の生産計画が変わって，より多くの労働者が必要になる場合もあるし，ロボットの導入により労働が過剰になる場合もある．また，労働者の方も働き蜂から余暇志向に目覚めたり，宝くじが当たって働く必要がなくなったり，あるいは子供の成長によって新たに職につく主婦もいよう．

しかし，いまこのような変動要因はないものとしよう．あるいは，経済全体では相殺されてしまうと考えてもよい．ともかく完全雇用水準は一意的に決まるとする．すると，古典派経済学の体系では労働市場で一意的に決まる完全雇用水準をもとに，経済全体での産出量(実質GNP)も決まってしまう．もちろん，厳密には資本蓄積の程度等にも依存するが，これらもさしあたり一定と前提していることに注意されたい．つまり，古典派経済学では実質GNPは何はともあれ，生産面で決まってしまう．生産面は言い換えると経済の供給面であるから，古典派経済学の体系においてはまず供給が決まる．

古典派経済学の大きな特徴は，市場均衡が達成されることである．つまり，需要は供給に等しくなければならない．これを保証するのが伸縮的な価格調整であり，生産された財・サービスがちょうど需要されるように物価水準が決まる．このように，古典派経済学の体系では「供給が自らの需要を創出する」(セイ法則)のであり，供給サイドが決定的な役割を果たすことになる．

ケインズ経済学の体系では，こうしたメカニズムは働かない．非自発的失業が存在する不完全雇用経済ということだけで，どれだけの失業があるかが労働市場だけからはわからないからである．この点についてケインズ自身は，労働者は名目賃金率の動向には注意を払うが，雇用についてはまったく受動的であるとした．すなわち，企業の労働需要がそのまま実際の雇用量となり，企業の労働需要といえば雇用した労働のもとで生産したものがどれだけ売れるかという予想に依存し，それは結局生産物の需要に依存するとした．ただし，これは説明の簡単化のためであり，その細部はそれほど重要ではない．重要なことは，労働雇用量したがって実際に生産される実質 GNP は，生産した場合に売れる需要，つまり購買力を伴った需要によって決定されるということである．

こうした需要は有効需要と呼ばれ，ケインズ経済学のエッセンスは有効需要原理であると主張される場合も多い．有効需要の水準によって，実際に実質 GNP が決定されるメカニズムは乗数過程とも呼ばれ，新たな需要増がもたらされた場合には有効需要はそれを乗数倍上回って増加する．やや複雑な体系として貨幣(資産)市場も同時に考慮し，実質 GNP と利子率の同時決定を問題とするいわゆる IS-LM 分析も，あるいはさらに物価水準の同時決定も問題とする総需要・総供給分析も，内容的にはいかに需要サイドが重要であるかを説いたものであるといってよい．

1.3　名目賃金論争

さて，古典派経済学とケインズ経済学の体系を端的に峻別するのは，労働市場で完全雇用が実現されるか否かにあり，それは名目賃金率が伸縮的に調整されるか硬直的であるかによる．実はこの点をめぐっては，学説史上はアーサー・ピグー(Arthur C. Pigou)を代表とする古典派経済学者とケインズの間で論争がなされたところであり，その解釈には微妙なところも残っている.

ケインズは，名目賃金率の切下げは労働者の所得(購買力)を減少させ，消費減など有効需要を低下させ，必ずしも雇用の増加をもたらさないとした．この意味で，名目賃金率の硬直性そのものは決定的でないというわけである．他方古典派経済学者は，ケインズの主張する効果はたしかにあるものの，それは相対的に小さなものであるとした．現代の主流派経済学の目からこの論争を振り返るならば，いちおう古典派経済学者に軍配が上がると考える.

ただし，これは均衡の比較(比較静学)の意味でであり，均衡に至る動学的調整過程を考えると，ケインズの主張にも理がないわけではない．これは，ケインズの『一般理論』をどのように解釈するかという問題にも連なるものであり，問題自体がかなり難解なものである．今日では，ケインズの主張を踏襲する立場は，動学的不均衡理論を展開しており，ケインジアンの立場から主流派経済学を批判している．ケインズ経済学(ケインジアン・エコノミックス)がケインズの経済学(エコノミックス・オブ・ケインズ)と異なると主張される場合には，この点が問題とされる.

1.4　貨幣の中立性と貨幣錯覚

古典派経済学とケインズ経済学の体系においては，貨幣の果たす役割にも大きな違いがある．古典派経済学では，貨幣は交換手段として用いられるだけであり，経済取引上の単なる潤滑油にすぎないとされる．貨幣ヴェール観ないし貨幣の中立性，あるいは経済の実物面との二分法(dichotomy)の成立である．これに対して，ケインズ経済学の体系では，貨幣は経済の実物面に対し中立的ではありえず，貨幣供給量の変動は実物経済の変動を引き起こす.

以上のような貨幣の役割に対する差異は，貨幣のもつ機能のうちどの側面を最も重視するか，という観点で考えるのが有用である．すなわち，古典派経済学では貨幣のもつ機能のうちの，支払い手段としての側面や価値尺度としての側面が中心に据えられる．ケインズ経済学では，資産選択の対象となる価値保蔵機能が重視される．このことは，ミルトン・フリードマン(Milton Friedman)の有名なクイズに端的に表れている．つまり，「貨幣の価格は何か」という問いに対し，古典派経済学者は「一般物価水準の逆数」と答えるであろうが，ケインジアンは「名目利子率」と答えるであろうとの指摘である．一般物価水準の逆数は貨幣のもつ購買力(つまり，財・サービスの単位数)であるのに対し，名目利子率は貨幣を保有する場合の機会費用(例えば，かわりに債券を保有した場合に得られる収益)になっている．

第II部第6章で考察するように，経済主体が合理的に行動するならば，そして貨幣自体が生産力効果や人々の満足を高める効果がないならば，貨幣の存在自体は実物経済にとっては(取引費用の節約を除くと)中立的になる．換言するならば，貨幣の非中立性には，何らかの意味で経済主体の非合理性が関与している可能性がある．このことは，通常貨幣錯覚の存在の有無として議論される．ケインズ経済学にとって重要な名目賃金率の硬直性は，こうした貨幣錯覚を生じさせやすい状況をつくりだしている．

たとえば，ケインズ自身による名目賃金率の下方硬直性の説明としての相対賃金仮説では，労働者は名目賃金率の切下げによる実質賃金率の下落には反対するが，物価水準の上昇による実質賃金率の下落には大きな反対はしないとされる．もし労働者が真に合理的ならば，本来，財・サービスとの交換比率としては実質賃金率の動向のみが重要であるから，どちらの理由にしろその下落には同様に反応すべきところである．これが満たされないということは，とりもなおさず貨幣錯覚が存在することになる．

ただし，貨幣錯覚の存在が常に経済主体の非合理性から生じると断言するのは短絡すぎるという批判もある．情報の不完全性や将来の不確実性がある場合には，経済主体(あるいは主体間)の最適化行動が，結果として形の上では貨幣錯覚をもたらしてしまう可能性も考えられるからである．名目賃金率の硬直性を説明しようとする最近の理論の多くも，この可能性を強調している[3][4]．

3) 本章第3節でより立ち入って解説するが，詳しくは，西村(1989)，大瀧(1994)，脇田(1998)等を参照．

4) 小野(1992)のように，貨幣の限界効用に下限があると想定するのも，「コロンブスの卵」的な考え方ではある．

1.5　マクロ安定化政策

マクロ経済学が現実経済ともっとも深くかかわりあうのは，その政策処方箋においてである．現実経済には経験的に景気循環が存在している．その発生・持続のメカニズムを解明するのがマクロ経済学の第1の使命である．次はそれを平準化する，もっとも有効な安定化政策をさがすことである．古典派経済学とケインズ経済学ではマクロ経済学の体系が異なることから，当然ながら両者の政策処方箋も異なったものとなる．

古典派経済学では，基本的には政府は何もしなくてよいと考える．景気循環があったとしても，それは完全雇用水準を変動させる諸要因の変動によって起こっているだけであり，それ自体は問題にならない．なぜならば，そのような諸要因の変動を与えられたものとして，市場均衡は依然として達成されており，また経済主体も主体均衡の状態にあるからである．このような世界で政策介入があれば，それはかえって市場機構に攪乱を導入することになり，結果として景気循環を増幅させてしまう．

ただし，以上はいわば理論的世界での話であって，より現実経済に目を向けた場合には，古典派経済学も具体的な政策処方箋を提示する．この場合には，すでにケインズ経済学の処方箋による誤った政策介入がなされてしまっており，それを正しい方向に軌道修正するためという認識がある．ここに政策論争が生じるわけである．政策論争のなかでも有名なのは，1960年代を通して展開された「マネタリスト＝ケインジアン論争」である．マネタリストとは，古典派経済学者のなかでもとくに貨幣供給量の役割を重視するマネタリズム(貨幣主義)を信奉する人々に対しての呼称であり，その総帥はシカゴ大学(所属大学は当時のもの，以下同様)のミルトン・フリードマン教授であった．

第2節でみるように，1960年代(とくに前半)はケインズ経済学の全盛期であり，実際に採用されていたマクロ安定化政策も完全にケインズ経済学のそれであった．この時期に，劣勢ながらも果敢に論争を挑んだフリードマンの貢献には，2つの意味で大きなものがあった．1つは，論争によってマクロ経済学の理解が大いに進んだことである．この貢献は後にノーベル賞を受賞する理由ともなり，しかも受賞はケインジアン側の主な論争参加者であったイェール大学のジェームス・トービン(James Tobin)教授やマサチューセッツ工科大学のフランコ・モジリアーニ(Franco Modigliani)教授に先んじることとなった．もう1つは，シカゴ大学において古典派経済学の伝統をよく守り後継者を多数育成したことである．第3節で詳しく紹介するように，実はかれらが70年代に入って「新しい古典派」を誕生させ，古典派経済学の復活をみるのである．

さて，マクロ安定化政策をめぐる論争は，いくつかの段階に分けて整理するのが有用である．第1段階は，財政政策と金融政策のどちらがより有効か，あるいは金融政策として何を操作手段とするかという，いわば相対的有効性を問題としたもの．第2段階は，政策をどのように運営するかという，インプリメンテーションの問題．そして第3段階は，政策効果そのものを疑問視した絶対的有効性に関してのものである．このうち，1960年代のマネタリスト＝ケインジアン論争はもっぱら第1段階と第2段階をめぐるものであり，第3段階は70年代に入ってからの新しい古典派による「合理的期待革命」によって触発されることになった．絶対的有効性に関しては第3節でふれることとし，ここでは第1段階と第2段階に関しての論争を回顧しておこう．

マネタリスト＝ケインジアン論争では，個別には多くの問題が争点となったが，それらを端的に整理すれば次のようになろう．ケインジアンの主張は，①深刻な不況時には，金融政策よりも政府支出増による財政政策がはるかに有効であり，②小幅で循環的なマクロ経済の変動にたいしては，財政政策と金融政策の併用による有効需要の積極的な微調整(ファイン・チューニング)が望ましい，③金融政策としては，利子率を重視する，そして④ともかく政策発動はケース・バイ・ケースで裁量的に行う，というものである．これに対してマネタリストの主張は，⑤マクロ経済の安定にとっては，安定的な金融政策が望ましく，財政政策としては常に均衡財政をこころがける，⑥金融政策としては，貨幣供給量を長期的な経済成長率に見合うように増加させ，⑦政策はあらかじめ設定されたルールに従い，いたずらに変更しないようにする，というものである．

不況時の対策としてケインジアンが財政政策をより有効とするのは，ケインズの『一般理論』が1930年代の世界的大不況のもとで書かれ，当時の状況では金融政策は無力であり，均衡予算主義を改め積極的な財政政策の必要性を唱えたのが端緒となっている．これに対しては，マネタリストは大不況の経験は適切な金融政策の無効性を示すものではなく，むしろ誤った金融政策の威力を示すものであると反論する．当時，貨幣供給量が減少していたからである．

また，ケインジアンが金融政策として利子率を重視するのは，以下の理由による．すなわち，経済の金融面には実物面とは関係なしに変動する傾向があり，それに応じて利子率なども不安定に変動する可能性が高いとする．利子率は企業の設備投資などの重要な決定要因であるから，利子率の不安定な変動はいたずらに実物面の変動をもたらし，景気循環の不安定化要因となってしまうというわけである．古典派経済学では貨幣は本質的には中立的であると考えるから，マネタリストが貨幣供給量を重視するのは一見矛盾するように聞こえるかもしれない．しかし，経済の金融面の役割は実物的経済活動を円滑に進めていくための潤滑油となるということであり，その役割が満たされるにはまず貨幣供給量を安定的にコントロールしなければならない，というわけである．しかも，貨幣供給量と物価水準，ないし貨幣供給量の増加率とインフレーション率の間には経験的に安定的な比例関係があるとし，インフレ対策としては貨幣供給量をコントロールするのが最も有効であると主張する．

1.6　特殊性と総合化

以上，古典派経済学とケインズ経済学の差異をいろいろな観点から対照してきた．ここでは，それでは両者の体系は全く相容れないのか，あるいは一方は他方の特殊ケースなのか，という問題を考えてみよう．ケインズ経済学は，ケインズの『雇用・利子および貨幣の一般理論』(1936年)の刊行に端を発しているといってよいから，タイトルそのものからはケインズ経済学の方が古典派経済学の体系よりも一般的なものであると受け取れそうである．

ケインズが自らの理論を一般理論と称したのは，完全雇用均衡のみを対象とした古典派経済学に対し，資本主義経済には失業が存在する状態が長期間持続されるメカニズム(いわゆる長期停滞)が内在することを理論的に示したことに求められる．つまり，経済の状態としては完全雇用は特殊な状態であり，非自発的失業が存在する不完全雇用経済が一般的な状態であると主張した．すなわち，「一般理論」には経済の「一般的状態」をうまく説明できる理論である，というニュアンスが含まれていると考えることができる．

古典派経済学の立場はどうであろうか．古典派経済学はミクロ経済学の体系をマクロ経済学に持ち込んだものであり，ミクロ経済学はすべての経済学者に共有されている．すると，ケインズ経済学が前提とする名目賃金率の下方硬直性は特殊な前提であり，むしろ経済理論的にはアド・ホックで不十分なものであるとの主張が当然なされることになる．ここでは，一般性ないし普遍性をもつのは古典派経済学ということになろう．1970年代における古典派経済学の復活の理由のひとつも，ミクロ的基礎に裏付けされていないという意味でのケインズ経済学の特殊性にあったといってよい．

かつてマサチューセッツ工科大学のポール・サミュエルソン(Paul Anthony Samuelson)教授は「新古典派総合(neoclassical synthesis)」という概念を提唱し，ケインズ経済学と古典派経済学の共存の可能性を模索した．これは，ケインズ経済学の対象とする不完全雇用経済も，適当なマクロ安定化政策により完全雇用が実現される世界に移行され，完全雇用が実現された後には古典派経済学の体系が経済を描写可能とする考え方である．新古典派総合は1960年代の前半頃には主流派の考え方となったが，政府のマクロ安定化政策の役割を重視しすぎたこと(したがって，現実の政策運営上の失敗からのフィード・バックがあった)，あるいはケインズ経済学の本質は何かという議論が高まるにつれて，次第に妥当性を失ってしまい，サミュエルソン教授自身もこの考え方を放棄してしまった．

しかしながら，1980年代の後半期以降のマクロ経済学の主流派の考え方では，再びケインズ経済学と古典派経済学の共存を模索する方向にあり，両者の新しい総合化の試みがなされている．ここでは，新古典派総合のマクロ安定化政策の役割に代わって時間的視野の問題がクローズ・アップされており，賃金・物価の硬直性が重要なケインズ経済学の体系は経済の短期的変動を分析する場合の基礎として，他方古典派経済学の体系は賃金・物価の伸縮性が第1次近似として成立する長期の経済状態の分析として考えようというものである．

ただし，ケインズの有名な言葉として「長期には，われわれはすべて死んでしまっている」という指摘もあり，短期と長期をどのくらいの時間的視野で区別するかの問題は残されたままとなっている．すなわち，ケインズ経済学の立場では「短期」は相当程度持続されるものであり，長期の均衡状態は短期の経済状態が調整される方向を示唆する程度のものと理解する傾向がみられる．これに対して，復興後の古典派経済学の立場を代表する「新しい古典派」と呼ばれる人々は，現実の経済が十分長期均衡の状態(自然失業率仮説が成立する状態)に近いところに位置していると主張し，現実経済が長期均衡から乖離するのはもっぱら経済主体が直面している情報の不完全性に依存しているとする．

2　アメリカ経済の歴史とマクロ経済学

マクロ経済学はきわめて実践的な学問体系であり，現実経済の動向と切り離してその発展を議論することはできない．古典派経済学の流れはアダム・スミス(Adam Smith)にはじまりデヴィド・リカード(David Ricardo)，トーマス・マルサス(Thomas Robert Malthus)，ジョン・スチュアート・ミル(John Stuart Mill)，ウィリアム・ジェボンズ(William Stanley Jevons)，アルフレッド・マーシャル(Alfred Marshall)，アーサー・ピグーと，その主流はあくまでもイギリスの経済学者によって発展された．カール・マルクス(Karl H. Marx)が『資本論』を執筆したのもロンドンにおいてであり，もちろんケインズもケンブリッジ大学で教鞭をとった．これは，資本主義経済がイギリスで発祥・発展し，当時イギリス経済が世界経済の中心であったことと無関係ではない．

同じ理由により，第1次世界大戦から1930年代の世界的大不況を経たあとのマクロ経済学は，突出した資本主義大国となったアメリカ経済の動向を把握して，はじめてその発展過程を理解することが可能となる．ケインズ経済学も，リチャード・カーン(Richard Ferdinand Kahn)，ロイ・ハロッド(Roy F. Harrod)，ジョーン・ロビンソン(Joan Robinson)などケンブリッジ大学でのケインズの直接の弟子たちや，IS–LM分析の先駆者であるオックスフォード大学のジョン・ヒックス(John R. Hicks)を除くと，アルビン・ハンセン(Alvin H. Hansen)，ワシリー・レオンティェフ(Wassily W. Leontief)，ローレンス・クライン(Lawrence R. Klein)，ポール・サミュエルソン，ジェームス・トービン，フランコ・モジリアーニと，ほとんどアメリカに居住する経済学者によって発展されたものである．

2.1　ニュー・エコノミックスの時代

1960年代に入ると，ケインズ経済学に裏打ちされた積極的裁量政策の全盛期を迎え，民主党のケネディ＝ジョンソン両大統領の時代はニュー・エコノミックスの時代と呼ばれた．ニュー・エコノミックスは，50年代に相対的に高かった失業問題をうけて，完全雇用の達成を最優先させた．この背後にある考え方は，いったん完全雇用を達成しさえすれば，その後は分権的市場機構に委ねておいても，古典派経済学の世界のように経済はうまく機能するという見方(新古典派総合)であった．

この時代はまた，マクロ経済学の成果が現実の経済政策と最も深いかかわりをもっていた時期でもあり，「潜在GNP」「GNPギャップ」「完全雇用財政赤字」などといった概念がつぎつぎと生まれ，それらが現実の政策運営の指針となっていった．またマクロ経済の計量分析による経験的法則も重視され，「フィリップス曲線」や「オークンの法則」が政策策定にあたって考慮されるようになった(オークンの法則とは，GNPギャップ率と失業率の間に成立する関係である)．さらにこの時期には，マクロ経済そのものを描写した大型マクロ計量モデルも構築され，それを用いたシミュレーション分析などの成果が，現実の政策効果の定量的予測に大いに利用されるようになったことも特筆に値する．

しかし，完全雇用の達成を謳歌したニュー・エコノミックスも，ジョンソン大統領時代のベトナム戦争や「偉大なる社会」建設に伴う政府支出の増大により，クリーピング・インフレーションを引き起こしていった．すなわち，1961年から66年までは消費者物価上昇率は年率約1.5%であったのに対し，67年から69年までのそれは4.1%に上昇した．この間金融政策は裁量的な微調整に徹したが，結果的には66–67年の信用逼迫期を除くと，貨幣供給量の増加率はほぼ一貫して上昇していった．

2.2　供給ショックとスタグフレーション

1969年に共和党のニクソン大統領が就任した時点では，失業率は3.5%と低水準にあり，他方インフレ率は約5%と当時としてはかなり高率であった．そこで，ニクソン政権はインフレの鎮静を優先する立場をとり，緊縮的な財政・金融政策を採用した．しかしながら，この政策はインフレにあまり効果を発揮しないまま景気後退を招くことになり，今度は一転して拡張的な財政・金融政策が必要となり，71年にはインフレ対策としては賃金・物価統制を盛り込んだ「新経済政策」が発表された（いわゆるニクソン・ショックであり，後に固定相場制から変動相場制に移行する素地もつくられた）．この結果，景気は回復に向かい，当初インフレもかなり沈静化されていった．ところが，貨幣供給量の増加率がかなり高いものとなっていたため，やがて景気は過熱気味になった．金融政策が引締めに転じたのは，73年に入ってからであった．

アメリカ経済がこのような状態にあるとき，1973年末に第1次石油ショックが発生し，おりからの農産物価格の上昇とともに，原材料価格の高騰が重なり，高率のインフレと深刻な不況という，スタグフレーションを招来させることとなった．フィリップス曲線は60年代以降，裁量政策の拠り所となっていたが，70年代に入りその安定性が疑われるようになっていた．そしてこのスタグフレーションがフィリップス曲線の安定性に対する信頼を決定的に崩し，そのために政策当局も大いに混乱することとなった．すなわち，深刻な不況に対処するため財政政策は拡張的に運営されたが，金融政策は石油ショック発生以前からの方針を継続し，貨幣供給量の増加率は75年前半まで減少させていた．しかしこの間も，消費者物価上昇率は10% を超え，失業率も上昇をつづけ，石油ショック以前の4% 台から8% 台へはねあがった．

この時期はまた，金融政策の運営にとって，利子率よりも貨幣供給量を重視する方向へ移っていく過渡期となった．アメリカの金融政策の運営は，伝統的に利子率(具体的には，インターバンク市場での貸借に適用されるフェデラル・ファンド・レート)を重視してきた．ところが，マクロ経済の安定にとってインフレ沈静が重要であるという認識が高まってくるにつれて，貨幣供給量の増加率とインフレ率の間の経験的な正の相関が注目されるようになった．その結果，インフレの沈静にはマネーサプライの管理が必要である，とのマネタリスト的な考え方が影響力を増していったのである．

そこでアメリカの中央銀行機能を果たすFEDも，短期利子率ばかりでなく，貨幣供給量や銀行の信用供与額などの，いわゆる量的指標もあわせて重視するようになり，1970年代の中頃からはマネーサプライの各項目について，それぞれ目標とする成長率の範囲，および利子率の目標を公表し，それにしたがって政策運用をこころがけるようになった．しかしながら，利子率と量的指標の併用という金融政策の運営方針にはもともと無理があり，FEDも結局はどちらかというと利子率の目標を重視したために，マネーサプライの増加率目標は達成されないことが多かった．これは結果的には，FEDによるマネーサプライ管理の限界を示すことにもなり，当時いっこうに沈静化していかないインフレとともに，次第に高まりつつあったインフレ期待を助長することになった．

こうしたなかで，1979年の第2次石油ショックを背景に，インフレが年率15% にまで高まるに至った同年10月，FEDは従来のような利子率の目標達成を重視する政策運営方針を放棄し，量的目標の達成を徹底化する方針に方向転換することを発表した．いわゆる，新金融調整方式への移行である．

2.3 高金利政策とレーガノミックス

新金融調整方式への移行は，引締気味に設定したマネーサプライの目標値の達成という意味では一応合格点を得るものであった．しかし，このようなマネーサプライの動きとは対照的に，新方式は利子率を大きく変動させ歴史的な高金利現象を現出させることになり，金融市場のみならず経済の実物面にも大きな影響を及ぼすことになった．利子率の大幅変動は，新方式が量的目標を最優先させたことによる当然の帰結でもあるが，従来金融市場ではFEDの政策意図を利子率の動向によって間接的に捉えていたので，当面金利水準の拠り所を失って混乱し，利子率が過敏に反応し乱高下したという側面も見逃せない．

利子率は新方式による引締めの結果急上昇したが，この間肝腎のインフレは引きつづき上昇をつづけ，さらに高金利にもかかわらず資金需要がいっこうに衰えないことと相俟って，1980年3月にはFEDはとうとう強力な金融統制を実施するにいたった．この統制は急速に効果を現し，資金需要を抑制し，金利も急速に下落し，マネーサプライも一時減少するほどになった．また，これに従ってインフレもようやく減速する気配をみせたが，同時に急激な景気後退をも招来してしまった．そこで，FEDは一転して引締めを緩和したが，それが再びマネーサプライの急増をもたらし，インフレを再び加速させる懸念を生じさせることになり，FEDは再度引締め方針に戻った．その結果は金利の再上昇であった．

このころは，利子率はマネーサプライの動向そのものよりも，FEDの金融政策のスタンスに対して，より敏感に反応した．そこで，あくまでもインフレおよびインフレ期待の沈静化を当面の金融政策の最優先目標としたFEDは，景気への悪影響には目をつぶってまでも，しばらくは引締めに徹し，中間目標としても量的目標の重視を徹底化する構えをみせた．これに対応して，市場でも従来フェデラル・ファンド・レートを通じてFEDの政策意図を認識していたのを，それ以降はマネーサプライの増加率の動向によって，FEDが今後とるべき操作方針を推測するようになった．

この時期の歴史的な高金利現象を，新金融調整方式への移行だけで説明するのは不十分であろう．新方式へ移行して1年後に当選した共和党のレーガン大統領は，就任後間もなく「経済再建計画」を発表し，いわゆるレーガノミックスの方針をうちだした．レーガノミックスは，金融政策としてはマネタリスト的な新金融調整方式の踏襲ないし徹底，財政政策としては減税優先による経済の供給サイドを重視したサプライサイド・エコノミックスの採用を2本柱とした．

そもそも，レーガノミックスの最大のスローガンは，スタグフレーションに陥ってしまったアメリカ経済を長期的観点から立て直すことであったといえよう．そのためには，従来の短期的視野にたったケインズ経済学の悪弊を払拭する必要があると唱えた．とりわけ，裁量的マクロ政策や福祉政策によって，政府の民間経済活動への介入が過度になりすぎ，そのために民間の生産意欲や自助努力が衰えてしまったとする．「大きな政府」の批判であり，政府部門が浪費する資源を民間部門に還流することによって，アメリカ経済を活性化できると主張した．

具体的な再建策は，引締め基調の安定的な金融政策のほかには，財政支出の削減，所得減税，および規制緩和からなるものであった．このうち所得減税については，後に詳しくみるラッファー曲線の考え方が援用され，税率の引下げによって勤労意欲が高まり課税ベースが増え，税収はかえって増えるとの見通しをもったものだった．減税による可処分所得の増加は，消費も貯蓄も増やし，しかも貯蓄増は投資に回り，インフレなき長期的な反映をもたらすというのが計画案であった．

レーガノミックスはもともと長期的観点からの政策であるとするならば，それを評価するには慎重でなければならないかもしれない．しかし，レーガン政権の政策を受け継いだブッシュ政権の政策も含めて，その明らかな帰結が「双子の赤字」問題という財政収支と経常収支の大幅な赤字であり，当時としてはこれらを短期的な過渡期の現象と割り切ることにはコンセンサスは得られなかった．たしかに，急速なディスインフレ政策によって消費者物価上昇率は年率で2桁台から1987年には4%前後へと沈静化し，インフレ期待の低下とともに金利水準も大幅に低下した．また82年末以来の景気拡大は，経済成長率を年平均約4%と予想外に高め，10%を超えていた失業率も80年代後半では5%台にまで低下した．さらに，結果的には，90年代のアメリカ経済の空前の長期好況がもたらされることにはなった．しかし，これらが達成できたのには，過渡期において多大な社会的損失を甘受した経緯があることを忘れてはならない．したがって，長期的観点からの評価は，いわば異時点間の社会的選択の問題として議論される必要があろう．

さらには，アメリカ経済がレーガノミックスのシナリオ通りに再生したわけでもないことに言及しておこう．短期的な景気拡大も財政赤字の増大による意図せざるケインズ政策によるものであるし，所得減税によって個人貯蓄率はかえって低下してしまった経緯もある．また，1980年代に入って貨幣の流通速度(名目GNP/貨幣供給量)は原因不明なまま低下しはじめ，しかも大幅な変動を伴うようになった．もともとマネタリスト的な政策処方箋の有効性は，流通速度の安定性に依拠しているわけであるが，この大前提が崩れたことにより，既述のように87年にはとうとうFEDも貨幣供給量の目標値や監視幅についての公表をとりやめるまでにいたった．

1990年代のアメリカ経済の長期好況も，レーガノミックスが意図した労働意欲の向上や競争力強化といったオーソドックスな要因よりも，タイミング的にインターネットに代表される通信情報技術革新の波(IT革命)に歩調を合せられたという要因が強いと評価される．しかも，ソ連や中国といった社会主義経済の行き詰まりにより冷戦が終結し，軍事費の削減等の「平和の配当」がもたらされた幸運もある．これらの実体経済のファンダメンタルズ(基礎的条件)の改善なしに，レーガノミックスの処方箋のみによって，90年代を通じる空前の長期好況がもたらされたとは考えられないのである．

3　合理的期待革命と古典派経済学の復活

既述のように，1970年代には古典派経済学の復活がなされた．古典派経済学の復活は，前節で概観した70年代のアメリカ経済の動向や保守への傾斜という政治的ムードとも密接に関連しており，極論すれば反ケインズ経済学的な立場で現実経済の動向を説明できる経済理論が待望され，それにセンセーショナルな形で応えたというのが実情であったようにも思われる．ケインズ経済学の弱点であったミクロ的基礎の欠如，ケインジアン流の大型マクロ計量モデルの精度低下，そしてスタグフレーションなど新しい事態に対する誤った政策発動(政府の失敗)が，そうした流れに棹さしたともいえよう．また，それまでのケインズ経済学への高い信頼感に対する過度の反動の表れという側面も見逃せない．

しかし，アカデミックな面からは古典派経済学そのものが，それまでになく理論的に強固な道具だてをもって復活したという側面も評価されなければならない．古典派経済学はもともとミクロ経済学の体系と整合的なものであったが，復活した古典派経済学はそれに加えて経済主体による期待形成の重要性を指摘し，しかも期待形成も情報を最大限効率的に処理して合理的になされるという考え方を導入した．こうした「マクロ合理派」によるマクロ経済学の再構築の試みは，たしかに若い世代を中心としたマクロ経済学者に新鮮味を感じさせるものであった．

3.1　マクロ経済学のミクロ的基礎

マクロ経済学は，もともとはマクロ経済を簡単なロジックで大雑把に把握しようという意図で発展してきたものであり，あくまでもGNPや一般物価水準など経済の集計量が分析対象である．したがって，伝統的には集計の背後に隠された分布の問題や個別経済主体の行動については，最低限の配慮しか施さなかった．古典派経済学が背後にミクロ経済学の体系をもったものだという場合にも，単にマクロ経済の背景ではミクロの経済原理が貫徹しているはずであるということであって，厳密な形で両者を結び付けたものではなかったともいえよう．ましてやケインズ経済学では，ある経済変数と別の経済変数が正の相関をもつか負の相関をもつか，あるいはまったく関係ないかぐらいがさしあたり重要なことであって，具体的にどのような関数関係にあるかというのは二次的な問題であった．

ケインズ経済学が全盛の頃は，経済学者の間でも，あるいは経済学者ひとりをとっても，マクロ経済学とミクロ経済学は異質のものとしてうまく使い分けられていた．しかし，やがてマクロ経済学にも理論的分析が蓄積されるにつれて，もともと恣意的に導入されたある効果と別の効果の大小によって結果の解釈がまったく異なるようなことが頻繁におこるにいたって，マクロ経済学の枠組み内においてもそれなりに緻密な分析が望まれるようになってきた．こうして，理論体系としてははるかに先行していたミクロ経済学の成果が，マクロ経済学への応用として厳密な形で導入されだすこととなった．

こうした流れは，広い意味でのマクロ経済学のミクロ的基礎の研究と呼ばれる．マクロの消費・貯蓄行動や投資行動については，一部では1950年代からいちはやくこうした研究がなされることとなったが，ケインズ経済学でもっとも重要な労働市場のミクロ的基礎づけの問題は，60年代の後半までもちこされることとなった．労働市場をめぐっては，なぜ失業が存在するのか，なぜ名目賃金率は硬直的なのか，あるいはなぜフィリップス曲線のような関係が観察されるのか，といった根本的な問いを含めて理論的に十分解明されていない問題が多かった．

失業については，まず「職探し理論(job search theory)」が登場した．しかし，これは基本的にはよりよい職を見つけるまでの一時的失業であって自発的なものであり，ケインズ経済学での非自発的失業を説明できるものではなかった．しかしここで発想の転換が起こり，職探し理論は現象としての失業の存在を経済主体の合理的選択の結果として説明するものであり，これはむしろ古典派経済学の世界が現実にも当てはまっているのではないかという予感を与えるものとなった．名目賃金率の硬直性については，「暗黙の契約理論(implicit contract theory)」が登場した．これは，賃金所得の不確実な変動を嫌う労働者と支払い側の企業との間の一種の保険契約として，硬直的な賃金が実現されるというものである．しかし，後にこの理論は本当は名目賃金率ではなく実質賃金率の硬直性を示すものであるとの指摘がなされ，真のケインズ経済学のミクロ的基礎とはならなかった．また，非自発的失業の説明として，労働者は実際の所得が予想した所得よりも少ない場合には，そのもとで意志決定をしなおすという「二重決定仮説(dual decision hypothesis)」も登場した．しかしこれは，理論的に恣意性が残されていたのと理論が複雑すぎて強い影響力をもつまでにはいたらなかった．

以上の流れとは相前後する部分もあるが，基本的には不完全な情報のもとでの職探し理論のアイデアに依拠しながら，1960年代の後半にはエドモンド・フェルプス(Edmund S. Phelps)とミルトン・フリードマンは独立に「自然失業率仮説」を提唱するにいたった．自然失業率仮説(natural rate hypothesis)は，一方では短期のフィリップス曲線のミクロ的基礎を与えるものでもあったが，それは経済主体が短期においては将来のインフレ期待を誤るからであり，長期的には期待が的中するものとすれば，名目賃金上昇率ないしインフレ率と失業率の間のトレード・オフ関係は消滅するという内容のものである．ここで重要なのは，経済主体の期待形成の役割がマクロ経済学に明示的に導入されたことであり，いまや「マクロ合理派」の登場を待つばかりとなった．また，インフレ期待要因によってフィリップス曲線が不安定になるというのは，前節でみたように，この頃のアメリカ経済の実情の説明ともなっており，これが自然失業率仮説の説得力を増すこととともなった．

3.2　合理的期待革命

マクロ合理派が重視するのは，マクロ経済学への徹底した「合理性」の導入であり，より具体的には，その基本的特徴は以下の3つにまとめることができる．

まず第1は，不確実性下の意志決定や異時点間の意志決定に重要な期待要因をマクロ経済学の枠組み内で明示的に考察し，しかも期待形成に際しては「合理的期待形成仮説」を採用していることであり，この学派の命名の由来ともなっている．合理的期待形成仮説(rational expectations hypothesis)は，経済主体が期待形成を行う場合，利用できる情報や経済理論を最大限効率的に活用し，あらかじめ予想可能なシステマティックな誤りはおかさないという考え方である．

第2の特徴は，期待形成の合理性とからめて，経済主体の動学的行動や経済主体間の協調的行動に際して合理性を究極まで突き詰めたことであり，結果としてマクロ経済学をミクロ経済学と同等ないしそれ以上のレベルまで高度に精緻化させたことである．この点はケインズ経済学ばかりでなく従来のマネタリズムとも対照的であり，ミルトン・フリードマンら従来のマネタリストの経済学をマネタリズム・マークIと呼ぶのに対し，マクロ合理派を時としてマネタリズム・マークIIと呼ぶ所以ともなっている．

第3には，以上の2通りの意味での合理性の追求を，古典派経済学の世界で展開することがあげられる．すなわち，賃金・物価の完全な伸縮性が前提とされ，常に市場均衡が達成されている状態のみが考察対象とされる．例えば，かれらも「自然失業率仮説」を前提するのであるが，合理的期待形成仮説の前提によって，長期ばかりでなく短期的にも平均的にはそれが妥当すると考える．これは，自発的失業を明示的に考慮しているとはいえ，本質的には完全雇用経済を対象としているのは明らかである．マクロ合理派が「新しい古典派(new classical school)」とも呼ばれるのはこのためである．

ついでながら，経済学には「新古典派(neoclassical school)」という用語もあり，新しい古典派はそれと区別される．新古典派は曖昧な概念でありいろいろな意味で用いられるが，特定の経済学者の集団を指すというよりは，現実から一歩離れて経済の理想状態を念頭におきながら経済分析をする姿勢そのものを指す感が強い．ミクロ経済学の体系を「新古典派理論」と呼ぶのがその例である．ただし，本書が広義に古典派経済学と呼ぶ体系を人によっては「新古典派経済学」と呼ぶ場合もある．この場合は，内容をかなり狭義に捉えていると解釈するのが適当と思われる．

以上，マクロ合理派の3つの基本的特徴を挙げたが，これらはお互いに密接に関連しているとはいえ，後述するように本来は別個のものと考えることができるものである．しかしながら，逆にいえばこれら3つの特徴を同時に考察することによって(そしてその場合に限って)マクロ合理派を一躍有名ならしめた「あらかじめ予想されたマクロ安定化政策の非有効性命題」(LSW命題とも呼ばれる)や「公債の中立命題」が成立することになるわけである．もちろん，マクロ合理派が意図しているのはそうした命題ばかりではなく，より基本的なテーマとしては，資本主義経済につきものでありマクロ経済学の最大の課題でもある景気循環の説明や，そのためのマクロ経済学の分析手法の確立にも向けられている．また，分析手法に関連しでは，従来にも増して実証研究が重視されているのが特徴的であり，現実のデータをもとに，かなり高度な計量経済学的テクニックを駆使した仮説検定などが行われるようになってきている．

マクロ合理派の登場は，それが合理的期待形成仮説という目新しいアイデアを伴い，しかもその主導者がロバート・ルーカス(Robert E. Lucas, Jr.)，ロバート・バロー(Robert J. Barro)，トマス・サージェント(Thomas J. Sargent)など比較的若手のプロダクティブな経済学者であったことから，一時はマクロ経済学の話題を独占するほどにもなり，かつての「ケインズ革命」に擬して「合理的期待革命」とも呼ばれることになった[5]．

3.3　サプライサイド・エコノミックス

もう1つの古典派経済学の復活を示したのは，サプライサイド・エコノミックスと呼ばれるものである．しかし，この学派そのものには，マクロ経済学としての体系的な理論があるというわけではない．むしろ，サプライサイド・エコノミックスは古典派経済学の基本的な考え方をもとにして，現実の政策運営上の指針を示したものであるといえよう．

サプライサイド・エコノミックスでは，政府部門よりもプライス・メカニズムが有効に機能する民間部門の方が経済活動においては効率性が勝り，より活力も生じると考える．したがって，政府部門が浪費している資源を民間部門に速やかに移管する必要があり，そのためには規制の緩和ないし解除，および減税が必要とする．前者については，「市場の失敗」を伴わないものであるならば，好ましい方向である．しかし，後者については問題なしとしない．減税に関しては，所得減税についてのラッファー曲線の考え方，および家計の貯蓄や企業の投資に影響をおよぼす諸課税の減税の必要性を説くマーティン・フェルドシュタイン(Martin Feldstein)の主張についてふれておこう．

ラッファー曲線とは一般に税率と税収の関係をグラフに描いたものであり，ある最適な税率までは税率が上昇することによって税収は増加するが，

5)　合理的期待革命の初期の文献の展望として浅子(1982b)がある．その後の展望としては，脇田(1998)が幅広い．

それを超えて上昇する場合には税収はかえって減少してしまうというものである．税収は課税ベースに税率をかけたものであり，課税ベースは税率の上昇によって減少するために，このような関係が生じる．例えば，税率がゼロならば税収もゼロ，また税率が100% なら経済活動そのものが抑制され課税ベースはゼロとなり，やはり税収はゼロとなる．したがって，100% 未満の税率で税収は最大になる．この議論自体は正しいものである．しかし問題は，一般に現実の税率が最適税率よりも高いか低いかがわからないことである．もし高いならば，税率低下という意味での減税によって税収はかえって増加する．前節でふれたように，レーガノミックスの誤算はこのように楽観的に判断してしまったことであり，現実は逆のケースであった．

フェルドシュタインの主張は，インフレによる各種の実効税率の上昇がポイントである．インフレはフィッシャー効果により名目利子率を引き上げるとしても，実効税率の上昇により貯蓄の税引き後実質収益率を引き下げ，貯蓄を抑制する．同様に，インフレによって企業に対する実効税率が押し上げられ，収益率が低下し企業の投資意欲が衰える．フェルドシュタインはこれらのマイナスの効果を計量的に計測し，それが非常に大きなものであるとした．こうした歪みを是正するためには，減税が必要というわけである．フェルドシュタインの予測は，貯蓄については的を射たものであったが，投資については借入れの実質利子率の低下との相対的関係で，むしろ投資が促進されたというのが実情であった．

4　現代の主流派経済学

マクロ合理派によるセンセーショナルな古典派経済学の復活は，一部の政策担当者やジャーナリスティックなサークルでも注目を浴びることになった．しかし，その後研究が進むにつれて，マクロ合理派の主張が理論的にも実証的にも必ずしも普遍性があるものではないことが判明してくると，学界ではそれまでの行きすぎを改め，従来のケインズ経済学やマネタリストの経済学とマクロ合理派を統合する形で，それぞれの良い面を適度にミックスしたマクロ経済学の構築を模索することになった．こうした流れで捉えられるのが，現代の主流派経済学と呼ぶべき考え方である．

第2節のアメリカ経済の歴史との関連でいうならば，現代の主流派経済学は1980年代に入る前後から，徐々にその骨格が形成されだしたものであり，90年代にはいってマクロ安定化政策の処方箋にも反映されだしたといえる．現代の主流派経済学の政策処方箋は，過去におけるケインズ経済学，新金融調整方式のもとでのマネタリズム，そしてレーガノミックスの経験を踏まえたものであり，それぞれが味わった失敗面については改良が試みられたものとなっている．

ただし，既述のように1990年代のアメリカ経済は冷戦の終結とIT革命といった僥倖に恵まれた特殊な時代でもあり，好景気に支えられて財政収支は黒字に転じたものの，過熱気味でバブル化した株式市場や大幅な赤字を続ける経常収支といった脆弱な要素も内包しており，いつ高成長を支えてきた好循環が途絶え不況に陥るか不明である．その意味では，現段階では，未だ新しい政策処方箋が真に試されているとはいいがたいであろう．

以下本節では，まず現代の主流派経済学の全体像を，時間的視野，合理的期待形成仮説，および主体行動の合理性の3つの概念を中心に据えて整理する．ついで，最近のアメリカにおけるマクロ安定化政策の運営法について紹介し，最後に最近注目を浴びている研究分野について概観し，今後の展望にかえる．

4.1 時間的視野

まずはじめに，マクロ経済学における時間的視野(time horizon)の問題から考えてみよう．第1節では，古典派経済学とケインズ経済学をさまざまな観点から対比したが，主流派経済学ではこうした対立を，その対象とする時間的視野の違いとして捉えようとする．すなわち，ケインズ経済学は賃金・物価が硬直性を示す「短期」のマクロ経済現象の説明を射程としているのに対し，古典派経済学の対象とするのは，短期的には硬直的な賃金・物価もやがては市場の不均衡に応じて調整される所以のものであって，その意味でこれらが伸縮性を示す「長期」の状態であると考えるわけである．したがって，現代の主流派経済学の立場では古典派経済学とケインズ経済学は必ずしも排他的なものではなく，扱う問題の性質によって両者のフレームワークを使い分けることが肝要とされる．

こうした見解は，一部に長期均衡の安定性に対する根強い疑問があるものの，ケインジアンも概ね認めるところであり，マネタリズム・マークIに属するマネタリストとの間でも，基本的には合意がなされてきているといえよう．例えば，ジェームス・トービンやフランコ・モジリアーニなどの正統派ケインジアンも，1980年代後半期には長期においてはフィリップス曲線が意味を失い，自然失業率仮説が成立することを受けいれている．また，いまでは誰もが長期間インフレが持続される場合には，貨幣供給量の持続的増加が背景にあることを当然のように指摘するであろう．しかしかれらは同時に，短期的には貨幣供給量の変化なしでも，流通速度の変動などによって物価水準の変動ないしインフレが起こりうることも認めるはずである．

ただし，既述のように，ケインズの有名な言葉として「長期には，われわれはすべて死んでしまっている」という指摘もあり，短期と長期をどのくらいの時間的視野で区別するかの問題は残されたままとなっている．すなわち，伝統的なケインズ経済学の立場では「短期」は相当程度持続されるものであり，長期の均衡状態は短期の経済状態が調整される方向を示唆する程度のものと理解する傾向がみられた．この傾向はいまでもみられ，マネタリストは長期をせいぜい1-2年から2-3年ぐらいの期間とみなすのに対し，ケインジアンはその数倍ないし極端な場合には数十倍の単位で捉えている場合もある．他方，マクロ合理派は，現実の経済が十分長期均衡の状態に近いところに位置していると主張し，長期均衡からの乖離はもっぱら経済主体が直面している情報の不完全性に依存しているとする．もし情報の不完全性が解消されれば，短期的にも長期均衡に到達することになる．情報の不完全性はそれほど長く持続するものではないから，マクロ合理派(マネタリズム・マークII)はマネタリスト(マネタリズム・マークI)よりも，長期を短く考えている．

4.2 合理的期待形成仮説

1970年代を通じるケインズ経済学の凋落が，インフレ期待の役割軽視に帰せられる面が大であったことから，期待要因を重視し，しかも合理的期待形成仮説をマクロ経済学に導入したのは，たしかにマクロ合理派の重要な貢献であったということができる．しかし，合理的期待形成仮説はあくまでも経済主体の期待形成上の1つの仮説であり，経済主体が直面する市場環境がどのようなものであるのかという問題とは明確に区別されるべき問題である．つまり，マクロ合理派のように古典派経済学の世界でのみそれを考える必然性はなく，例えばケインズ経済学の枠組み内に期待形成の合理性を導入しても，何ら矛盾することはない．

このようなことから，現代の主流派経済学では積極的に合理的期待形成仮説をさまざまなマクロ経済学の枠組み内に導入し，そのインプリケーションを考察している．合理的期待形成仮説はマクロ合理派の諸命題にとって，必要条件ではあっても十分条件とはならないことも確認されている．とはいえ，合理的期待形成仮説には学習過程や経済主体の異質性の軽視ないし無視，完全競争的な市場機構と矛盾しかねない膨大な情報量の要求，動学的には自己充足的期待形成故の発散的なバンド・ワゴン効果ないし投機的バブルの発生など問題点も多く残されている．しばしば理論分析のための理論に陥りやすいことから，その取扱いには十分注意が必要である．合理的期待形成仮説が，マクロ経済学の分野のみならず，外国為替市場やファイナンスの分野の実証研究によっても必ずしもサポートされていないのも，気がかりな点ではある．

さて，経済主体の期待形成がとりわけ重要なのは，マクロ安定化政策に関連してである．これは，合理的期待形成下では「あらかじめ予想されたマクロ安定化政策は，経済の実物面には何ら影響を及ぼさない」という政策の非有効性命題が，マクロ合理派のいわばデビュー作であったことにもよる．この命題自体はその後の研究によって理論的にも限られた状況の下でのみ成立することが確認され，実証研究の結果も総体的には棄却されたと受け取られている．しかしながら，この命題はいくつもの重要な問題点を提起したものであり，第3章や第II部第4章で詳しくみるように，その後の主流派経済学による政策分析や政策効果の評価の方向も大きく影響を受けることとなった.

もともと政策効果にとって期待形成が重要であるのは，以下の2点によっている．第1は，政策が一時的なものであるか永続的なものであるか，あるいはより一般的にはどのタイミングで政策が導入・廃止されるかが，政策そのものの内容を大きく左右するものであること．第2には，政策そのものが民間セクターの政策発動前後の反応によって異なってくる可能性があることがあげられる．政策に対する期待のあり方によって(相手の出方を予想して行動するという)一種のゲーム論的戦略が不可避となってくることである.

第1の点に関しては，例えば所得税の一時的減税と永続的減税が現在消費に及ぼす効果が大きく異なることは従来から議論されてきた．ここでは，それに加えて政策があらかじめどのように予想されているかが重要となる．政策に対する予想の相異によって，政策発動前のアナウンスメント効果，政策発動時の直接的効果，およびそれらを合わせた総合効果ないし長期的効果のあり方が異なったものとなる．第2の点については，政策の動学的不整合性の問題(当初の最適政策を結果的に実行しないことが望ましくなってしまう可能性の発生)，「ルール」と「裁量」をめぐる問題，政府に対する信認の問題，あるいは政策協調の問題など，理論的にも興味深い研究が進められている．この分野は，近年ミクロ経済学で急速に研究成果が蓄積されているゲーム理論の応用が可能であり，政策分析の新しい視点を提供している.

4.3　主体行動の合理性と政策介入

さて，マクロ合理派が提示したもう1つの問題は，マクロ経済学への合理的な主体行動の導入であった．前節で詳しく考察したように，こうしたミクロ的基礎づけについてはたしかに従来のマクロ経済学(ケインズ経済学であろうが古典派経済学であろうが)ではあまり顧みられず，家計や企業の行動は大雑把に考えられていただけであり，ミクロ経済学で問題とされる限界代替率の均等化などというのとは無縁であった．マクロ合理派は，もっぱら経済主体の動学的最適化行動をもとに，マクロ経済学にミクロ的基礎の導入を試みたわけである．こうしたアプローチ自体は，厳密な形でマクロ経済の理論分析を行う際には必要不可欠なものである．その意味では主流派経済学にとっても異存のあるものではなく，最近のマクロ経済学はまずミクロ分析から出発するのが常套手段となっているほどである．

しかしながら，ここでもマクロ合理派に問題がないわけではない．それは，彼らがミクロ的合理性をとことんまで突き詰めてしまうために，ときとして現実経済の制度的・歴史的制約を，それが非合理的であるとして無視してしまうことである．これに対して現代の主流派経済学は，現実経済の制約はあくまで制約条件として捉え，限られた範囲での合理性の追及に留めることを提唱し，また一見非合理的な制度もそれなりの合理性をもっていることを主張する立場をとることになる．

例えば，古典派経済学とケインズ経済学をわける名目賃金率の硬直性にしても，現代の主流派経済学はそれはそれなりに必然性ないし合理性をもつものだろうと考える．すると，まずそれを経済主体の最適化行動によって説明することを考え，次にそれに基づいたマクロ経済の性質を分析する．ミクロレベルでは一見些細なことでも，それが経済全体で集計された場合にはマクロ経済の大きな変動を引き起こす可能性があることも，そうした研究から理論的に導かれている．

多少詳しくなるが，名目賃金率の硬直性を説明するには，賃金に労働市場の需給調整以外の役割を持たせるのが肝要であり，例えば賃金の高低が労働者の“やる気”に影響を及ぼし労働生産性を左右するとか，企業の評判を左右することによって離職率や新規求人の確保に影響を及ぼす可能性があげられる．賃金にこうした情報のシグナリングの意味合いを持たせる考え方は効率賃金仮説と呼ばれる．同様に，労働市場の需給に応じて賃金が決定される完全競争の世界から離れ，労働者や企業に賃金決定力を付与することによっても，名目賃金の硬直性が生まれる．こうしたアプローチでは，労働組合の賃金交渉力に注目したり，既存の雇用済みの労働者(インサイダー)と新規雇用者(アウトサイダー)の間で賃金が異なり，とくにインサイダーに賃金交渉力があると考える．

いずれにしても，名目賃金の硬直性を合理的な経済行動の結果とすると，次にはその厚生評価が問題となる．すなわち政策判断の問題である．かりに，何ら制約がない世界での合理的な経済行動であれば，すべての経済主体にとってパレート最適であり，政策介入の余地はない．例えば，マクロ経済を合理的な経済主体からなる一般均衡状態として捉えるリアル・ビジネスサイクル(RBC)スクールの立場が，まさにこれである．ここでは一切の貨幣錯覚等からも自由であり，実体経済は貨幣的側面からは完全に中立的になり，景気循環が起こるのはリアル(実物的)なイノヴェーションが確率的に生起することによると考える．

RBC スクールほど極端でなく実体経済と金融セクターとの間での相互作用を認める立場でも，それが無制約の合理的行動からの帰結であれば，資源配分の効率性の基準からは政策発動の余地はない．そのような世界での政策発動は，経済主体間の所得分配に介入するだけである．しかしながら，制約がある下での合理的な経済行動であり，その制約がバインディングであれば，その制約が緩和されることによって経済厚生が増加する可能性がある．マクロレベルでの有効需要不足はそのような例であり，まさにここにおいて，政策介入が正当化されるのである．

4.4 マクロ安定化政策の運用

本章第1節で概観したように，1970 年代に入ってからの合理的期待革命によって，マクロ安定化政策の絶対的有効性に疑問が投げかけられた．しかしながら，その後の理論的・実証的研究の蓄積によって，新しい古典派の主張は厳密な意味ではサポートされないことが確認されたといえる．すなわち，現代の主流派経済学からみると，マクロ安定化政策には潜在的な有効性が備わっており，したがって景気循環の安定化手段として政策発動されるべきであると考える．

しかしながら，政策発動の仕方に関しては，1960 年代のマネタリスト＝ケインジアン論争のように財政政策と金融政策の相対的有効性や，金融政策として何を操作手段とするのがよいかといった点をめぐった論争まで，時代が溯るわけではない．マネタリスト＝ケインジアン論争のコンセンサスの1つとして，かつては財政金融政策の適切な組合せによるポリシーミックスが推奨された．しかしながら，アメリカを中心とした最近の流れとしては，財政政策にはマクロ安定化政策としての役割は多くを望まず，もっぱら金融政策に期待がかかる傾向がある．しかも，この際の政策運営は，政策目標の動向に適応して(adaptively)安定化を図るのではなく，予防的(preemptively)に発動されるようになっている．

既述のように，こうした政策運用の新しいパターンは，好調な実体経済を背景として懸念すべき政策目標もインフレの未然の予防にのみあるといった，1990年代のアメリカ経済の特殊事情も介在している．実際，第3章で詳しくみるように，同じ時期に長期不況に喘ぐ日本では景気対策として財政政策がフル回転し，金融政策は異常事態とまでいわれるゼロ金利政策に追い込まれ，自由度を失った状態が続くことになったのである．これに比べると，90年代のアメリカ経済にはゆとりがあり，これがなくなった場合の政策運営法が同じに推移するか否かは予断を許さない．

4.5 最近の研究分野

マクロ経済学が優れて実践的な学問であることを踏まえると，現代の主流派経済学が近年とくに力をいれて研究にとりかかっているのは，端的には現実にアメリカ経済が経験してきた問題や21世紀のアメリカ経済が直面する問題ということになろう．1980年代には相対的に低い経済成長率や生産性上昇率を甘受していた経済が90年代に一躍大きく再生することになった原因，またそれが今後も維持可能なのかといった問題，財政赤字から財政黒字への転換がはかられた反面経常収支赤字は一向に改善されない原因，株高にバブルがあるのかないのか，等々と未だ十分に理解されていない問題が多い．家計や企業の行動原理やそれを集計した景気循環のパターンなど，アメリカ経済に構造変化が生じたのか否かも，解明を待つテーマである．景気後退が過去のものになったとの「ニューエコノミー論」も，科学的な検証を待つテーマかもしれない．

マクロ経済学の理論的興味としては，ミクロ的基礎付けや期待形成と政策効果の問題が依然として大きなテーマである．これらではミクロ経済学の非対称情報下の主体行動の分析やゲーム理論の研究成果の蓄積がなされている．景気循環論も主要なテーマの1つであり，貨幣的ショックと実物的ショックの重要性の比較，金融システムの安定性とマクロ経済の安定性，景気循環に直面する経済主体の最適な調整パターンの分析などが研究されている．技術進歩を内生化したり外部効果や規模の経済を強調した「新しい経済成長論」も登場した．

本書で対象とするのがもっぱら短期の景気循環であることから，長期的な成長経路の特性については詳しくは展望しない．しかしながら，長期の経済成長が均斉的成長経路に収束するとしても，そこまでの過渡期においては，十分長期間にわたって短期の景気循環と共通の経済変動を経験することもありえ，理論的な観点から示唆に富むことも多い．実際，研究開発投資が労働の限界生産力や資本の限界生産力を高め，それが産出量の変動をもたらし，同時に，雇用や新規投資に影響を及ぼしたり，賃金・物価の決定に影響を及ぼすといったメカニズムは，内生的成長経路のシナリオであると同時に景気循環のシナリオでもある．

さて，本章の最後に2点ほどコメントしておこう．1つは，近年のマクロ経済学においては，理論分析と実証分析が密接なフィードバック関係にあり，理論命題はデータによる検証を経て受容されるか棄却されるかがはっきりすることである．実際，新しい古典派やRBCスクールの考え方等は，さまざまなデータを用いてさまざまな観点で検証され評価されてきている．ここで特筆すべきは，実証研究において非常に精緻な計量経済学の手法が用いられることである．すなわち，計量経済学の理論としてパラメータ推計上での不偏性や一致性を備えていないと，その推計手法は理論命題の検証には耐えられないと判断されているのである．

もう1つは，本章で概観した一連の研究とは別に，アメリカの代表的経済学者がアメリカ以外の経済動向に大いに興味を示していることである．グローバリゼーションが進んだ証拠でもあるが，ヨーロッパ諸国の経済統合の帰結，発展途上国の累積債務問題，旧社会主義諸国の経済発展，中南米諸国の高インフレ，東アジア諸国の高成長の経験と1990年代後半期の通貨・経済危機の発生，等々彼らの重大関心事のリストが続く．為替レートの協調介入や財政・金融政策の国際的協調の問題には理論的・実証的研究の成果も蓄積されてきており，今後の実際の政策協調の経験をもとに，一段と研究が進展することが予想される．

こうしたなかでも，日本経済の栄光と蹉跌の経験はとりわけ関心が高い．1980 年代後半期においては日本経済は「ジャパン・アズ・ナンバーワン」と世界から絶賛され，労働市場の機能や高貯蓄率の秘密，メインバンク制に代表される金融システムの評価，そして経常収支黒字の解明などには理論的分析も加えられた．それが 90 年代に入ってからのバブルの崩壊を景気として，金融システム不安の発生や実体経済の長期停滞と状況が一転したのには，驚きが先行している経済学者も多い．彼らに応えるためにも，冷静精緻で説得力のある分析が望まれている．

第2章　日本経済のマクロモデルと構造変化

20世紀末の日本経済はデフレ・スパイラル懸念を伴った長期不況に見舞われたが，戦後を通してみると12個の景気循環のサイクルが記録され，13番目のサイクルの景気拡張期に世紀の転換点を迎える．過去12個のサイクルの中には，戦後の復興期，高度成長期，2度の石油ショックとスタグフレーション期，財政再建期，バブルの膨張期，バブル崩壊後の長期不況期，とさまざまなエピソードが含まれている．こうした幾多の歴史を経た日本経済においては，その構造を特徴付ける多くのファンダメンタルな要因も時代とともに変化してきたと考えられる．

本章の分析の目的は，そうした日本経済の構造変化の可能性を解明することにある．とりわけ，マクロ経済全体を視野に入れた場合に，その十分統計量にも擬せられる実質産出量ないし実質GDPの決定要因の解明は，正しい政策処方箋を書き上げる上で不可欠の課題であるといっても過言ではなく，ここでの主要な関心テーマでもある．より具体的には，浅子(1984a, 1987)に従って，実質産出量の決定要因としての需要面と供給面の相対的重要性を検討する．

かつて浅子(1987)でも指摘したように，1970年代以降のマクロ経済学に特徴的なのは，それまでの需要面中心のケインズ経済学の展開に代わるように，供給面を重視する考え方が広まってきたことである．前章でも概観したように，70年代の石油ショック後の高インフレ・不況が同居したスタグフレーション時代のマネタリズムやマクロ合理派(新しい古典派)の台頭，80年代のアメリカのレーガン政権が依拠したサプライサイド・エコノミックスの登場も，こうした供給面の見直しと歩調を合せて起こったものである．マネタリズムやマクロ合理派は，経済の実物面には供給側の制約(自然失業率仮説)が存在するとし，財政・金融政策を用いたマクロ安定

本章は浅子・大久保(1999)に基づく．

化政策の有効性に疑問を呈した．また，サプライサイド・エコノミックスは，そうした供給制約からの解放には，マクロよりもミクロ的な視点の方が重要であることを唱えたのである．

あらゆる経済分析において，供給面を考慮する必要があるのは当然ともいえる．しかしながら，従来の有効需要の概念を中心としたデマンドサイド・エコノミックス(ケインズ経済学)が供給面の制約をまったく考慮せずにはスタグフレーションを説明できないのと同様に，経済の供給制約を強調し過ぎると，非自発的失業の存在や不況の長期化などのマクロ経済現象を解明しつくすことはできない．現実のマクロ経済を見る上では，時には需要サイドの制約を，また時には供給サイドの制約を考慮する必要がある所以である．

ところで，1960年代の後半期から80年代初頭までのデータを用いた浅子(1984a, 1987)のマクロ経済モデルの実証分析結果では，当時の日本経済は生産物(財・サービス)市場が常に均衡にあると考えるよりも，労働市場で不完全雇用均衡が成立するケインズ経済型と考えた方がよいと結論付けている．この経済では理論的には有効需要原理が働く．したがって，GDPの決定に際しては供給面の制約よりも需要面の制約がより強く，例えば公共投資増の財政政策は乗数効果を発揮する．

しかし，その後時代を経て，日本のマクロ経済の構造も変化した可能性がある．とくに，1980年代後半期のバブル景気期と90年代に入ってからの長期不況期の日本経済は，前半はプラザ合意後の円高不況対策として，またバブル崩壊後の後半は金融システム不安の払拭目的もあって幾度となく財政政策が出動したがその効果に疑問が呈せられ，公共投資の乗数は低下したといわれている．マクロ経済を鳥瞰した場合に，大きな流れとしては，需要制約からより供給制約が働き出してきた可能性がしばしば指摘されている．果たして，こうした構造変化はデータによって検出されるであろうか．

本章の構成は以下の通りである．まず第1節では，総需要関数と総供給関数の2つの式からなるマクロモデルを構築する．マクロの総需要関数は，フローとしての財・サービス市場とストックとしての貨幣市場を考慮に入れた，いわゆるIS–LM分析から導かれる．マクロの総供給関数については，2つのアプローチを考える．1つは企業の利潤最大化行動を前提としたアプローチであり，もう1つは労働市場のフィリップス曲線を出発点とするアプローチである．本節では，構造方程式体系を解いた誘導形方程式も導出し，財政政策の乗数について理論的に考察する．第2節では，実際にマクロモデルの推定を試みる．推定で対象とする期間は1966年の第3四半期から96年の第4四半期までであるが，全サンプル期間を通した場合と前半期と後半期に二分した場合の推定結果を比較し，日本経済の構造変化の可能性も考察する．

1　マクロモデルと乗数

本節では，浅子(1984a, 1987)で展開された3つのマクロモデルの定式化を紹介する．いずれも，基本的には総需要関数と総供給関数の2つの式からなる連立方程式モデルであり，推定された構造パラメータをベースとして政府支出の乗数効果を試算する．

1.1　総需要関数の定式化

マクロの総需要関数は，フローとしての財・サービス市場(IS市場)とストックとしての貨幣市場(LM市場)を考慮に入れた，いわゆるIS–LM分析から導かれるものであり，基本的に次式によって表されるとする．

$$y_t^d = \alpha_1 P_t + \alpha_2 M_t + \alpha_3 g_t + \boldsymbol{\alpha}' \boldsymbol{X}_t + u_t^d \quad (1)$$

ただし，y_t^d＝実質総需要量，P_t＝一般物価水準，M_t＝名目貨幣供給量，g_t＝実質政府財政支出，および$\boldsymbol{X}_t$＝外生変数または先決変数のベクトルであり，u_t^dは平均ゼロ分散一定の攪乱項である．なお，これらの変数はすべて自然対数表示であるものとする．

(1)式において，拡張的な財政・金融政策によって実質政府支出g_tや名目貨幣供給量M_tを増加させれば，他の事情が一定として実質総需要量y_t^dは増大するので，α_3とα_2はともに正の符号をとる．一般物価水準にかかるα_1については，もともとIS–LM分析においては貨幣市場の均衡条件として実質貨幣供給量 M_t/P_t が問題となることから，α_2 と対称的であり，$\alpha_1 = -\alpha_2 < 0$ の 0 次同次性条件の成立が予想される．

実際に(1)式を推定する場合には，$\boldsymbol{X}_t$ の候補として次のものを考える．第 1 に，モデルを開放経済に拡張した場合に経常収支に影響を与える為替レートと，世界貿易の活動水準である．第 2 は，IS–LM 分析において名目利子率と実質利子率を区別するために重要となる期待物価上昇率である．第 3 に，(1)式の関係は瞬時的に成立するわけではないため，タイムラグを伴う場合を想定して 1 期前の実質総需要量を先決変数として考える．したがって，

$$\boldsymbol{\alpha}'\boldsymbol{X}_t = \alpha_4\pi_t + \alpha_5 T_t + \alpha_6 \Delta P^e_{t+1} + \alpha_0 y^d_{t-1} \tag{2}$$

と表される．ここで，π_t＝為替レート，T_t＝世界貿易の活動水準，ΔP^e_{t+1}＝期待物価上昇率，y^d_{t-1}＝前期の実質総需要量である．

(2)式を(1)式の一部として考えた場合の符号条件は，以下の通りである．まず，為替レート π_t(ただし，邦貨建外国為替レート)の上昇および世界貿易の活動水準の上昇は，経常収支を改善することを通じて総需要を増加させることから，α_4 と α_5 には正の符号が予想される．また，期待物価上昇率の上昇は，均衡における名目利子率を上昇させる一方で，期待実質利子率は低下し投資刺激的に働くのが一般的であると考えられるので，α_6 にも正の符号が予想される．ただし，期待物価上昇率の水準がかなり高くなると，将来に対する不確実性が増大し，かえって投資を減退させるという効果も存在する．最後に，α_0 については体系が不安定にならないための必要条件として $|\alpha_0| < 1$ が要求され，α_0 が 1 に近いほど調整へのタイムラグが長くなる．

1.2 総供給関数の定式化

マクロの総供給関数については，2 つのアプローチを考える．1 つは企業の利潤最大化行動を前提としたアプローチであり，ここでは E アプローチと呼ぶ．もう 1 つは労働市場のフィリップス曲線を出発点とするアプローチであり，D アプローチと呼ぶ．ここで両者を区別するのは，前者の E アプローチは均衡論(Equilibrium)的な観点から総供給曲線を考えるのに

対し，後者のDアプローチでは不均衡論(Disequilibrium)的な立場で総供給関数を捉えるものだからである．

まずEアプローチから始めよう．このアプローチでは，総供給関数は次式によって定式化されるものと考える．

$$y_t^s = \beta_0 y_{t-1}^s + \beta_1 P_t + \beta_2 W_t + \beta_3 R_t + u_t^s \tag{3}$$

ただし，y_t^s＝実質総供給量，W_t＝名目賃金率，R_t＝名目原材料価格であり，u_t^s は平均ゼロ分散一定の攪乱項であるが，(1)式の攪乱項 u_t^d とは無相関であると仮定する．なお，ここでもすべての変数は自然対数表示である．

(3)式の期待される符号条件は，次のような企業の利潤最大化行動に基づいている．企業は，労働の限界生産性と実質賃金率が等しくなるように，労働雇用量を調整する．このとき，名目賃金率の上昇は労働雇用量を減少させるために，生産物の供給量も減少させる($\beta_2<0$)．生産に必要な中間財としての原材料についても同様に考えることができ，$\beta_3<0$ が導かれる．

以上では，重要な賃金率や原材料価格は本来生産物価格との相対価格(実質価格)であるから，生産物価格はこれらと対照的な効果をもつため，$\beta_1=-(\beta_2+\beta_3)>0$ が予想される．ただし，もしミクロの行動で貨幣錯覚があれば，この関係は必ずしも成立する必要はない．また，(3)式にラグ付きの実質総供給量を含めるのは，基本的には総需要関数の場合と同様の理由によるものである．ただし，変動をスムーズなものにすることによって，(3)式では明示的に考慮されていない生産要素である資本ストックや技術進歩などの役割をある程度フォローする期待も含まれている．

次に，Dアプローチによる総供給関数の定式化に移ろう．このアプローチでは，総供給関数は，$\bar{y}_t$＝自然産出量として

$$\Delta P_t = \gamma_1(y_t^d - \bar{y}_t) + \gamma_2 \Delta W_t + \gamma_3 \Delta R_t + u_t^s \tag{4}$$

で表されるものとする．ただし，$\Delta x_t = x_t - x_{t-1}$ であり，各変数は自然対数表示であることから，変数 Δx_t は近似的に変数 x_t の成長率を示している．

(4)式は，基本的にはフィリップス曲線の関係を示しており，実質総需要量 y_t^d が自然産出量 $\bar{y}_t$ を上回る(下回る)場合には物価上昇(下落)を招くこ

となる($\gamma_1>0$)．ただし，(4)式では物価上昇にはこうした需要要因の他にコストプッシュ的側面もあり，名目賃金率や原材料価格の上昇によっても影響されるものと考えている($\gamma_2>0, \gamma_3>0$)．

これらのコスト要因は，もともとフィリップス曲線の議論での期待項の代理として考えることも可能である．そこで，より直截的に，(4)式に代わって次のような定式化も考えることにする．

$$\Delta P_t = \delta_1(y_t^d - \bar{y}_t) + \delta_2 \Delta P_t^e + u_t^s \tag{5}$$

ただし，ΔP_t^e は $t-1$ 期から t 期にかけての期待物価上昇率であり，(2)式に現れる期待物価上昇率 ΔP_{t+1}^e が t 期から $t+1$ 期の期待物価上昇率であるのと区別する必要がある．$\delta_1>0$ であるのは(4)式と同様であり，δ_2 は一般には $0<\delta_2\leq 1$ を満たし，いわゆる自然失業率仮説が成立する場合には $\delta_2=1$ となる．

1.3　3つのマクロモデル

さて，総需要関数と総供給関数を同時に考慮することによって，マクロモデルが構築されることになる．総需要関数は(1)式で統一されているが，総供給関数としてはEアプローチとしての(2)式とDアプローチとしての(4)式および(5)式の合計3通りの定式化がなされているので，マクロモデルも3通り考えられることになる．以下では，これらを順にEモデル，D1モデル，およびD2モデルと命名する．

Eモデル

$$y_t = \alpha_1 P_t + \alpha_2 M_t + \alpha_3 g_t + \boldsymbol{\alpha}' \boldsymbol{X}_t + u_t^d \tag{1}$$

$$y_t = \beta_0 y_{t-1} + \beta_1 P_t + \beta_2 W_t + \beta_3 R_t + u_t^s \tag{3}$$

D1モデル

$$y_t^d = \alpha_1 P_t + \alpha_2 M_t + \alpha_3 g_t + \boldsymbol{\alpha}' \boldsymbol{X}_t + u_t^d \tag{1}$$

$$\Delta P_t = \gamma_1(y_t^d - \bar{y}_t) + \gamma_2 \Delta W_t + \gamma_3 \Delta R_t + u_t^s \tag{4}$$

D2モデル

$$y_t^d = \alpha_1 P_t + \alpha_2 M_t + \alpha_3 g_t + \boldsymbol{\alpha}' \boldsymbol{X}_t + u_t^d \tag{1}$$

$$\Delta P_t = \delta_1(y_t^d - \bar{y}_t) + \delta_2 \Delta P_t^e + u_t^s \tag{5}$$

ここで，Eモデルでは(1)式と(3)式において，y_t を実現される実質産出

量として，

$$y_t^d = y_t^s = y_t \tag{6}$$

という，生産物市場の均衡条件が考慮されていることに注意しておきたい．これに対して，D 1 モデルや D 2 モデルでは，既に(4)式や(5)式で明示的に示されているように，y_t^d がそのまま実現される産出量となっており，y_t は需要サイドで決定されることになる．換言するならば，D アプローチにおける実質総供給量はノーマルな産出量(自然産出量)で与えられていると解釈できるが，これはモデルの上では外生的に決定されており，物価水準のダイナミックスが(4)式や(5)式に従うことを前提とすると，各期各期に(6)のような市場均衡が達成される保証はないのである．

1.4　誘導形方程式

このようにみてくると，体系はいずれのモデルについても 2 本の構造方程式からなっており，したがって内生変数が 2 個存在することになる．それらは，いうまでもなく実質産出量 y_t と一般物価水準 P_t である．そこで，各モデルをこれらの変数について解くと，以下の誘導形方程式が得られる．ただし，簡単化のために，撹乱項の部分は省略してある．

E モデル

$$y_t = \frac{1}{\beta_1 - \alpha_1}[\beta_1\{\alpha_2 M_t + \alpha_3 g_t + \boldsymbol{\alpha}'\boldsymbol{X}_t\} - \alpha_1\{\beta_0 y_{t-1} + \beta_2 W_t + \beta_3 R_t\}] \tag{7}$$

$$P_t = \frac{1}{\beta_1 - \alpha_1}[\{\alpha_2 M_t + \alpha_3 g_t + \boldsymbol{\alpha}'\boldsymbol{X}_t\} - \{\beta_0 y_{t-1} + \beta_2 W_t + \beta_3 R_t\}] \tag{8}$$

D 1 モデル

$$y_t = \frac{1}{1 - \alpha_1\gamma_1}[\{\alpha_2 M_t + \alpha_3 g_t + \boldsymbol{\alpha}'\boldsymbol{X}_t\} + \alpha_1\{P_{t-1} - \gamma_1 \bar{y}_t + \gamma_2 \Delta W_t + \gamma_3 \Delta R_t\}] \tag{9}$$

$$P_t = \frac{1}{1 - \alpha_1\gamma_1}[\gamma_1\{\alpha_2 M_t + \alpha_3 g_t + \boldsymbol{\alpha}'\boldsymbol{X}_t\} + \{P_{t-1} - \gamma_1 \bar{y}_t + \gamma_2 \Delta W_t + \gamma_3 \Delta R_t\}] \tag{10}$$

D 2 モデル(合理的期待)

$$y_t = \frac{1-\delta_2}{1-\alpha_1\delta_1-\delta_2}\left[\{\alpha_2 M_t+\alpha_3 g_t+\boldsymbol{\alpha}'\boldsymbol{X}_t\} + \alpha_1\left\{P_{t-1}-\frac{\delta_1}{1-\delta_2}\bar{y}_t\right\}\right] \tag{11}$$

$$P_t = \frac{1-\delta_2}{1-\alpha_1\delta_1-\delta_2}\left[\frac{\delta_1}{1-\delta_2}\{\alpha_2 M_t+\alpha_3 g_t+\boldsymbol{\alpha}'\boldsymbol{X}_t\} + \left\{P_{t-1}-\frac{\delta_1}{1-\delta_2}\bar{y}_t\right\}\right] \tag{12}$$

D 2 モデルについては，若干の説明が必要であろう．このモデルでは，期待物価上昇率 ΔP_t^e を外生的に取り扱う限り，基本的には D 1 モデルの誘導形の結果を利用できる．しかし，期待変数がモデルの予測値と平均的に等しくなるとの合理的期待形成仮説を採用すると，ΔP_t^e 自体が内生変数となり，この場合には誘導形方程式は D 1 モデルのそれとは異なったものとなる．ここでは，総需要関数内には ΔP_{t+1}^e が登場せず，かつ $\delta_2 \neq 1$ のケースを前提とした誘導形を導いてある．もし，総需要関数内の $\boldsymbol{\alpha}'\boldsymbol{X}_t$ に ΔP_{t+1}^e が入ってくると解は非常に複雑になり，モデルのパラメータの関係によって定性的に異なる解が選ばれることになる．ただしこの場合でも，もし $\delta_2=1$ ならば $y_t=\bar{y}_t$ と自然失業仮説が成立することになる．

1.5　短期と長期の乗数

財政・金融政策の効果として乗数を考える．乗数としては，短期乗数と長期乗数，および政策が永続的なものであるか一時的なものであるかの区別が必要である．いま，政府支出の短期乗数と長期乗数を考えるために，前項で求めた誘導形を簡単化して

$$\boldsymbol{Z}_t = \boldsymbol{A}\boldsymbol{Z}_{t-1}+\boldsymbol{b}g_t \tag{13}$$

$$\boldsymbol{Z}_t = \begin{pmatrix} y_t \\ P_t \end{pmatrix} \qquad \boldsymbol{A} = \begin{pmatrix} a_{11} & a_{12} \\ a_{21} & a_{22} \end{pmatrix} \qquad \boldsymbol{b} = \begin{pmatrix} b_1 \\ b_2 \end{pmatrix}$$

と表記する．このとき，短期乗数すなわち y_t へのインパクトは，

$$\frac{dy_t}{dg_t} = b_1 \tag{14}$$

として与えられ，これは政策が永続的であっても一時的であっても同様である．しかしながら，乗数を経時的(over time)に見た場合には，政策がどのような形でなされるかも重要となってくる．

すなわち，もし政府支出の増加が永続的で

$$dg_{t+j} = dg \qquad (j \geq 0) \tag{15}$$

が成立すれば，Z_{t+j} への乗数は

$$\frac{d\boldsymbol{Z}_{t+j}}{dg} = (\boldsymbol{I}-\boldsymbol{A})^{-1}(\boldsymbol{I}-\boldsymbol{A}^{j+1})\boldsymbol{b} \tag{16}$$

となる．これに対して，もし政府支出の増加が一時的で

$$dg_t = dg, \qquad dg_{t+j} = 0 \qquad (j \geq 1) \tag{17}$$

であるならば，$\boldsymbol{Z}_{t+j}$ への乗数は

$$\frac{d\boldsymbol{Z}_{t+j}}{dg} = \boldsymbol{A}^j\boldsymbol{b} \tag{18}$$

となる．したがって，$j \to \infty$ として長期を見た場合(この時，$A^j \to 0$ が要求される)には，永続的な政府支出の増加は(16)式より，長期乗数は $(\boldsymbol{I}-\boldsymbol{A})^{-1}\boldsymbol{b}$ となるが，一時的な政府支出の増加の場合には(18)より長期のインパクト乗数は $\boldsymbol{0}$ となり，長期的な効果は存在しなくなる．

ただし，一時的な政策の $t+J$ 期までの累積乗数は(18)より，

$$\sum_{j=0}^{J}\frac{d\boldsymbol{Z}_{t+j}}{dg} = \sum_{j=0}^{J}\boldsymbol{A}^j\boldsymbol{b} = (\boldsymbol{I}-\boldsymbol{A})^{-1}(\boldsymbol{I}-\boldsymbol{A}^{J+1})\boldsymbol{b} \tag{19}$$

となり，(16)の永続的な政府支出の $t+J$ 期におけるインパクト乗数と等しくなる．つまり，一時的な政策の長期累積乗数も $(\boldsymbol{I}-\boldsymbol{A})^{-1}\boldsymbol{b}$ となり，以下では単に長期乗数という場合にはこの値を指すものとする．

以上の議論を踏まえると，各モデルの政府支出の総産出量への理論的乗数は表2-1のようにまとめられる．

まずEモデルから見ると，このモデルでは短期乗数は $\alpha_1, \alpha_3, \beta_1$ の値によって決定される．α_3 は通常のIS-LM分析で考えられる乗数と解釈でき，IS曲線やLM曲線の傾きを規定する貯蓄性向，所得税率，投資の利子弾

表 2-1 政府支出の総産出量への乗数

	短期乗数	長期乗数
E モデル	$\frac{\beta_1\alpha_3}{\beta_1-\alpha_1}$	$\frac{\beta_1\alpha_3}{\beta_1(1-\alpha_0)-\alpha_1(1-\beta_0)}$
D 1 モデル	$\frac{\alpha_3}{1-\alpha_1\gamma_1}$	0
D 2 モデル	$\frac{(1-\delta_2)\alpha_3}{1-\alpha_1\delta_1-\delta_2}$	0

力性，および貨幣需要の所得や利子弾力性に依存するものである．しかし，E モデルでは物価水準も内生的に決定されるため，乗数は総需要曲線や総供給曲線の傾き α_1, β_1 にも依存することになる．既に見たように $\alpha_1<0$ および $\beta_1>0$ が期待されるので，E モデルでの短期乗数は α_3 より小さくなる．他方で，長期乗数は総需要関数や総供給関数のラグの長さに依存し，いずれも調整スピードが遅ければ遅いほど $(\alpha_0\to 1, \beta_0\to 1)$，長期乗数は大きくなる．また，$\alpha_0>0, \beta_0>0$ である限り，長期乗数は短期乗数より大きくなることがわかる．

次に D 1 モデルを見ると，短期乗数は基本的に E モデルと同じであることがわかる．しかし，長期乗数は 0 となり，E モデルとは際立った対照を示すことになる．これは D 1 モデルでは体系が安定的であれば，長期的には

$$y_t = \bar{y}_t \tag{20}$$

が成立することになり，y_t が自然産出量に収束することによる．そして，財政政策によっては $\bar{y}_t$ に影響を与えることができないことから，実質政府財政支出の増加の長期的効果は単に物価を押し上げるのみとなる．この点は，D 1 モデルの長期乗数を直接計算すれば

$$(\boldsymbol{I}-\boldsymbol{A})^{-1}\boldsymbol{b} = \left(0, -\frac{\alpha_3}{\alpha_1}\right)' \tag{21}$$

が求められることからも確かめることができる．

合理的期待形成仮説を採用した D 2 モデルの特性も，基本的には D 1 モデルと同様である．ただし，$\delta_2=1$ の場合には自然失業率仮説が成立することから，短期乗数でさえも 0 となってしまうことになる．短期において

も(20)式が成立するように，g_t の増加によっては P_t が上昇し，民間経済活動を g_t の増加分だけ完全にクラウド・アウトしてしまうわけである．

2　マクロモデルの推定

2.1　データ

推定に使用したデータの原系列は，y_t＝実質 GNP(1990年価格，四半期)，P_t＝GNP デフレーター(1990年価格，四半期)，$M_t=M_2+CD$(月末残高，月次)，π_t＝円・ドルレート(月中平均)，T_t＝世界貿易(輸出，FOB，四半期)，W_t＝名目賃金指数(調査産業計，サービス業を除く，現金給与額，月次)，R_t＝総合卸売物価指数(国内需要財，素原材料，月次)，g_t としては g_{1t}＝政府一般会計支出額総計(財政対民間収支，月次)および g_{2t}＝公共事業費(財政対民間収支，月次)の2つのケースを考え，GNP デフレーターで実質化している．データは四半期データを基本とし，月次データは加算もしくは単純平均によって四半期データに変換し，季節調整は行っていない．なお，データはすべて日経 NEEDS データベースから取った．

推定に必要であるが実際に観察されない変数として，まず期待物価上昇率は過去の4四半期の実現された物価上昇率の加重平均

$$\Delta P_t^e = \frac{1}{10}(4\Delta P_{t-1} + 3\Delta P_{t-2} + 2\Delta P_{t-3} + \Delta P_{t-4}) \qquad (22)$$

で代理し，自然産出量 $\bar{y}_t$ は y_t をタイムトレンドと季節ダミーに OLS 回帰した際に得られる理論値(fitted value)を代理変数として用いた．

2.2　推定結果

まず，できるだけ長期間をとって，この間にマクロモデルの構造に一切の変化が起こらなかったものとの前提で推定を試みる．この目的で，1966年の第3四半期から96年の第4四半期までの122四半期を対象サンプルとして，識別可能な連立方程式体系である3つのマクロモデルについて2段階最小2乗法を適用した推定結果が，表2-2から表2-4である．既述のように，実質政府支出としては，政府一般会計支出額総計(g_{1t})と公共事

表 2-2 Eモデルの推定結果
(1966:3-1996:4)

y_t	総需要関数		y_t	総供給関数	
	g_1	g_2		g_1	g_2
y_{t-1}	0.623 (8.84)	0.641 (9.72)	y_{t-1}	0.938 (29.09)	0.938 (29.01)
P_t	−0.232 (−3.70)	−0.241 (−3.75)	P_t	0.200 (2.79)	0.215 (2.97)
M_t	0.235 (4.93)	0.240 (4.97)	W_t	−0.078 (−1.72)	−0.086 (−1.88)
g_t	0.040 (1.61)	0.014 (1.99)	R_t	−0.030 (−2.52)	−0.031 (−2.57)
π_t	0.011 (0.69)	0.019 (1.13)			
T_t	−0.003 (−0.18)	0.034 (0.20)			
ΔP^e_{t+1}	0.121 (0.59)	0.107 (0.52)			
$\bar{R}^2$	0.998	0.998	$\bar{R}^2$	0.997	0.997
SER	0.018	0.018	SER	0.019	0.019

注 1) 推定は2段階最小2乗法による.
2) ( )内はt値, $\bar{R}^2$は自由度調整済み決定係数, SERは回帰式の標準誤差を表す. $E(y_t)=11.20$.
3) g_1は政府支出総額, g_2は公共事業費をそれぞれ表す.

業費(g_{2t})の2通りのケースを試みている. なお, 実際の推定式においては, 表に報告されている説明変数の他に, すべての式において定数項と季節ダミー変数が含まれている.

推定結果全般を眺めてみると, いずれのマクロモデルにおいても, 総需要関数においては為替レート(π_t), 世界貿易の活動水準(T_t), および期待物価上昇率(ΔP^e_{t+1})は有意ではなく, しかも通常期待される理論上の符号条件も満たされていないことがわかる. しかし, その他の説明変数のパラメータは理論的に期待された符号条件を満たしており, 実質政府支出を除くといずれの変数の統計的有意性も十分高い. このことは, 被説明変数であるy_t(実質GNPの自然対数値)の当該サンプル平均が11.20なのに対して, 回帰式の標準誤差であるSERがいずれのマクロモデルにおいても0.018程度(自由度調整済決定係数$\bar{R}^2$は0.998)であることにも反映されている.

表 2-3 D 1 モデルの推定結果
(1966 : 3–1996 : 4)

y_t	総需要関数		ΔP_1	総供給関数	
	g1	g2		g1	g2
y_{t-1}	0.650 (9.47)	0.667 (10.36)	$y_t-\bar{y}_t$	0.048 (2.62)	0.048 (2.64)
P_t	−0.200 (−3.32)	−0.206 (−3.34)	ΔW_t	0.244 (5.90)	0.244 (5.90)
M_t	0.215 (4.64)	0.218 (4.65)	ΔR_t	0.037 (1.58)	0.036 (1.57)
g_t	0.035 (1.42)	0.012 (1.77)			
π_t	0.006 (0.36)	0.012 (0.75)			
T_t	−0.007 (−0.42)	−0.002 (−0.10)			
ΔP^e_{t+1}	0.099 (0.48)	0.086 (0.42)			
$\bar{R}^2$	0.998	0.998	$\bar{R}^2$	0.895	0.895
SER	0.018	0.018	SER	0.013	0.013

注 1) 推定は 2 段階最小 2 乗法による.
2) ( ) 内は t 値, $\bar{R}^2$ は自由度調整済み決定係数, SER は回帰式の標準誤差を表す. $E(y_t)=11.20$, $E(\Delta P_t)=0.010$.
3) g1 は政府支出総額, g2 は公共事業費をそれぞれ表す.

一般物価水準(P_t)と名目貨幣供給量(M_t)については, 理論的に期待される 0 次同次性の条件($\alpha_1+\alpha_2=0$)も棄却できない. 財政政策の乗数関連では, いずれのマクロモデルにおいても, 政府一般会計支出額総計(g_{1t})よりも公共事業費単独(g_{2t})の方が相対的には有意性が高いが, 乗数(厳密には弾力性)に対応する係数パラメータ自体は前者よりも後者の方が小さい.

こうした結果は, 細部では程度の差はあれ, 1967 年第 1 四半期から 82 年第 4 四半期の 64 四半期をサンプル期間とした浅子(1984a, 1987)とほぼ共通の特徴であり, 相応のロバストネスを伴ったものである. 為替レート, 世界貿易の活動水準, および期待物価上昇率が有意でないのは多少パズリングであるが, これらの説明変数の有意性が低い時代性があるものと解釈される. すなわち, 経常収支が GNP に占める比率はこの時期の日本経済にとっては必ずしも大きくないこと, あるいは対象サンプル期間内に固定

表 2-4　D 2 モデルの推定結果
(1966：3-1996：4)

y_t	総需要関数 g₁	総需要関数 g₂	ΔP_t	総供給関数 g₁	総供給関数 g₂
y_{t-1}	0.673 (9.87)	0.679 (10.57)	$y_t - \bar{y}_t$	0.055 (2.58)	0.055 (2.58)
P_t	−0.172 (−2.89)	−0.191 (−3.11)	ΔP_t^e	0.433 (3.11)	0.433 (3.11)
M_t	0.198 (4.30)	0.208 (4.46)			
g_t	0.030 (1.25)	0.011 (1.66)			
π_t	0.001 (0.07)	0.009 (0.57)			
T_t	−0.011 (−0.62)	−0.004 (−0.23)			
ΔP_{t+1}^e	0.080 (0.39)	0.076 (0.38)			
$\bar{R}^2$	0.998	0.998	$\bar{R}^2$	0.872	0.872
SER	0.018	0.018	SER	0.015	0.015

注 1)　推定は 2 段階最小 2 乗法による.
2)　(　) 内は t 値, $\bar{R}^2$ は自由度調整済み決定係数, SER は回帰式の標準誤差を表す. $E(y_t)=11.20$, $E(\Delta P_t)=0.010$.
3)　g_1 は政府支出総額, g_2 は公共事業費をそれぞれ表す.

相場制から変動相場制へ移行しており，為替レートの効果に構造変化が起こって相殺されてしまった可能性が指摘される．また，この時期の日本経済はいまだ金利体系が規制下にあったり貸出しの量的規制が行われており，期待物価上昇率の変化が実質利子率の変化を通じて GNP を変動させる資源配分機能自体が小さかったとも解釈されるのである．

次に，総供給関数の推定結果に目を転じよう．既述のように，総需要関数のパフォーマンスは比較的安定しているために，総供給関数のパフォーマンスに違いがあるとすれば，それが 3 つのマクロモデルのパフォーマンスそのものを左右することになる．

そこで総供給関数をみる．浅子(1987)は，1967 年第 1 四半期から 82 年第 4 四半期の 64 四半期をサンプル期間とした場合には，「説明変数の有意性で判断するならば，明らかに E モデルのパフォーマンスは劣り，D 1 モデルとD 2 モデルのパフォーマンスが勝っていることがわかる」と評価している．しかし，ここではこのような単純な観察はできない．ここでの長期のサンプル期間に対しては，3つのマクロモデルのどれをとっても，係数パラメータはすべて理論的符号条件を満たしており，かつそれなりに有意でもあるからである．しかも，この結果は政府支出として政府一般会計支出額総計(g_{1t})をとっても公共事業費単独(g_{2t})をとっても，ほとんど変わらない．

しかし，より詳しく3つのマクロモデルの間の相互関係を考察すると，浅子(1984a, 1987)が主張するように以下の議論が成立する．すなわち，仮にEモデルの総供給関数で自己回帰項 y_{t-1} 以外の説明変数がすべて有意でなく $\beta_1=\beta_2=\beta_3=0$ が棄却できないとすると，実質総供給は自律的変動のみに従う，いわば古典派経済学のリアル・ビジネスサイクル(実物的景気循環)論の世界になる．換言すれば，自然失業率仮説が成立するといってもよい．このとき，Eモデルでは生産物市場での需給均衡が前提となることから，生産物市場や労働市場，原材料市場での価格調整は，「供給は自らの需要を創出する」とのセイ法則を成立させるようにすべて速やかに達成されていることになる．一方，D 1 モデルやD 2 モデルでは一般には生産物市場での不均衡を許容しているが，もし(5)式において $\delta_2=1$ とし，しかも合理的期待形成仮説を前提とする場合には短期にも自然失業率仮説が成立し，D 2 モデルが基本的にはEモデルにおける $\beta_1=\beta_2=\beta_3=0$ のケースに帰着することになる．

しかし実際は，Eモデルでの帰無仮説 $\beta_1=\beta_2=\beta_3=0$ はデータからは棄却されており，その意味ではリアル・ビジネスサイクル論ないし自然失業率仮説は成立しない．したがって，このことは一般論としては，均衡アプローチのEモデルよりも不均衡アプローチのD 1 モデルやD 2 モデルに軍配があがる．しかも，D 2 モデルの期待物価上昇率の係数パラメータの推計値は表2–4において0.433であり，自然失業率仮説にとって必要条件でもある $\delta_2=1$ の帰無仮説は棄却されている．

すなわち，3つのマクロモデルのパフォーマンスがそれなりに良好なのは，すべて生産物市場での不均衡を許容する立場で，整合的に説明可能なのである．いずれも有意性の意味では良好であっても，生産物市場での自然失業率仮説を棄却できなくするほどには特殊ケースとはなっていないのである．この点は，同じく不均衡アプローチに賛意を示しながらも，Eモデルの枠組みの中での $\beta_1=\beta_2=\beta_3=0$ の帰無仮説を棄却できなかった浅子(1984a, 1987)とは，一線を画するところであるといえよう．

2.3 構造変化

さて，本稿の目的でもある日本経済のマクロモデルの構造変化の可能性を探ろう．表2-5から表2-7は，3つのマクロモデルそれぞれについて，(a) 1967 : 1–82 : 4，(b) 1966 : 3–85 : 4，および(c) 1986 : 1–96 : 3，の3つのサンプル期間についての推定結果をまとめたものである．このうち(a)は浅子(1984a, 1987)の推定結果をそのまま転載したものである．(b)と(c)は，日本経済にとっての大きな転機となったプラザ合意のあった1985年後半期を念頭においてサンプル分割したものであるが，これが唯一の分割法でないという意味では試行的なものである．

(b)と(c)のサンプル期間を，便宜上，それぞれ前半期と後半期と呼ぼう．前半期は基本的には浅子(1984a, 1987)のサンプル期間を3年間ほどアップデートしたものであることから，3つのマクロモデルとも，(a)と(b)のサンプル期間では多くの点で共通点がある．すなわち，各モデルのパフォーマンスをみると，少なくないパラメータが必ずしも十分に有意でないものの，主要な説明変数については理論的な符号条件を満たしている．これに対して，(c)のサンプル期間については，3つのマクロモデルとも理論で期待される符号条件を満たしていないといった問題点がみられる．(c)の期間はサンプル数が43四半期であり，推定上の自由度不足が問題の可能性もある．

(c)のサンプル期間について，3つのマクロモデルを詳しく見てみよう．まず指摘されるのは，いずれのマクロモデルにおいても，総需要関数において一般物価水準が有意でなく，しかも理論の要請とは逆に係数パラメータの符号がプラスになっていることである．また，同じく総需要関数内では，政府支出の有意性が低下し乗数の値も小さくなっている．代わって，

表 2–5　E モデルの推定結果

y_t	総需要関数			y_t	総供給関数		
	67:1-82:4	66:3-82:4	86:1-96:3		67:1-82:4	66:3-82:4	86:1-96:3
y_{t-1}	0.877 (12.40)	0.816 (11.78)	0.289 (1.66)	y_{t-1}	0.984 (17.90)	0.971 (24.75)	1.085 (9.36)
P_t	−0.080 (−1.29)	−0.105 (−1.37)	0.105 (0.48)	P_t	0.113 (0.85)	0.220 (2.35)	−0.410 (−1.80)
M_t	0.057 (1.05)	0.113 (2.14)	0.314 (4.13)	W_t	−0.045 (−0.55)	−0.093 (−1.75)	0.038 (0.27)
g_t	0.026 (1.84)	0.017 (1.65)	0.002 (0.21)	R_t	−0.036 (−1.24)	−0.043 (−2.16)	−0.029 (−1.06)
π_t	0.003 (0.12)	−0.001 (−0.03)	0.019 (0.81)				
T_t	0.000 (0.01)	−0.010 (−0.45)	0.049 (1.46)				
ΔP^e_{t+1}	−0.240 (−0.98)	−0.153 (−0.74)	0.322 (0.36)				
$\bar{R}^2$		0.997	0.993	$\bar{R}^2$		0.996	0.988
SER	0.019	0.017	0.009	SER	0.021	0.018	0.013

注 1)　推定は 2 段階最小 2 乗法による．
　2)　(　) 内は t 値，$\bar{R}^2$ は自由度調整済み決定係数，SER は回帰式の標準誤差を表す．
　3)　政府支出として g_2(公共事業費) を用いている．

表 2–6　D 1 モデルの推定結果

y_t	総需要関数			ΔP_t	総供給関数		
	67:1-82:4	66:3-82:4	86:1-96:3		67:1-82:4	66:3-82:4	86:1-96:3
y_{t-1}	0.683 (5.34)	0.818 (12.03)	0.245 (1.56)	$y_t-\bar{y}_t$	0.071 (2.49)	0.017 (0.77)	0.045 (4.21)
P_t	−0.274 (−1.91)	−0.101 (−1.37)	0.181 (1.02)	ΔW_t	0.099 (2.15)	0.183 (3.57)	0.067 (2.42)
M_t	0.213 (2.05)	0.111 (2.15)	0.315 (4.18)	ΔR_t	0.146 (3.25)	0.102 (3.54)	−0.004 (−0.32)
g_t	0.023 (1.54)	0.017 (1.65)	0.000 (0.04)				
π_t	0.021 (0.62)	−0.001 (−0.05)	0.022 (1.00)				
T_t	0.022 (0.75)	−0.011 (−0.50)	0.056 (1.84)				
ΔP^e_{t+1}	−0.008 (−0.03)	−0.155 (−0.75)	0.329 (0.37)				
$\bar{R}^2$		0.996	0.993	$\bar{R}^2$		0.923	0.986
SER	0.020	0.017	0.009	SER	0.010	0.012	0.004

注 1)　推定は 2 段階最小 2 乗法による．
　2)　(　) 内は t 値，$\bar{R}^2$ は自由度調整済み決定係数，SER は回帰式の標準誤差を表す．
　3)　政府支出として g_2(公共事業費) を用いている．

表 2-7 D 2 モデルの推定結果

y_t	総需要関数			ΔP_t	総供給関数		
	67:1-82:4	66:3-82:4	86:1-96:3		67:1-82:4	66:3-82:4	86:1-96:3
y_{t-1}	0.461 (3.46)	0.822 (12.11)	0.250 (1.60)	$y_t-\bar{y}_t$	0.072 (3.01)	0.024 (1.02)	0.053 (3.30)
P_t	−0.407 (−2.84)	−0.094 (−1.28)	0.172 (0.97)	ΔP_t^e	0.593 (4.48)	0.618 (4.15)	−0.108 (−0.37)
M_t	0.363 (3.43)	0.107 (2.09)	0.315 (4.17)				
g_t	0.022 (1.56)	0.017 (1.64)	0.001 (0.06)				
π_t	0.030 (0.67)	−0.002 (−0.08)	0.022 (0.98)				
T_t	0.027 (0.73)	−0.012 (−0.56)	0.056 (1.81)				
ΔP_{t+1}^e	0.061 (0.14)	−0.157 (−0.76)	0.328 (0.37)				
$\bar{R}^2$		0.996	0.993	$\bar{R}^2$		0.914	0.984
SER	0.021	0.017	0.009	SER	0.010	0.013	0.004

注 1) 推定は 2 段階最小 2 乗法による.
2) ( )内は t 値, $\bar{R}^2$は自由度調整済み決定係数, SER は回帰式の標準誤差を表す.
3) 政府支出として g_2(公共事業費)を用いている.

名目貨幣供給量の有意性が高まり，為替レート，世界貿易の活動水準，および期待物価上昇率の係数パラメータは揃って前半期のマイナスからプラスに転じ，世界貿易の活動水準は際立って有意性が高まっていることである.

次に，総供給関数についてみると，これも前半期に比べてパフォーマンスは総じて低下していることがみてとれる. すなわち，E モデルにおいては，一般物価水準は前半期はプラスで有意であったものが後半期にはマイナスに転じ，D 1 モデルや D 2 モデルでは前半期には有意であった原材料価格の変化率や期待物価上昇率が，どちらも後半期には有意でなくなっている. 総供給関数に関しては，全サンプル期間では総じてパフォーマンスがよかったところであるが，ここでのサンプル分割の結果からは，前半期と後半期では構造変化が起こっている可能性が高いと評価される.

2.4　公共投資の乗数

いままでの分析から，推定された係数パラメータを基に政府支出の実質産出量に対する乗数効果を試算しよう．浅子(1984a, 1987)の推定結果を用いると，1967年の第1四半期から82年の第4四半期についてのD1モデルをベースに，公共投資のインパクト乗数 $(\alpha_3)=0.023$，総需要関数や総供給関数の他のパラメータの推定値 $\alpha_1=-0.274, \gamma_1=0.071$ を用いると，表2–1の公共投資の短期乗数はインパクト乗数と同じ0.023となる．浅子(1984a, 1987)は，この結果をもとに，「公共投資の乗数は短期的にはほとんど経済の供給面の影響は受けず，ほぼ需要面のみで左右される」と総括している．また，D1モデルの長期乗数は0になることが理論的に分かっているが，この長期がどれくらい長いかをみるために，乗数プロセスを時間を追って確かめ，それがかなり長期にわたることを確認している．

ここで，同じような試算を1966年の第3四半期から96年の第4四半期をサンプル期間とした表2–2から表2–4の推計結果を用いて行うことが可能であるが，そもそも公共事業費単独 (g_{2t}) の総需要関数におけるインパクト乗数は0.011から0.014と浅子(1984a, 1987)の推計値のほぼ半分になっている．これらの値と，総供給関数の係数パラメータの推計値を用いると，表2–1にまとめられている短期乗数は，Eモデルで0.007，D1モデルで0.012，D2モデルで0.011となり，これらも浅子(1984a, 1987)の推計値の約半分となる．さらに，表2–5から表2–7にある1986年第1四半期から96年第3四半期までの後半期についてみると，3つのマクロモデルいずれの総需要関数においても公共投資はまったく有意ではない．こうした観察からは，新しいデータが追加されたことによって，公共投資の乗数効果は確かに低下したといえよう[1)]．

ちなみに，マネーサプライの係数パラメータの推計値に基づいて金融政策の効果をみると，表2–5から表2–7より，いずれのマクロモデルにおいても前半期よりも後半期において総需要関数内での有意性が高まっているのが注目される．もっとも，後半期においては，総需要関数内での物価水

1)　この点は，伴(1996)や経済企画庁経済研究所編(1998)とも整合的である．

準の係数が理論通りでないことは忘れてはならない.

3　おわりに

本章は，総需要関数と総供給関数の2つの式からなる日本経済の簡単なマクロモデルを推定し，その構造変化の可能性を考察した．マクロモデルとしては，生産物市場の均衡を前提としたEモデルと，労働市場のフィリップス曲線を前提とした不均衡アプローチのD1モデルおよびD2モデルの3つを取り上げた．その結果，3つのマクロモデル相互間の関係を踏まえて整合的に解釈すると，日本経済においては均衡論的なEモデルよりも不均衡論的なD1モデルやD2モデルの説明力が高いことが示された．また，1966年の第3四半期から96年の第4四半期までの全サンプル期間を1985年末で二分割した場合に，前半期と後半期では構造変化が起こっている可能性が高いことが確認された．とくに，後半期には，公共投資の乗数の低下がみられた．

本章は，もともと現実経済をそのまま描写するマクロモデルを構築するのが目的であったわけではなく，またモデルの推定においてもいろいろな問題が残されたままであり，結果の解釈にも留保条件が必要である．しかしながら，本章で考察したような簡単なマクロモデルが，日本経済のデータには十分当て嵌まりが良いことが確認され，しかも構造変化の可能性に対してもそれなりのインプリケーションが得られたことは特筆に値しよう．

第3章　戦後日本の景気循環とマクロ安定化政策

前章でも指摘したように，かつての高度成長を現出し，2度にわたる石油ショックをも乗り切り1980年代後半のバブル期に頂点に立った日本的経済システムが，バブル経済の崩壊や急速に進む経済のグローバル化等を契機として，一転して構造疲労状態にあるとの評価を受け「構造改革」に汲々としている．マクロ経済のパフォーマンス面でも，「山高ければ谷深し」の格言の如く，少なくても戦後経験してきたいくつかの景気循環と比較して，直前のバブル景気が過熱していた分，その反動として90年代の長期不況は相当深刻なものである．しかしながら，この長期不況も過去の幾度かの不況と同様，拡張的財政政策と金融緩和政策といったマクロ安定化政策によって，世紀の転換点においてはまさに安定化されなんとしている．

本章では，景気平準化を目的としたマクロ安定化政策について戦後を概観し，合せてその背後にある日本の景気循環の特徴付けやマクロ安定化政策をめぐるマクロ経済学上の論点整理も試みる．この際，望むらくは，本来全体的にバランスが取れた形で公平な視点からマネタリスト＝ケインジアン論争などを展望すべきであろうが，本章では，多少バランスを欠く危険は承知の上で，時には敢えて自らの見解を前面に出すことにした．

本章の以下の構成は次の通りである．まず第1節では，戦後日本の景気循環の特徴について，景気変動を実体経済の変動と物価変数の変動で凝縮させる形で整理する．第2節では，マクロ安定化政策をめぐる理論上の論点整理を行う．第3節と第4節は，戦後日本のマクロ安定化政策の実際について，1990年代半ばを区切りにして，それ以前は通史的に，またそれ以降はバブル崩壊後の長期不況に焦点をあてて個別の問題点を取り上げて

本章は浅子(2000)に基づく．

概観している.

1　日本の景気循環の特徴

今日までに景気循環をめぐっては膨大な理論・実証両面での研究が蓄積されてきているが，その研究成果を駆使しても必ずしも完全に持続メカニズムが解明されたわけではない．換言すれば，景気循環の規則性や再現性ないし予測可能性については経験則が頼りとなるのみで，科学的な命題群が証明されているわけではない.

日本の景気循環をめぐっても事態は同様である．戦後の日本では，20世紀中には12個のサイクルが観察されている．これらはどれ一つ同じではないが，それでも浅子・浅田他(1991)や有賀他(1992)等に代表されるように，経験的に観察される「定型化された事実(stylized facts)」の整理を目的とした研究もなされてきた．その結果として，いくつかの経験則の発見(fact findings)がなされているが，残念ながらこれらとて各サイクルによってのヴァリエーションも大きく，万全な形で科学的な予測可能性を備えたものではない．さらに，情報技術の革命的な進歩を経験した最近時においては，経済の構造変化による景気循環の変質が議論され，とりわけ経済のサービス化(ソフト化)に伴う在庫投資のウェイトの低下によって，第2次産業を暗黙の前提としてきた景気循環理論は大幅な修正が必要であり，従来の短期の在庫循環は消滅するのではないかとの観察もある.

浅子・浅田他(1991)は，書き出しと結論部分を除くと，「景気循環を巡る基礎概念」「景気循環の特徴」「実質GNPの変動——支出項目別分解」「景気循環と時間的跛行性」の4つの節からなり，論文のまとめとして20項目の日本の景気循環の特徴をあげている．また，有賀他(1992)の主要部分は，「物価水準の変動と景気循環」「相対価格の変動と景気循環」「マーク・アップと景気循環」の3つの節からなり，そこから6つの定型化された事実を抽出している．これらを大胆にまとめれば，日本の景気循環の様相については4つのカテゴリー別に，以下のように特徴付けすることが可能である.

① 日本においても，欧米でのクズネッツ，ジュグラー，キチンの波に相当する循環がそれぞれほぼ対応する周期で観測されるが，より長期のコンドラチェフの波についてはなお予断を許さない．戦後において，景気対策の発動対象となる短期循環(キチンの波)の平均持続期間は4年弱(47か月)であり，そのうち拡張期が31か月，後退期が15か月と，拡張期は後退期の2倍の長さになっている．もっとも，各サイクル毎の持続期間のバラツキは大きい．また，戦後において，持続期間がサイクルを経るにつれて長期化したとか短期化したという，時系列的傾向は認められない．ただし，戦前と戦後を比較すると，サイクルの平均持続期間は戦後の方が約1年ほど長くなっており，その原因は，戦後は戦前に比べて拡張期が1年間長くなったためであり，後退期の持続期間には差はない．景気循環の振幅を経済成長率の変動幅で比較すると，戦前に比して戦後の方が大きくなっている．後退期については大差ないことから，戦後においては拡張期における経済成長率が高いことが原因である．名目GNPの変動を数量面と価格面の変動に分解すると，戦前は価格面のウェイトが高かったが，戦後は数量面のウェイトが高くなっている．戦後の景気局面毎の数量面と価格面の変動の間には，拡張期では正，後退期では負の相関が観察される．すなわち，結果的には価格(の変化率)には下方硬直性が認められる．戦前には，このような傾向は観察されない．以上の景気局面の判断は，戦後については経済企画庁によって公式に認定されたものになっている．認定法は景気動向指数の変動を基に判断されるものであるが，それによる景気転換点は経済成長率(実質GNPの変化率)の当期および過去値の移動平均の変動で良好にフォローできる．しかしながら，実質GNPの水準の変動からはトレンド部分を除いたとしても，景気の転換点をフォローすることは困難である．

② 支出項目の構成比(対実質GNP比)の変動をみると，総じて各支出項目ともサイクル間の変動は大きいが，拡張期と後退期で顕著な差があるわけではない．ただし，長期の趨勢変動を分離した後にはほとんどの支出項目は景気局面で構成比が有意に変化している．もっとも，変

化幅となると，構成比の平均的水準と比較すると民間在庫投資を除くと総じてそれほど大きなものではない．構成比率のバラツキ具合を標準偏差でみると，これもどの支出項目についても拡張期と後退期で顕著な差が観察されるわけではない．ただし，歪度の観察からは，民間設備投資，民間在庫投資，および輸入については，短期間ながら，拡張期には大幅に高く，逆に後退期には大幅に低くなる時期がある．また，尖度の観察からは，拡張期・後退期とも概して裾の重い分布になる支出項目がほとんどであるが，拡張期の公的資本形成と公的在庫投資については裾の軽い分布となっている．構成比のサイクル間の変動をみると，何らかの長期的な趨勢変動が認められる支出項目が多い．すなわち，民間設備投資，輸出および輸入の構成比率がトレンドとして上昇基調にあり，民間消費と政府消費がトレンドとして下降基調にある．民間住宅投資と民間設備投資にはクズネッツの波やジュグラーの波の判定基準ともなる長期の波動が認められ，公的資本形成は1970年代央を境に上昇から下降基調に転じている．民間在庫投資と政府在庫投資はその平均的水準に比して短期的変動が激しいが，1970年代初頭以降民間在庫投資の構成比率は低下している．政府在庫投資には，趨勢的変動は認められない．各支出項目の変動を自律的なものとみなすと，一般にそのショックの持続性は長い．持続性が相対的に最も短い支出項目である公的在庫投資でさえ，その水準の変動はランダム・ウォーク(対前期四半期変化率はホワイト・ノイズ)となる．すなわち，その他の支出項目では成長率の変動にも持続性が認められる．

③ 支出項目同士の変動の同時点での関係をみると，成長率を問題とする限りでは，民間設備投資と輸入の間に認められるプラスの相関を例外として，概して強い関係は観察されない．他方，グレンジャーの意味での因果性を調べると，対実質GNPとの間では普遍的に一方的因果性が認めれる支出項目はないが，双方向のフィード・バック効果が認められる支出項目としては，民間消費，民間住宅投資，民間設備投資，および公的資本形成があげられる．支出項目同士の間ではロバストに一方的因果性が観察される場合もあるが，一般論としては，そう

した関係の不安定性が示唆される．同じく一般論としては，支出項目の変動の特徴として標準的な経済学の理論的予測が必ずしも統計的には検出されないものが多い．そうした中で，むしろロバストな特徴としては，民間在庫投資は意図せざるものであること，公的資本形成は景気の牽引役を果たしていること，輸出は外生性を示さないこと，等があげられる．

④ 物価水準やインフレ率など名目価格諸変数は，景気局面を規定する実体経済変数と強い相関をもたない．名目賃金率と失業率との間ではフィリップス曲線が有意に検出されるが，その説明力は大きくない(ちなみに，実質賃金率は景気と強い順相関の関係にある)．他方，インフレ率とインフレ率の分散との間には有意なプラスの相関がみられ，インフレ率が高いほど，インフレ変動率も高くなる．主要相対価格の変動を景気局面との関係でみると，要素投入価格と産出価格の比率が景気と強い逆相関を示す．物価水準が名目賃金率に安定的なマークアップを加味した形で決まるとの標準的なマークアップ原理に従うのは付加価値ベースの物価水準であり，卸売物価指数や消費者物価指数ではむしろ輸入物価指数や流通段階のマークアップ率の変動がより重要である．マークアップ率は，製造業については順相関であるが，流通マークアップは無相関かむしろ逆相関である．マークアップ率の変動要因は，製造業では在庫指数，卸売りでは販売規模といった流通の効率性を左右する指標の説明力が高いが，小売りでは実質賃金率の説明力が高い．

2　マクロ安定化政策をめぐる論点

第I部第1章で概観したように，マクロ安定化政策をめぐってはさまざまな論争が展開されてきた．論争の一方の当事者は，ケインズ経済学を信奉するケインジアンであり，もう一方の当事者は，基本的には古典派経済学に立脚するマネタリストや新しい古典派(new classical school)である．論争は3つの段階に分けられる．第1ラウンドは，財政政策と金融政策のどちらがより有効か，あるいは金融政策として何を操作手段とするか，を論点とするいわば相対的有効性の問題，第2ラウンドは，政策をどのように運営するかを論点とする問題，そして第3ラウンドは，政策効果そのものを疑問視した絶対的有効性にかかわる問題である．このうち，第1ラウンドと第2ラウンドの論争は，1960年代を通じたマネタリスト＝ケインジアン論争として歴史に残っており，第3ラウンドは，70年代に入ってからの新しい古典派による合理的期待革命によって触発された論争であった．

2.1　相対的有効性から絶対的有効性へ

マネタリストとケインジアンの間では多くの論点が争われたが，第1章との重複を厭わず再掲すれば次のようになろう．ケインジアンの主張は，①深刻な不況時には，金融政策よりも政府支出増による財政政策がはるかに有効である，②小幅で循環的なマクロ経済の変動に対しては，財政政策と金融政策の併用による有効需要の積極的な微調整（ファイン・チューニング）が望ましい，③金融政策としては，利子率を重視する，④政策発動はケース・バイ・ケースで裁量的に行う，の4点にまとめられる．これに対して，マネタリストの主張は，①マクロ経済の安定にとっては，安定的な金融政策が望ましく，財政に関しては常に均衡財政をこころがける，②金融政策としては，貨幣供給量を長期的な経済成長率に見合うように増加させる，③政策はあらかじめ設定されたルールに従って運営し，いたずらに変更しない，の3点である．より詳細に見れば，論争点は以上にとどまらず，財政政策と金融政策の機動性（タイムラグの長さ）の差，政策介入を必要とするショックの発生源や経済構造の不確実性の程度，閉鎖経済と開放経済といった制度的枠組みの相異，等の問題も焦点となった．

ケインジアンには，基本的には政策発動はマクロ経済の安定化に有効であるとの前提があり，政策当局が適切な政策をデザインする限りにおいて，政策介入が正当化されるし，またそうであれば，実際に政策介入がなされるべきであるとの立場がとられる．政府の全知全能性に立脚する「ハーベイロードの前提」であり，政府の認識不足で誤った政策を発動してしまう等の「政府の失敗」の可能性は排除される．他方，ケインズの生誕地の街路名に因んだハーベイロードの前提は現実離れがはなはだしく，むしろマクロ経済の安定化の面では政策当局と民間経済主体との間に本質的な差違はなく，そうであれば，政策介入はかえって民間経済活動への攪乱要素となり，マクロ経済を不安定化すると主張するのがマネタリストである．

マネタリストの主張は，当初は学問的に強固な裏付けに欠けていた面があるが，経済主体の合理的行動に裏付けられたマクロ経済学のミクロ的基礎付けの分析が進むにつれて，むしろ「完全雇用の実現」や「貨幣の中立性」等の古典派経済学の諸命題は，いわゆる新古典派経済学が前提とする理想状態では普遍的な理論的帰結であることが判明することになった．こうした分析の結果，政府支出の変化は民間経済活動を締め出すだけというクラウディング・アウト効果，公債発行と増税による政府支出増の同等性を主張する公債の中立命題(ないしリカードの等価定理)，そして圧巻である予知された政策の非有効性を問う新しい古典派に属する経済学者であるルーカス(R. Lucas)，サージェント(T. Sargent)，ウォレス(N. Wallace)の名にちなんだ LSW 命題が主張されることになった．

このようなマクロ安定化政策の絶対的非有効性の主張は，理論的命題としてはそれなりに正しいものである．しかしながら，理想状態である理論的前提が現実に満たされている保証はない．すなわち，問題は現実妥当性であり，クラウディング・アウト効果であれば，それが完全に起こるか，あるいは部分的にしか起こらないかという点である．部分的であれば，依然政策効果は存在する．公債の中立命題にとっては，公債の発行に際して民間部門が将来時点の増税を正しく認識していることと，流動性制約がなく異時点間の資源再配分が自由に可能でライフ・サイクル仮説が当てはまることが大前提となるが，現実の経済ではこうした理論的前提が百パーセント満たされているとは考えにくい．

LSW 命題も，基本的には労働市場で名目賃金率が伸縮的に調整され完全雇用が実現される古典派経済学の世界が前提となり，そこに将来に関しての期待形成について政府と民間部門で情報量に差違がないとの含意で合理的期待形成仮説を導入している．したがって，いったん古典派経済学の世界を離れて名目賃金率の非伸縮性を導入すると，もはやLSW命題は成立しない．合理的な期待形成の背景となる情報量をどのように考えるかも重要である．政府と民間部門での情報量に差違がある(政府の方が多い)か，一部の民間部門(例えば金融市場の参加者)で当期の情報が利用可能であれば，景気循環の平準化という意味では金融政策が有効となる．また，LSW命題についての実証研究が蓄積されるにつれて，それに否定的な研究が相次いで報告され，結局現在では，LSW命題を厳密な形で主張する学者はほとんどいなくなった．

2.2　政策分析の視点

しかしながら，公債の中立命題やLSW命題が提起した視点には傾聴すべきものも含まれている．なかでも，新しい古典派は数百本にのぼる大型マクロ計量モデルを用いた政策分析や，そこから提示される政策処方箋の信頼性に疑問を投げかけたのは大きい．民間経済主体が，政策をある程度合理的に予想すれば，政策効果が完全には消滅しないにしても，政策当局が予期していた効果とは異なる可能性がある．この点については，ルーカスによる批判(Lucas 1976)が有名である．すなわちルーカスは，経済予測やシミュレーションなどの政策分析をする際に，異なる政策を比較したり，最適政策を求めて政策ルールを変更すると，分析の基礎である構造方程式体系のパラメータ自体が変化してしまい，その点を考慮しない政策分析は必然的に誤りを露呈せざるをえない，と批判する．民間経済主体が，政策期待によってその行動様式を調整するからである．

ルーカスの指摘は理論的には正しい．しかし，だからといって，すべての政策分析が無意味になったというわけではない．民間経済主体が理論通りには反応しない可能性もあるし，また定性的には正しい指摘としても，その定量的なインパクトの大きさに対しては概して大型マクロ計量モデルのユーザーは懐疑的である．ここに，データを介した，政策論争が起こる余地がある．以下では，必ずしも政策効果の量的分析を行うわけではないが，暗黙の前提としては，意味のある範囲では伝統的な政策分析が有効と考えるものとする．

それはともあれ，とりあえずマクロ安定化政策は有効であるとしよう．すると，次に問題となるのが，それではどのようにして政策を発動するのがよいかという積極主義(activism)に関する点である．ケインジアンとマネタリストの間には，むしろこの点で大きな隔たりがある．

ケインジアンは，政策的介入の必要性が認められる場合には，積極的な介入を主張する．さらに，ショックが積み重ならないように，小さな変動に対してもファイン・チューニング(微調整)で対処すべきと考える．これに対して，マネタリストないし広い意味での古典派経済学の信奉者は，政策介入が効果を発揮するためには，政策当局が経済構造の正しい知識をもった上で，適切なタイミングで介入する必要があると主張する．ところが，ルーカスの批判にもみられるように，経済構造自体が政策次第で変化する上に，不確かな政策の遅れも考慮しなくてはならず，適切な政策を適切なタイミングで発動するのは不可能に近いと考える．このため，政策介入は経済を安定化させるよりもむしろ不安定化要因となってしまう可能性が高く，政府がマクロ経済の安定化を目指すならば，裁量的な介入ではなくあらかじめ制度として組み込んだ自動安定化装置(built in stabilizer)に委ねるか，あるいは簡単なルールにのっとったものにとどめるべきと考えるのである．

こうした観点からの政策処方箋がマネタリストの k% ルール(マネーサプライを経済成長にみあう一定の率で増加させる政策)であり，できるだけ簡単なルールのもとで中間目標を設定し，その実現に心がけるといった提案である．場合によっては，期待形成の誤りをできるかぎり回避するために，政府のもつ情報を速やかに公表するのが政府の役割という主張もなされる．

裁量政策に関連して，最適政策の動学的不整合性(time or dynamic inconsistency)という厄介な問題がある．これは，事前には望ましいと考えられていた政策が，実際に実行される段階になるともはや最適ではなくなってしまい，この意味で動学的観点から矛盾が生ずることを指す．マクロ安定化政策を発動する段階で，あらかじめアナウンスされた政策が事後的には変更された方が短期的にはマクロ経済のパフォーマンスを改善する場合も多い．そして，そうした政策変更が社会的に望ましく，したがって実際に政策変更が行われると予想されるならば，それを予知する民間経済主体の前では，政策のアナウンスメントの信認(credibilty)は低下せざるを得ない．例えば，インフレ期待が鎮静化されているような状況の場合にのみ，景気刺激策によって短期的には失業率を自然失業率の水準を越えて低下できるものとしよう．しかし，景気刺激策がとられることが察知されるや否や，インフレ期待が実際のインフレを招き，結局自然失業率の水準にもどってしまう(自然失業率仮説)．結果として残るのは高いインフレだけである．

この問題の解決策として，「ルール」に基づく政策の導入が提案されている．政策当局が一度アナウンスした政策をそのまま実行するとき，ルールに則った政策運営と呼び，状況に応じて政策を変更するときを裁量的政策運営と呼ぼう．このような用語法にしたがうと，裁量のもとでは動学的不整合性に陥りパレート劣位の均衡が得られるのに対し，ルールのもとではそれと比べてパレート優位の均衡が達成される．ルールの採用によって，アナウンスされた政策は必ず実行されることが民間経済主体に知られるため，結果的には政策当局も民間セクターも同じ制約条件下での最適化問題に直面することになる．そして，この状況下では，相手の複雑な反応を考慮する必要もなく，最適な政策を策定することが可能なのである．

このような「ルール」と「裁量」の定義は，伝統的な解釈とは微妙に異なっており，ここでの議論は必ずしも裁量政策を全面的に否定するものではない．しかしながら，政策期待が重要な要因となる場合には，何らかの拘束的なコミットメントの導入が政策の整合性を保つうえで必要となることが示唆されよう．

ところで，ルールの採用といった直接的コミットメントに対し，経験によって政策当局への自発的な信頼が形成される可能性もある．信認の問題である．例えば，信認が得られる状況として，一度限りでなく何度も政策が繰り返される状況や，政策当局の施政方針などに信頼がありすでに名声(reputation) が広まっている状況が考えられる．名声が得られれば，政策のアナウンスメント効果が高められるであろう．こうした問題は，政策当局と民間経済主体をあたかもゲームのプレーヤーとみなし，ゲーム理論の応用問題として考察するのが非常に有用であり，近年の政策分析の方向を律している．

また，ゲーム理論の応用としては，財政当局と金融当局の間，あるいは国際間といった複数の政策当局者の間での政策協調の可能性が考察されている．原理的には，政策協調が自発的になされるとすれば，協調がない場合と比べて相対的に好ましい結果をもたらすと考えられる．ゲーム理論の用語を用いれば，協調のある協力ゲームと比べて非協力ゲームのペイ・オフが大きくなることはなく，しかも協力ゲームによってはゼロ・サム制約を超えてゲームの参加者全員がベター・オフとなることも可能である．非協力ゲームでも望ましい均衡解がもたらされる場合もあるが，いわゆる囚人のジレンマのようにお互いにとって思いもよらない最悪事態が均衡解になってしまう場合もまれではない．政策協調によって，そうした最悪の事態を回避することが期待される．

もっとも，政策協調が万能というわけではない．例えば，総論段階では賛成でも各論段階になると反対がでてくるとか，国際協調の裏では国内の利害対立の調整にコストが必要とか，マイナス面もあることが指摘される．また，政策協調を結ぶに当たっては，潜在的には動学的不整合性の問題が内在するため，協調破りに対する実効的な制裁措置を盛る必要もある．

3　日本のマクロ安定化政策――1990年代前半期まで

本章第1節でみたように，日本経済には歴然と景気循環が繰り返されてきた．しかも，事後的に記録されてきたこうしたデータは，景気の波を平準化しようとしたマクロ安定化政策が発動された結果であることに注意する必要がある．すなわち，前節で展望したように，理論的には政策介入がかえって景気循環の振幅を大きくしたり景気後退の期間を長くしてしまった可能性もありえる(政策目標間のトレード・オフゆえの政策不況の実際については後述)が，普通に評価すれば，マクロ安定化政策なしには景気循環の振幅はより大きくなっていたと考えられる．もちろん，厳密にいえば精緻な実証分析が必要であるが，例えば第1節でみたように，戦前に比して戦後において拡張期が1年間程長くなっているのには，マクロ安定化政策による景気の微調整(ファイン・チューニング)が大きく貢献していると考えられるのである.

こうした問題意識の上で，本節では戦後日本のマクロ安定化政策の実際について，とくに高度成長期が終焉する1970年代初頭以降の財政政策と金融政策のそれぞれについて，政策運営の経験を簡単に顧みる.

この期間には，折りにふれ先進諸国のマクロ安定化政策面での国際協調の必要性が叫ばれ，それが国内政策運営の制約となることも少なからずあった．とくに，1975年にはじまる日米欧間の主要7か国の首脳サミットが恒例化するにつれて，政策運営の国際協調に関する合意はその後の各国の政策指針を方向づけることになった．先進国のなかでも日本は，ドイツと並んで，経済面では長期間良好なパフォーマンスを記録してきたこと，とりわけ経常収支の大幅な黒字を背景として，首脳サミットにおいては例年世界経済を牽引する役割を期待されてきた．その結果，内需拡大はほぼ一貫した政策目標であり続け，そのために国内の財政金融政策が割り当てられた．このような国際間の政策協調の遂行は，ときに国内の政策目標の達成にとって制約となってきた．例えば，70年代後半の機関車論(世界経済の景気牽引役)の外圧による財政拡張策は，財政赤字の拡大の流れに棹さしたと言われる．また，プラザ合意以降の円高局面での金融緩和策をめぐっては，90年代に入ってからのバブル経済の崩壊とその事後処理としての不良債権問題の伏線と批判され，金融システムの不安定性という大きなコストをもたらした.

本節では，以上の準備の下で，1980年代のバブル経済が崩壊した後90年代前半期までの日本のマクロ安定化政策を振り返る．この際，より具体的には，財政政策については財政事情との関係に，金融政策については短期の金融調節との関係に焦点を当てる．橋本龍太郎内閣の下で進められた六大構造改革の一環として財政構造改革法が成立する一方，金融システム不安が発生し，その安定化策として多大な公的資金の注入にいたる90年代後半期については，節を改めて次節で検討する.

3.1　財政事情と財政政策

高度成長期の財政は，いくつかの景気循環の好不況の波に揉まれながらも，1965年の不況時に戦後初めて建設公債が発行されるまでは基調としては自然増収に恵まれ，全国の道路網や港湾の整備といった生産基盤の社会資本の蓄積等に回され，残りは政策的な減税に回された．現在の財政状況にいたる道程を顧みる際には，第1次石油ショック時まで溯るのがよいであろう．

第1次石油ショック直後の1974年に実質経済成長率がマイナスを記録すると，75年度の補正予算で初めて赤字公債の発行に踏み切った．70年代後半には赤字公債の発行は一方的に増大し，財政当局の危機感に根ざした80年代の財政再建の時代を経て，90年度予算で再び赤字国債の新規発行がゼロとなる「赤字と再建」を経験した．財政赤字拡大の過程では，それがどのくらい意図していたものだったか，また意図した部分については，それがケインズ経済学に基づいた積極的景気刺激策であったのか，それとも政治的色彩の強い歳出増によるものか，が問題となる．

結論的には，1975年度当初の財政赤字は意図せざるものであった．しかしながら，76年度から79年度にかけての財政赤字の拡大は，多分に意図されたものであった．その主要な原因は，浅子・伊藤・坂本(1991)が指摘するように，当座には経済成長の長期的減速を過小評価した側面が指摘されるものの，基本的にはインフレにスライドした歳出慣性が社会保障関係費等に働いたためである．この時期，機関車論の外圧もあって景気対策としてのケインズ政策が積極的に採られたが，その財源はもっぱら建設公債の発行で賄われたことから，赤字公債の発行との直接的関連は薄い．なお，赤字解消の起死回生策としての大型新税導入の楽観論があったことも，赤字拡大への根本的対処を遅らせた要因といえる．なお新税については，80年度中の一般消費税(大平内閣)と88年1月の5%の売上税(中曾根内閣)の導入案はともに流れ，結局竹下内閣の下で成案となった3%の一般消費税が89年4月から導入された．

1980年度を元年とする財政再建の道程は決して平坦なものではなかったが，ゼロ・シーリングやマイナス・シーリングによる歳出削減努力，資産価格のバブルによる増収効果，ブラケット・クリープによる増税なき増収効果，および制度改革や特例措置による隠れ借金の創出によって，数字の上では90年度に赤字国債の新規発行がゼロとなる積年の目標が達成された．しかし，90年度以降はバブル経済の崩壊とともに日本経済を襲った不況によって，税収の落ち込みが大幅であったこと，総合経済対策の一環としての減税と公共投資の拡大により，94年度には再び赤字公債が発行されることになった．

さて，ケインズ経済学的な景気政策としての財政政策を評価すると，補正予算を伴った総合経済対策としては，昭和40年不況期(1965年)に1回，第1次石油ショック後不況期(75-78年)に3回，第2次石油ショック後不況期(82-83年)に2回，円高不況期(85-87年)に3回，バブル崩壊後の平成不況期(92-95年)に5回となっている．こうした総合経済対策は，まずは不況期の景気下支えの役割を果たし，さらには景気回復の「呼び水」の役割を果たしたといえよう．しかし，時代を経るとともに，ケインジアンの景気対策に期待通りの効果が認められない一方，いたずらに財政赤字が増大するばかりであるとの批判が高まり，公共投資の乗数が低下した原因究明や硬直的な支出構造の見直しの必要性が叫ばれだした．こうした流れの中で，橋本龍太郎内閣の下での財政構造改革法成立の道筋が出来上がった．

3.2　金融政策と金融調節

その時その時の日本銀行の基本スタンスや政策目標を判断するのには，公定歩合の変更時に発表される日本銀行政策委員会議長の談話が有用である．この談話では，経済情勢の判断や政策目的が公表される．1970年から90年代半ばまでの議長談話を要約すると以下のようになる．

まず第1に，有効需要の安定化がほぼ一貫して主要目的として挙げられている．第2に，物価安定の目的は第1次石油ショック前後からほぼ一貫して議長談話に登場するようになる．しかし，1980年代に入ると目標としての重要性は相対的に低下する．第3に，対外均衡要因としての国際収支と為替相場については，議長談話では前者も固定相場制期および78年や86年の黒字期などに登場するが全体としてはウェイトは低く，他方後者は70年代の後半以降主要な目的の1つとしてしばしば言及されるようになってきている．なお，本書第III部第7章では，金融政策の基本スタンスの決定要因についての統計モデルの実証分析から，以上の議長談話が事後的なデータによっておおむね裏付けられることを報告している．換言すると，日本銀行の基本スタンスは経済環境の動向によってシステマティックに決まってきている可能性が高いとしている．

これらの観察からは，金融政策の政策目標は時代とともに変遷すること，にもかかわらず有効需要の管理は常に高いウェイトを与えられてきたことが特筆される．とくに，1980年代を通じては財政政策が財政再建のもとで自由度を低下させていたこともあり，景気対策としての金融政策への期待に応えていたことがわかる．一般に金融政策の最大の目標は物価の安定との予断があるが，これは2度にわたる石油ショック時には正鵠を射ていたものの，同時に物価自体が安定している時期には当然ながら相対的なウェイトは下がっていたことも理解されるのである．しかし，これには危険な面があり，それが実際に顕在化してしまったのが80年代後半のバブル期の経験である．すなわち，この時期には株価や地価といった資産価格の高騰がみられたものの，CPIやWPIといったフローの財・サービス価格は安定していた．後者の情勢判断が金融引締のタイミングを逸しさせてしまい，90年代に入ってからの急激なバブル潰しのハード・ランディングによって，その後の日本経済に重くのしかかることになる不良債権問題を発生させることになったのである．

次に，具体的な政策運営に移ろう．金融政策の運営にあたっては，何らかの中間目標を設定するのが普通である．アメリカにおいては，1979年に新金融調整方式に移行し，中間目標としてのマネーサプライ管理が最優先項目とされた．日本銀行も，かつてはマネーサプライの「見通し」を公表してきた．見通しといっても中央銀行が公表するものであるから，一種の中間目標を設定したものと解釈されたが，結果的には実現値が見通しの予測誤差の許容範囲に入らない場合も多かった．日本銀行の金融調節についての「日銀理論」に基づけば，そもそもマネーサプライをコントロールすることは不可能であり，その限りでは見通しの達成を至上命令としなかったのは賢明な判断といえよう．

厳密には，日銀理論はマネーサプライ・コントロールの出発点となるハイパワード・マネーの制御が困難と主張する．ハイパワード・マネーは日々の金融調節の結果として受動的に決定されるものであり，日本銀行の裁量で自由(外生的)に決定できないとの立場である．ここで金融調節というのは，具体的には，市中銀行が全体としてマクロ的に法定準備の制約をクリアするために，日銀信用の供給を行うことを意味する．市中銀行が必要とする準備預金の額はそれが過去の預金額に比例するためにマクロ的に決まってしまっており，コール市場の金利の乱高下を回避するためには，ハイパワード・マネーの唯一の供給者である日本銀行が，その額をそっくり受動的に供給しなくてはならないというわけである．

日銀理論が文字通り日々の金融調節の範囲で展開されている限りにおいては，とくだん問題はない．しかし，それがマネーサプライ・コントロールが困難な理由として言及されるに至ると，基本的にマネーサプライ・コントロールが可能とする教科書的な見解である「貨幣乗数アプローチ」とは相いれなくなる．本来，両者ではイメージする期間の長さに違いがあるのだが，そこが意識的に使い分けられてしまうようである．日本においては，第1次石油ショック直前のいわゆる過剰流動性期のエピソードや既述の1980年代後半のバブル期のマネーサプライ管理に関連して，この論争が繰り返されてきた．

バブル期の金融政策については，1990年代に入ってバブルが崩壊した後の金融システムの安定性への影響があまりにも大きく，完全な問題解決が21世紀にずれ込む可能性も指摘されている．その功罪は今後さらなる解明をまって評価されようが，短期金融市場の金利が公定歩合の水準を下回るにいたって，従来の金融調節が機能しなくなってしまった．金融市場では，従来から金融エレクトロニクスの技術革新，金利自由化，各種金融業務の規制緩和，等の「金融革命」が進展しており，あわせて今後の金融政策の方向や有効性を大きく左右すると考えられる．この点については，次節で再度言及する．

4　1990年代後半期のマクロ安定化政策

バブル崩壊後景気低迷が続いた日本経済であるが，1990年代前半期を通じては経済成長率(実質GDPの増加率)はプラスを保っていた．しかし，97年度は第1次石油ショック直後の74年度以来戦後2度目のマイナス成長を記録し，翌98年度も連続してマイナスになった[1)]．さらに注目すべきは，こうしたマイナス成長が物価下落とともに生じていることであり，デフレ・スパイラル(物価の下落が不況を悪化させる悪循環)の兆候が現れていることである．第1節でみたように，戦後日本の景気循環の特徴の1つとして物価の下方硬直性があげられたことを踏まえると，戦前の経験は別とすれば，デフレ・スパイラルは未曾有の経験となるのである．

こうした日本経済の現況に政府も危機感を抱いてきた．その現れとして，長期の景気低迷に対して伝統的な公共投資増に頼るだけでなく，さまざまな分野での規制緩和や土地流動化・証券市場の活性化等を図り，1998年4月には事業規模が16兆6500億円と過去最大の総合経済対策を決定し，発動した．この総合経済対策では，公共事業に減税を加えた国と地方の実質的財政出動は過去最大の12兆円規模となった．

1998年の秋の段階では，不良債権処理対策としての金融再生法や早期健全化法の成立がもたつく中で，円安や株安の更新，98年7月の基準地価の下落幅拡大，景気動向指数や日銀短観など景気現況や先行きに対しての悲観的な統計指標が次々と発表され，政府も「石油ショック時を上回る未曾有の危機」との認識の高まりをみせた．この頃は，97年以降東アジア諸国，ロシア，中南米諸国と通貨・経済危機が続き，ニューヨーク証券取引所の株価の乱高下や不況知らずの「ニューエコノミー」と囃されたさしものアメリカ経済の好景気にも先行き不安の兆候も現れたころであり，その後のダウ平均株価の1万ドル突破といった楽観論に与する見解もあったものの，一進一退を繰り返しながら，基本的にはこの危機感はますます

1)　ただし，1997年度の経済成長率は，2000年の秋になってプラスに改定された．ここでは事実そのものよりも，改定前において人々にどの様に把握されていたかを重視したい．

現実味を帯びたものとなってきていた.

日本においては，伝統的な景気対策はもっぱら本予算における公共事業の前倒し比率(上半期契約進捗率)の操作と補正予算における公共投資上乗せ分の操作といった財政政策に委ねられてきた．しかし，既述のように，近年はこれらの政策の実施によっても必ずしも力強い景気回復につながらないために，公共投資の景気浮揚効果が疑問視されている．もっとも，政策効果の低下を云々する前に，意図された政策が実際に実施されていなかったり，政府が発表する政策の中で実際の支出につながる「真水部分」はおおむね総事業規模の半分に過ぎない，といった問題があるのを忘れてはならない．しかしいずれにしても，従来型の景気対策だけでは不十分との認識にはコンセンサスができつつあり，実際ここにきて，景気対策にもさまざまな工夫がなされてはいる．年度初めの公共事業の落ち込みを防ぐ狙いでの1999年度当初予算と98年度の第2次補正予算を一体として編成した「15か月予算」，小渕内閣の「生活空間倍増戦略プラン」の策定，今日の強いアメリカ経済の源とされる80年代のレーガノミックス流の恒久減税の導入，等々がある．98年10月には，これらに加えて真水で10兆円を超える追加財政出動や住宅ローン減税などが経済戦略会議によって緊急提言され，その早期の実現が期待された.

こうした日本経済の逼塞状況下，金融政策に対する期待も高まり，景気対策として敢えてインフレを誘導する「調整インフレ論」や低率のインフレを政策目標とする「インフレ・ターゲッティング論」が俎上に上った．しかし，低金利政策が続く中で，さらに量的緩和策としてマネーサプライの増加を図る是非や効果をめぐっては，学者，日銀関係者，政治家等の間で論争が起こったことも事実である[2]．本節では，こうした金融システムの変革が進む一方で，バブル崩壊後の日本経済が実体面では長期不況に陥ったメカニズムを整理し，必要な政策処方箋を探る．そのためにまず第1項で，バブル崩壊の後遺症としての貸し渋りとデット・デフレーション(負債デフレ)によるデフレ・スパイラルについて考察し，景気対策として

2) 岩田編(2000)がその集大成となっている.

の調整インフレ論について議論する．第2項では，景気対策としての公共投資について，それが1990年代後半期の日本経済にとって必要とされる背景とその有効性について議論する．

4.1　景気対策としての量的金融緩和

日本経済は1995年9月以降公定歩合が0.5%に保たれ，表面的には金融政策は超緩和状態といえよう．しかし，物価下落が伴うデフレ下では実質金利は高止まりしており，実質値の意味では必ずしも緩和になっていない．さらには，より重要な問題として，金融機関による貸し渋りが横行し，中小企業に代表される交渉力の弱い借り手にとっては信用割当の制約がバインディングになっている．貸し渋りによって資金調達が困難となった企業の一部は倒産に追い込まれ，また別の企業は新規の設備投資を見送らざるをえない状況に陥っている．こうした金融仲介の中断が，財・サービス市場での大きなデフレ・ギャップ発生の主因となっている．デフレ・ギャップが生じ，物価下落が起こると，ここでデフレ・スパイラルが始まる．

デフレーションが起きると，資産残高の実質価値が高まることから，マクロ的に資産効果(いわゆるピグー効果)がプラスに働くことが期待される．しかし，有効需要が低迷しデフレ・スパイラルが問題となる状況下では，資産所有者に働くプラスの資産効果に比して，複式簿記的に資産に見合う負債を抱える経済主体に働く負債残高の実質価値が増大するマイナスの資産効果(負債効果)の方がより問題となるのが常である．そして，この負債効果はデフレが続く限りその効果を強くし，まさに螺旋状にデフレ・スパイラルを持続・拡大させる．これがマクロ的に不安定なデット・デフレーション(負債デフレーション)と呼ばれるメカニズムであり，1990年代後半期の日本経済を襲った現象である．

1990年代全般を通じた長期不況に対する景気対策としては，財政政策については，92年8月の総合経済対策をはじめとして，93年4月，93年9月，94年2月，95年4月，95年9月の合計6回の補正予算に裏打ちされた総合経済対策ないし緊急経済対策を発動し，きわめつけとして98年4月の事業規模16兆6500億円の総合経済対策と98年11月の事業規模23

兆9000億円の緊急経済対策を打ち出した．さらに98年度の補正予算と99年度の本予算を連続させた「15か月予算」の編成，99年度予算の史上最短期間での国会での議決と，可能な限りの措置をとってきたと評価された．99年度補正予算も2回に及び，99年11月には事業規模にして18兆円の経済新生対策も公表し，財政負担の面からは限度を超えた水準との声も高まるに至った．

そこで，限度一杯の財政政策を補足する意味で期待されるのが，金融政策による景気刺激策である．しかし，金融政策の面でも，1995年9月以降の空前の低水準0.5%が続く公定歩合操作に加えて，99年2月には短期金融調節の目安となる無担保コール翌日物の金利を0.15%に，さらには3月からは手数料を除いた実質金利をゼロにまで引き下げたように，金利政策としてはほぼ究極の緩和政策の態勢である「ゼロ金利政策」をとった．こうした金利面の限界を打破するのが，時として「調整インフレ論」とも呼ばれる量的緩和政策である．

(1) 調整インフレと量的緩和　調整インフレ論は，端的にはマネーサプライを経済に注入することにより，例えば4%ぐらいのインフレを引き起こし，総需要を喚起しようとするものである．大量の国債残高の実質価値を減らせるとの，好ましい副作用も期待される．4%の調整インフレはMITのクルーグマン教授の日本経済への政策処方箋から一人歩きした感があるが，その後も金融再生策として注入する公的資金60兆円を交付国債ないし政府保証付きの日銀貸出しを充てることや，通常の赤字国債の発行額が増大する上に更なる補正予算による景気対策への期待もあり，与党自民党の中からは国債の日銀引受が検討され出すなどしていた．いうまでもなく，戦前の苦い経験から，日本銀行はもとより多くの財政政策当局者の間では財政法で禁じられている日銀引受による国債発行は，まさに禁じ手と理解されている．むしろ，こうした「日本経済の未曾有の危機」ゆえの何でも有りのルールを回避するために浮上してきたのが，より穏健な量的金融緩和策であるといえよう．

日本銀行がマネーサプライを増やせるとして，それがインフレを引き起こし，さらに投資や消費といった実体経済に好影響を及ぼせるであろうか．調整インフレ論の背景には，そうした連鎖が当然期待される．IS–LM分析のようなオーソドックスなマクロ経済学の教科書の世界では，物価水準が一定でインフレは考えにくく，基本フレームワークを修正した世界で考える必要がある．まず第1に物価の伸縮性を前提とする世界を考える．

この世界でマネーサプライが増えれば，当初貨幣市場で超過供給が生じることから，元の均衡の回復には貨幣需要が増えるように名目利子率が低下する(ケインズ効果)．資本コストとしての利子率が低下すると，所与の投資の限界効率ないし資本の限界生産力の下で，トービンのqの上昇を伴って設備投資が増加する(トービン効果)．また，機会費用の低下から在庫投資も増加する．さらに，利子率の低下は直接的な消費・貯蓄の選択を通じてと生涯所得の割引現在価値を高めることによる資産効果を通じて消費を刺激する．こうして投資や消費が増えると総需要が増え，所与の総供給に対して財・サービス市場では超過需要ないしインフレギャップが生じる．これがデマンド・プル型のインフレを惹起する．

以上は，総需要・総供給分析の内でも，どちらかといえば物価水準の決定と実体経済が二分される古典派経済学の世界での話であり，もともと実体経済はマネーサプライの動向や物価水準ないしインフレとは独立に決定される．これは調整インフレの善悪を問題とする世界ではない．そこで，第2に，現実の日本経済がそうであるように，もともとデフレギャップのあるケインズ経済学の世界を考えよう．ここでは物価水準が不変か下落傾向にある世界が前提されている．

この世界でマネーサプライの増加がもたらす効果の出発点は，それが将来インフレを引き起こすだろうというインフレ期待の醸成である．インフレ期待が生じると名目利子率が不変のもとで実質利子率の低下をもたらし，後は上で展開したロジック(ケインズ・トービン効果)がそのまま働き，総需要を増加させる．

(2) 調整インフレ論をめぐる論点　景気対策としての調整インフレ論に対する反対論は，物価の番人である日本銀行自らがインフレを引き起こす原罪論から，調整インフレに留まらず本格的なインフレが生じる危惧，さらには国内での魅力ある投資機会が払底している環境下では，マネーサプライの量的増加はそのまま海外への資本流出につながり，実体経済に対しての直接的インパクト不在のまま，ひたすら外国為替市場での円安をもたらす，との量的な金融緩和策の無効論もある．あるいは，そもそもマネーサプライを増やせるかとの疑問も呈せられる．

日銀総裁の見解では，調整インフレは意図的に物価を上昇させるものであり，物価の安定を最優先の政策目標として掲げる中央銀行にとって，到底政策目標として許されないとの立場をとっている．しかし，物価の安定には，インフレと同じくデフレの回避も含まれるべきとの見解もある．インフレもデフレも所得・資産の実質価値の再配分を意味することから，非対称的に扱う根拠は薄いと考えるのが正論であろう．

ある程度のマイルドなインフレが経済成長を促進する傾向があることを踏まえれば，望ましいインフレ率の達成を目標とするインフレーション・ターゲッティングを検討する策もある．また，金融政策の運営上の独立性を高めるために，インフレ目標値を設定するという考えもある．すなわち，1998年の改正日銀法の施行により，法律の上では財政当局(大蔵省)や政治家からの独立性維持に進展がみられたが，実際の政策運営上降りかかる圧力を回避する意味から，設定したインフレ目標の達成に専念し，そのための手段についての介入を断固拒否するといった考えである．ただし，インフレを容認するとしても，物価の安定と整合的な望ましいインフレ率の設定は困難な問題かもしれない．調整インフレ論に，景気対策優先の結果どのインフレ率も許されるとのニュアンスがあるとすれば，これは到底日銀は容認できないであろう．過去の経験を知る人には，一旦引火したインフレの炎を消すことは非常に困難との，インフレ畏怖論もある．

第2に，望ましいインフレ率が設定できたとして，それを達成する政策手段があるかという問題がある．ここでは，いたずらに問題を複雑にしないために，とりあえずインフレ率とマネーサプライの伸び率に安定的な関係があるとして，マネーサプライの制御可能性の問題として理解することにしよう．一般にマネーサプライを増やすには2通りの方法がある．1つの方法は債券の買いオペによってであり，もう1つは日銀券をヘリコプターでばら撒くことによる．後者は，具体的には財政赤字の直接的貨幣化であるが，まず国債を発行して，それを全額中央銀行に引受けさせると理解してもよい．

買いオペ(預金準備率の引き下げも同様)では，日本銀行がハイパワード・マネーを増加させ，それをベースとして市中銀行が金融システム全体として預金通貨を信用創造する．ところが，市中銀行に貸し渋りがあれば，信用創造プロセスはほとんど機能しない．ヘリコプター・マネーでは，その額自体は市中に出回るが，信用乗数や貨幣乗数が1にしかならないとすれば，まさに大量のばら撒きが必要となる．

また，既述のように，そもそも日銀がハイパワード・マネーを意図的に増加できるかをめぐっては，それを不可とする日銀理論がある．ハイパワード・マネーはあくまでも内生的・受動的に供給されるのであって，外生的・政策的には変えられないというのが伝統的な日銀の理解である．

第3に，仮にマネーサプライの量的緩和が実現できたとして，それがインフレを引き起こし，同時に景気回復をもたらしてくれるであろうか．ここに，ケインズのいう「流動性の罠」の可能性が待っている．もともとの流動性の罠のケースは，貨幣の利子弾力性(1% の利子率の変化に対する貨幣需要の変化率)が非常に大きな状況であり，この場合，貨幣供給量が増えても，それがすべて貨幣需要量の増加によって吸収され，利子率の低下はまったく起こらず，金融政策の伝播経路であるケインズ・トービン効果の一部が否定されることになる．

ケインズは，流動性の罠に陥るのは，利子率が低い水準で推移する金融緩和期においてとした．利子率が十分低いときには債券価格は十分高い水準にあり，人々の間でやがて債券価格が急落するとのコンセンサスが生じ，投機的動機によってこぞって債券から貨幣へのシフトが起こる可能性が高いからである．20 世紀末の日本経済も，超低金利下でかつ将来の見通しについて総じて悲観主義が蔓延していたという意味では，ケインズの意味での流動性の罠の状況にあるといえなくもない．

しかし，調整インフレ論に慎重な論者の見解では，論点はそれほど単純ではない．すなわち，「国内での魅力ある投資機会が払底している環境下では，マネーサプライの量的増加はそのまま海外への資本流出につながり，実体経済に対しての直接的インパクト不在のまま，ひたすら外国為替市場での円安をもたらす．もちろん，円安は理論的には外需主導の景気回復要因になりうるが，貿易摩擦の再燃や混迷するアジア経済等への悪影響といったマイナス面と秤にかけると，慎重にならざるをえない」というのが慎重派の論点である．こうした量的な金融緩和策の無効論ないし有害無益論は，形は変えていても精神においては，新たな「流動性の罠」警戒論といえよう．

4.2 景気対策としての財政出動

既述のように，戦後日本の景気対策手段の太宗は公共投資額の操作によってきた．前節で考察したように，1990年代の前半期には景気対策公共投資政策の有効性については懐疑的な見方も有力になってきていたが，90年代後半期のデフレ・スパイラル懸念への対策も，結局は公共投資増による面が強い．浅子(1999b)でも指摘したように，高度成長期なりその後の安定成長期と比べると，90年代の長期不況期には，短期の景気対策としての公共投資と中長期的な社会資本整備との間には，構造的な変化が起きていると考えられる．すなわち，公共投資をめぐる近年の論点は，社会資本整備といった中長期的な政策目標と短期的な景気対策や雇用対策としての公共投資の操作が，かつての相互補完的な「好ましい」関係ないし悪くても中立的な関係から，むしろ「好ましくない」関係ないし現実論として「正当化し難い」関係に移ってしまっていることにある．実際，橋本内閣が進めようとした財政構造改革では，財政赤字の削減策として真っ先に公共投資基本計画の見直しを図ったのであった．

(1) 景気対策の有効性　日本における財政政策の有効性を論じると，第2節で総括したように，確かに定性的には乗数の低下をもたらした要因は多々あるが，定量的にどれが一番の原因かとなると，これを識別するのは困難であり，いまでも定説はないに等しい．乗数が低下しているのではなく，そもそも真の公共投資の額は見かけよりもかなり小さい(真水の部分が少ない)との疑問から出発した真水論争もある．なるほど，公共投資額が過大評価されていれば，乗数の値はその分小さくなる．関連して，1980年代後半にみられたような地価の上昇による用地取得費の増大，総合経済対策における異質な事業費の単純合計による政策規模の評価——これらが表面的な乗数低下の真の原因の可能性もある．この場合には，財政政策そのものに対しては，不当な評価を下していることになる．

もちろん，公共事業に無駄(非効率性)があるのは今日ではほぼ共通の認識であり，政府も公共工事のコストの低減対策の推進や類似事業間の調整・省庁の枠を越えた事業間の連携強化等に本腰を入れる姿勢をみせている．また，総合経済対策の一環として事業規模が先行する公共事業が，特に地方レベルでは実行されずに終わってしまう例も多い．社会資本整備の中長期計画と景気対策としての公共投資がうまくリンクしていないのが主な原因である．この点は，次項で議論する．

その前に，景気循環を安定化する上では，乗数の値もさることながら，同じ規模の政策でも政策発動のタイミング次第で，政策効果が倍増も半減もすることを指摘しておきたい．この際重要なのは，政策発動の内部ラグや政策発動後の外部ラグの長短や可変性である．ここで，内部ラグとは政策当局の責任範囲(その意味で内部)で生じるタイムラグであり，認知ラグと行動ラグからなる．これに対して，政策を発動した後にそれが効果を発揮し出すまでの期間が外部ラグである．これらのラグは，決して短いものではなく，またその時々で大きく異なったものとなる傾向があり，政策発動上は十分注意する必要がある．これを怠ると，「政府の失敗」が生じることになる．なお，ラグの具体的な長さについての実証分析は，本書第III部第9章で展開する．

(2) 政策不況の可能性　橋本龍太郎首相が進めた六大構造改革は，日本経済が長期停滞に陥っている真っ只中で進められた．すなわち，橋本首相が六大構造改革の決意表明をしたのと同じ1997年第1四半期中に，景気局面が拡張期から後退期に転じている．もっとも，景気基準日付の認定法の宿命から，景気局面の転換は98年6月になって15か月前の97年3月であったと確定されたのであって，この間政策当局も認知ラグに基づく政策判断の誤りから自由でなかった．

この認知の誤りは，1997年度中の意図された緊縮財政と同年度のマイナス成長をうまく説明する．すなわち，同年度中には，消費税率の引き上げによる5兆円，特別減税の廃止による2兆円，社会保障料率の引き上げによる1.5兆円，公共投資減による1.5兆円の合計10兆円が，結果的に民間部門から引き上げられたことになり，景気転換期の日本経済にとっては国内生産の2% にも達する緊縮財政となった．さらに97年11月には，「2003年度までに国と地方を合せた財政赤字の対GDP比率を3% 以下に抑え，短期的には98年度の歳出削減策」を盛り込んだ財政構造改革法がタイミング悪く成立することになった．

その後，緊縮財政をもたらした政策要因には修正策がとられたり，財政構造改革法は早くも1998年5月には歳出削減を改め財政赤字の目標を先延ばしする改正が行われたが，97年度の緊縮財政そのものは意図的な政策によってもたらされたのであって，その意味で97年度以降のマイナス成長は政策に由来する政策不況と解釈されることになったのである．

経済企画庁による景気基準日付は，戦後11番目の循環である平成景気(バブル景気)の拡張期が1986年11月から91年2月までの51か月間，後退期が91年2月から93年10月までの32か月間．第12循環の拡張期が93年10月から97年3月までの41か月間．後退期が97年3月から99年4月までの26か月間．20世紀末は第13循環の拡張期となっている．

こうした景気循環の局面は，基本的には景気動向指数(DI)の一致系列の動きによって判定されている．DIの値が50% を上(下)回る場合が景気拡張期(後退期)，DIが上昇(下降)傾向のなかで50% に達する時点が景気の谷(山)．しかし，これは原則であって統計上のだましを考慮する必要がある．景気動向指数の動きは，経済指標のレベルでなく変化方向だけの情報を反映するため，僅かな景気好転も力強い好転も区別されない．好況感なき好況と称された第12循環の拡張期には，このようなカモフラージュがあった可能性がある．

景気転換の認知の遅れが橋本内閣によるタイミングを誤った失政をもたらしたように，その罪は重い．一旦発動された政策の修正や改正が行われても，当初の景気に対する負のインパクトの回復には，より多くのコストを必要とすることになってしまった．

(3) 景気判断と政策判断　景気対策を発動する場合，常識的には，景気の現状や将来見通しについての判断が決定的に重要と考えられる．ところが，日本の景気対策の発動と景気判断との関係には，明瞭でシステマティックな関係は観察されない．否，むしろ，景気判断の方が政策発動のタイミングを後追いする兆候さえうかがわれる．

例えば，「月例経済報告」によって1999年の政府の景気判断を追ってみると，4–6月期GDPを受けた9月報告は，8月の「このところやや改善している」から「このところ」を削除して判断を上方修正し，堺屋太一経済企画庁長官は個人的見解として「99年1–4月の景気底入れ」と言及した．しかし，公式見解は「底打ちではない」と経済企画庁が別途説明を加えるなど，報告書の字面どおりでない景気判断が錯綜する歯切れの悪いものになった．なお，10月報告では「緩やかな改善」へとさらに上方修正されたものの，継続的な政策下支えの必要性を滲ませる一方，どの程度の額の追加対策が必要かについての説得的な数値は示されていない．

1999年度下期に追加対策は必要だが，景気が底打ちしたとの景気判断を示せば追加対策不要論が出てくるので，政府の公式見解は依然として「底打ちではない」としていたのではないか．追加対策は予想されるマイナスの外生的ショックを相殺するためのものであり，景気が底打ちしているか否かにかかわらず，持続的な景気拡大に不可欠な対策であった．そのことを判断として明確にすれば，政策発動に矛盾はなかった．結局，景気判断が政策との「つじつま合わせ」に利用されているのではないか，との疑問が涌くのである．

実は，景気判断が政策とのつじつま合わせに利用されたのは初めてではない．例えば，1998年度当初予算の編成を巡る景気判断が典型である．当時は財政構造改革が政策目標として掲げられ，98年度の政府当初予算は財政構造改革法(97年11月成立)で定められた範囲での編成が義務付けられた．月例経済報告の表現をみる限りおそらく政府内でも，97年央頃には景気判断の変更が議論されたとみられる．しかし，当時の財政再建の意気込みを反映した当初予算の成立を優先させた結果，98年度予算成立後の98年4月まで景気後退の判断を遅らせる結果となったのではと推察される．実際，98年度当初予算の成立後，1か月も経ないうちに減税実施が公約され，財政構造改革法の修正案も決定された．政策変更を行った後に，ようやく景気判断にも修正が加えられた例といえる．

このように，政策変更に対するコンセンサスが形成されない間は景気判断を変更しないことでつじつまを合わせようとする現在の景気判断方法では，とうてい的確な政策運営は望めない．的確な政策運営を目指すには，景気判断と政策判断を切り離すことが必要である．政策判断と独立した客観的な景気判断を行うには，欧米のように民間で景気判断を行うことが考えられる．例えば，米国では経済学者が中心の民間調査研究機関のNBER(全米経済研究所)で，①景気指標による判断，②専門家による検討，の二段階方式により景気循環の日付が決定されている．日本でも民間で伝統的な景気動向指数(DI)等の指数の改善を含め，景気循環予測モデルの開発等で創意工夫は可能である．複数の景気指標をもとに，中立的な機関で景気判断を行えば，景気判断での客観性を保てるであろう．

5　おわりに

本章では，日本のマクロ安定化政策の歴史や現状と内在する問題点を整理してきた．戦後直後や高度成長期と比べて，確かに経済構造も変化してきた．したがって，マクロ安定化政策のあり方や有効性が変化してきたのも当然な面もある．しかしながら，その変化は必ずしもマクロ安定化政策の絶対的有効性を完全否定するものであるとは限らず，実際最近時の日本経済のマクロデータからは財政金融政策の潜在的有効性は依然として検出されるとの報告が多い．

本章では，本来有効な政策手段もその使い方によっては，現実には顕著な形では有効性を発揮しない可能性があることに言及してきた．とりわけ景気対策としての公共投資の操作に焦点を当てるならば，短期において「支出すべき公共投資額を実際に支出できているか」といった公共投資額そのものの制御可能性，社会資本整備の中長期計画との整合性，財政構造改革法にみられる財政再建との整合性，等々の基本的問題から，タイミングよく政策発動できているか，といった政策運営上の「熟練」なりノウハウの問題まで多彩なポイントとなるべき論点がある．さらに，景気対策として道路・港湾整備に代表される従来型の公共投資に限定するのではなく，情報通信関連の社会資本にスイッチすべきとか，環境問題や人的資本の蓄積となる分野も対象とすべきとの見解もある．景気循環を平準化するマクロ安定化政策としては，これらすべての問題を踏まえた上で，もっとも適切な形で政策発動されることが望まれることになる．

最後に，橋本龍太郎首相が精力的にすすめ1990年代後半期のデフレ・スパイラルの危機に直結した財政構造改革との関連で，一点だけ言及しておきたい．すなわち，財政の健全性の観点からは財政構造改革の必要性も理解できるが，国の財政赤字の残高がたとえ500兆円や600兆円といっても，それをゼロにする必要があるわけではないということである．むしろ，低金利下もあって金融市場においては国債の需要が供給を上回る状態であり，金融市場の厚みを増す意味からは，長期的にはより一層の国債の発行増が望まれよう．問題なのは，発行残高そのものではなく，経済規模に対して国債の利払い費が発散的に増加してしまうことである．経済成長率と利子率が，こうした顚末を避けられる条件(サステナビリティ条件という)を満たしている範囲内にあれば，それなりの財政赤字は維持可能である．

その意味では，本来有効な景気対策は必要性が認められる限り裁量的に発動して行く覚悟が望まれる．もっとも，景気が悪いといっても，日本経済は全体としては既に十分豊かな生活水準を享受しており，いたずらに高い経済成長を目指す段階ではない．景気対策としての公共投資にも，無駄な事業の見直しに加えて，そうした節度があってもしかるべきかもしれない．

第II部　政策目標・政策手段と最適政策

第II部は，マクロ安定化政策についての理論的分析を展開した3つの章から構成される．すなわち，第4章「マクロ安定化政策の基礎」，第5章「長期のマネタリスト・ルールと短期のオーバーシューティング」，そして第6章「マネーサプライ・ルールとマクロ経済の安定化」であり，これらは第II部のタイトルともなる「政策目標・政策手段と最適政策」をめぐっての理論的考察となっている．

まず第4章は，マクロ安定化政策に関する事項の基礎的，総合的考察にあてられる．ここでは，政策目標と政策手段をめぐる理論，日本の財政金融政策の政策目標と政策手段，異なる政策発動法に伴う政策効果の相違，マクロ安定化政策の有効性をめぐる論点，等々いわばマクロ安定化政策の一般理論が展開される．

第5章では，景気循環下でのマネーサプライ管理について長期のマネタリスト・ルールの下でも，短期においては，マネーサプライの長期目標をオーバーシュートする方が望ましいとの命題を確認する．マネタリスト・ルールが提唱された背景には，もともと経済構造が不確実で，とくに政策効果が働くまでにはタイムラグがあり，しかもそれが長く不確実との理由からであった．このような場合に積極的に裁量的な政策発動を行うと，それが却って不必要に経済を不安定化させてしまうとの主張である．しかしながら，本章の分析からは，経済構造がどんなに不確実であっても，基本的な処方箋はロバストであることが確かめられる．実は，本章の結論にとって最も重要な要素は，短期の積極的なマネーサプライ管理がなければ，マネーサプライ自体がランダム・ウォークし，経済の不安定化要因になってしまうことである．すなわち，マネーサプライに，毎期毎期永続的なショックが発生していることにある．本章の理論分析からは，このような不断の撹乱に直面せざるを得ない世界では，積極的な政策介入を忌避することによるコストが大であることが示されたといえよう．

第6章では，第5章と同様の問題意識から，通常の意味では貨幣の中立性なり超中立性が成立するフレームワークの下でも，マネーサプライ・ルールを工夫することによって，実体経済の安定化に資することを理論的に示す．具体的には，2つのマクロモデルを考察する．第1節「マネーサプライ・ルールと貨幣の非超中立性」では，ミクロ的基礎をもつ新古典派貨幣成長理論の世界において，貨幣発行を裏付けとして各家計に対して配分されるトランスファーの支給法次第で，長期定常状態での貨幣の超中立性が成立しなくなる可能性を指摘する．第2節「マネーサプライの不確実性とマクロ安定化政策の積極主義」では，LSW命題が成立する世界でも，マネーサプライ自体に本来的な不確実性が存在するならば，フィードバック型のマネーサプライ管理の方法によっては，実体経済の安定化に資する可能性があることを指摘する．こうしたことが起こるのは，マネーサプライの不確実性の種類によっては，その撹乱の発生がマネーサプライ管理の方法次第で安定化され，それがマクロ経済の安定化にも連なるからである．

第4章　マクロ安定化政策の基礎

本章では，マクロ安定化政策に関連した事項を理論的に整理し，本書の分析のみならず他の多くの政策分析に際して有用となるべき共通の枠組みを概説する．本書第I部でみたように，マクロ経済学における政策分析においては，そもそもの現実経済の機能についての認識に隔たりがあることから論争が展開されてきた経緯がある．したがって，不毛な議論のすれ違いを極力避けるためには，政策分析の前提となるテクニカルな側面では，最小限共通の認識が共有されていることが重要だからである．

以下本章では，まず第1節においてはマクロ安定化政策の基礎概念を整理する．ここでは，政策目標と政策手段に関するティンバーゲンの定理とマンデルの定理をはじめとした基本事項を説明する．財政金融政策の政策目標と政策手段の実際についても概説する．第2節と第3節では，総体としての政策規模が同じとしても，それをどのようにして発動するかによって，その政策効果が異なったものとなる可能性を考察する．ここで具体的に取り上げるのは，それぞれ政策発動のタイミングと政策発動の配分ないしスピードの問題である．第4節では，マクロ安定化政策の有効性について，財政金融政策の伝播経路，予知された政策と予知されない政策，ルールと裁量といった観点から整理する．

1　マクロ安定化政策の基礎概念

政府の役割をめぐっては，古くから「政府は社会の秩序を維持してゆく上で最小限のサービス(警察，消防など)を提供するにとどめるべきである」という安価な政府(cheap government)論ないし「小さな政府」標榜論があった．ここで最小限のサービスとは，いわゆる公共財の供給をさすと考えてよいであろう．公共財は市場の失敗をもたらすために，その供給は公共部門固有の役割と考えられるのである．安価な政府論は，少なくとも民間部門と競合するような経済行動は政府がすべきではない，と主張する．

安価な政府論にもかかわらず，最近時を除く20世紀のほとんどの期間を通じて結果的には政府・公共部門が拡大していったのは，もちろん多くの国では軍事費の膨張があったものの，より重要なのは政府の福祉政策とマクロ安定化政策の役割が増したからである．福祉政策は，公正性や衡平性の観点からの所得分配や資産分配への直接的介入であり，資源の再配分をもたらす．他方，マクロ安定化政策は，ケインズ経済学の発想による有効需要管理政策が基本となる．景気循環の平準化やインフレの鎮静化をはかることによって，マクロ経済を望ましい方向へ誘導する役目を負う．

さまざまな公共財の供給と福祉政策は，それぞれ財政の果たす3機能のうちの2つである資源配分機能と所得再分配機能に基づいている．本章では，こうした政策については最小限の言及にとどめ，もっぱら財政の第3の機能であるマクロ経済の安定化機能に焦点を当てる．なお，政府の経済活動には，いろいろな市場の環境整備を目的とするものもある．例えば，市場の自由化・国際化を進めるもの，独占や寡占を押さえ公正な取引環境をもたらすもの，あるいは諸々の規制緩和政策がこれに入る．こうした種類の経済活動は，どちらかといえば資源配分機能にかかわるミクロ的な経済政策であり，マクロ経済学では深入りしないのを常とする．

1.1　政策目標と政策手段

政府の経済活動のうち明白な意図(政策目標)をもつものを，広く経済政策と呼ぼう．このように捉えると，まず問題となるのは，政府はどのようにしてその政策目標を達成できるのか，あるいは，どのように達成すべきかという問いであり，それらに対する解答が，それぞれ経済政策の運営に関するティンバーゲンの定理とマンデルの定理である．前者は政策目標の数と政策手段の数の関係を問題とし，後者は政策手段の最適な割当問題が対象となる．

(1) ティンバーゲンの定理　　政府はさまざまな政策目標をもっている．これらのすべてを達成するのは可能であろうか？　その答が Tinbergen

(1952)によって主張された次の定理である.

> 独立な政策目標が n 個あるとしよう．これを同時に達成するためには，少なくとも n 個の独立な政策手段が必要となる.

この原理は,「未知数が n 個の連立方程式体系のユニークな解を得るには，独立な方程式がちょうど n 個必要になる」という解の自由度，すなわちランクに関する線形代数の基本的定理の内容を，政策分析の次元で解釈したものになっている．ティンバーゲンの定理において重要なのは，政策目標も政策手段もともに独立という点にある．独立とは，他の目標や手段とは無関係に自由に選択できるという意味である.

例えば,「政府予算の均衡」と「政府支出を維持した上での減税」は，明らかに独立な政策目標ではない．フィリップス曲線上で失業とインフレのトレード・オフ関係が成立していれば,「失業率の低下」と「インフレ鎮静化」も独立でない政策目標の例であり，同時に達成することはできない．逆に,「社会保障の充実」と「所得分配の平等化」,「内需拡大」と「経常収支の黒字縮小」のように，一方の目標達成が，もう一方の目標をも同時に達成してしまうといったケースもある.

政策手段についても独立でないものがある．政府予算制約式を考慮すれば，増税，国債発行，貨幣供給量の増加(国債の中央銀行引受)には一定の関係があり，3つを自由には決定できない．例えば，国債発行と貨幣供給量を一定とすれば，政府支出を増加させるには増税が必要となる．増税を避けたければ国債を発行せざるをえない.

政策目標や政策手段が独立でない場合には，ティンバーゲンの定理は修正を必要とする．政策目標がトレード・オフ関係にあれば，どちらかを犠牲にするか，それらの組合せを目標とせざるを得ない．逆に，同時に到達可能な目標であれば，ティンバーゲンの定理が示すよりは政策手段の数が少なくてすむ.

本書第III部第7章では，統計モデルを利用して日本の金融政策の政策目標の客観的な識別を試みるが，その際に考慮する実物経済の活動水準,インフレーション，経常収支の不均衡，為替レート，および累積国債残高の5つの安定化すべき政策目標は，総体的には相互に独立な面が高いことが確認される.

(2) マンデルの定理　Mundell(1968)によって主張されたマンデルの定理は，独立な政策手段の割当問題に適用される．その内容は

> 各政策手段は，それが相対的に最も効果を発揮する政策目標に割り当てられるべきである.

というものである．ここで重要なのは「相対的に」という点にあり，貿易のパターンを決めるリカードの比較優位の原則と本質的には同じ内容であるため，経済政策における比較優位の原理とも呼ばれる.

比較優位を問題にする際には，複数種類の政策目標があり，すべての政策手段がどの目標達成にも効果があることが前提となる．ある政策手段がどの政策目標にも最も効果がある(絶対優位)としても，ティンバーゲンの定理から，それのみではすべての政策目標を同時に達成することはできないために，結局他の政策手段を導入せざるを得ない．もしそうならば，他の政策手段もそれが最も有効性を発揮する政策目標に割り当てられるのが望ましい，……こうした連鎖を考えると，結局比較優位の原理による割当が最も望ましいというのが，マンデルの定理が示すところである.

マンデルの定理はしばしば，開放経済において完全雇用の達成(国内均衡)と経常収支の均衡(対外均衡)とを同時に達成する，財政政策と金融政策の正しい政策割当の問題から説明される．ここには，完全雇用の達成と経常収支の均衡という2つの独立な政策目標があり，それらの同時達成のために財政政策と金融政策の2つの独立な政策手段が用意されている．財政政策としては政府支出Gの増減，金融政策としてはマネーサプライMの増減を考える．多少付記すると，ここでは変動相場制を想定し，経常収支に資本収支を合せた国際収支は常に均衡しており，マネーサプライが独立の政策手段となる前提が満たされているものとしている[1].

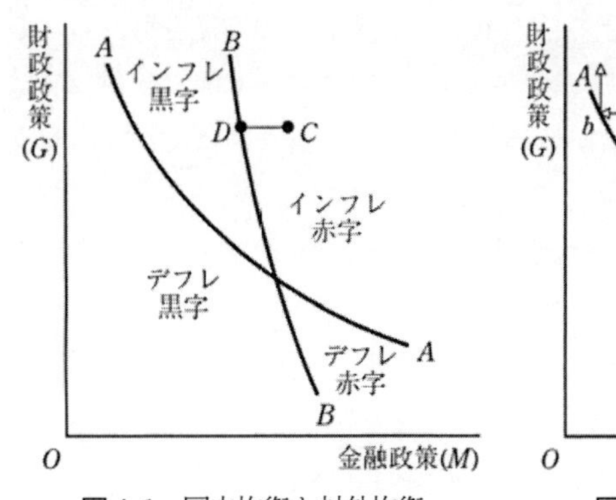

図 4-1　国内均衡と対外均衡

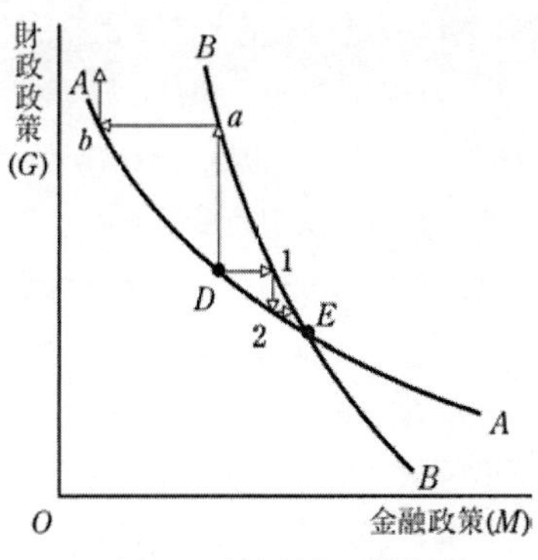

図 4-2　政策割当と安定性

さて，マクロ経済の均衡は IS 曲線と LM 曲線の交点で決まる．完全雇用水準を保とうとするならば，G と M を独立に選択はできない．G を減少させるならば，それによる有効需要の減少分を相殺するために M を増加させなければならず，両者間には負の関係が存在する（図 4-1 の AA 曲線）．横軸をマネーサプライ，縦軸を政府支出とした図 4-1 では，AA 曲線の右側では国内経済に完全雇用を超えたインフレ圧力が生じ，逆に AA 曲線の左側ではデフレ圧力が生じる．

次に，経常収支のみを取り上げた場合でも均衡が達成される状況が対外均衡の達成である．変動相場制の下で G を増大させると，IS 曲線が右方にシフトし，国内利子率には上昇圧力が生じ，所得は増加する．その結果，資本流入と経常収支の悪化が同時に生じる（資本収支と経常収支を合せた国際収支は常に均衡）．経常収支の均衡を再度達成するには結局所得水準をさげる必要があり，マネーサプライを減少させる必要がある．つまり，対外均衡を達成するにも G と M には負の相関が生じる．これを表したのが，やはり右下がりの BB 曲線である．BB 曲線の右側では，経常収支は赤字，逆に左側では黒字になる．これを確かめるのは容易である．例えば曲線

1)　浅子・加納・倉澤(1993)では固定相場制を前提とし，対外均衡としては経常収支と資本収支を合せた国際収支の均衡を政策目標としている．固定相場制の場合，国際収支の不均衡に応じて国内のマネーサプライが増減するため，マネーサプライを独立の政策手段とすることはできない．そこで，金融政策としては，利子率を直接操作するチャネルを想定している．ここでは対外均衡として経常収支のみの均衡を考えているが，変動相場制の場合には，国際収支は常に均衡するからである．

BB の右側の点 C を考えてみよう．点 C は，経常収支の均衡をもたらす G と M の組合せである点 D と比較すると，G は一定で M は大きい．G は一定として M を増加させれば，所得の増加による輸入増により経常収支が赤字になるのは明らかであろう．

さて，政策の割当がどのような帰結を生むかは，AA 曲線と BB 曲線の傾きの大きさに依存する．いま図 4–2 で経済が点 D にあったとしよう．点 D では国内均衡が達成されているが，経常収支の黒字が発生している．そこで対外均衡を達成するために金融政策として M を増やし，1 の点に移ったとしよう．1 の点ではインフレ圧力が働くから，それを抑制するために財政政策として G を減少させると，AA 曲線上の 2 の点に移る…….こうして最終的には点 E に収束することが確かめられる．

次に，対外均衡に対して金融政策，国内均衡に対して財政政策というこれまでの割当を逆転させてみよう．対外均衡には財政政策が割り当てられるため，点 D では，対外均衡を達成させるためには G を増加させなくてはならない．この結果，経済は BB 曲線上の点 a に移行する．そこでは国内均衡を達成させるために M を減少させる，という政策をとると，点 b に移る．これは，明らかに両方の目標を達成する点 E からは乖離する方向にある．

こうした結論は AA 曲線と BB 曲線の相対的傾きに依存している．図 4–2 においては，AA 曲線の傾きの方が BB 曲線の傾きよりはゆるやかになっている．したがって AA 曲線を $A(M, G)=0$，BB 曲線を $B(M, G)=0$ と陰関数表示し，例えば A_M で偏微係数 $\partial A/\partial M$ を表すと，

$$|B_M/B_G| > |A_M/A_G|$$

という関係にある．この条件は

$$|B_M/A_M| > |B_G/A_G|$$

と変形できる．つまり，絶対値の意味で

$$\frac{(\text{金融政策の対外均衡への効果})}{(\text{金融政策の国内均衡への効果})} > \frac{(\text{財政政策の対外均衡への効果})}{(\text{財政政策の国内均衡への効果})}$$

が成立しており，金融政策は国内均衡より対外均衡に相対的に大きな効果を発揮し，それと比べて財政政策は対外均衡よりも国内均衡に相対的に大

きな効果を発揮する状況にある．つまり，金融政策は対外均衡に，財政政策は国内均衡に比較優位をもつのである．

図4-2でAA曲線とBB曲線の傾きが逆転すると，金融政策は国内均衡に財政政策は対外均衡に比較優位をもつ．この場合も，それぞれの政策手段を比較優位をもつ政策目標に割り当てることによって，両目標の同時達成が可能である．

(3)　政策手段の累積不安定性　　上の例で，比較優位構造を誤って政策割当をすると，それぞれの政策目標を達成する政策手段が，均衡水準から次々と乖離して発散することが確かめられる．このように，政策目標を達成し続ける際に，経時的に政策手段が皺寄せを受けて発散せざるを得ない状況をHolbrook (1972) は政策手段の累積不安定性(instrument instability)と呼んだ．この問題は，動学的な経済構造に内在する本源的な不安定化要因に根ざす場合もあるが，ここでの例のように，その原因が政策そのものの誤った発動による場合も少なくないといえよう．

1.2　中間目標と最終目標

政策を運営する際に，その最終目標を直接的にはコントロールできない場合，あるいは最終目標の経済データが集まるまでに時間がかかりタイムラグが存在する場合には，コントロールが容易な中間目標(intermediate target)や操作目標(operating target)を設定したり，中間段階での経済指標(indicator)の動向に注目する場合がある．先に第3章でも考察したように，金融政策はこうした段階的アプローチをとらざるをえない．すなわち，国民所得なりインフレの安定化が最終目標であるとして，それを達成するために，例えばマネーサプライを適切な水準にコントロールするといった手段をとる．この場合，マネーサプライの管理が中間目標となる．

具体的にどの経済変数を中間目標なりインディケーターとするかは，まずコントロールが容易なことが肝要であり，それに加えて最終目標と密接な関係をもっていることが条件となる．最終目標に対して変動の面で先行性がある経済変数ならば，より好ましいであろう．

既に第3章で概観したように，また第7章では独自の実証分析が展開されるように，日本の金融政策の運営をめぐっては，とりわけマネーサプライの制御可能性に関して，当局者である日本銀行と学界の間での理解にすれ違いが生じている．すなわち，金融調節に関する「日銀理論」によれば，短期金融市場での操作目標はインターバンク市場でのコールレートであり，それを意図した方向に誘導するためには，ハイパワード・マネーないしベースマネーは内生的に調整されざるを得ないと主張する．他方，伝統的に小宮(1988)や岩田(1993)といった学界関係者は，その気になれば日本銀行がハイパワード・マネーをコントロールするのは可能であり，ひいてはその貨幣乗数倍であるマネーサプライも十分制御可能と主張している．この立場は「貨幣乗数アプローチ」と呼ばれるが，これを前提にすれば，マネーサプライにはマクロ安定化政策の面での中間目標の役割が果たせることになり，したがって政策当局者はその管理に努めなければならないという主張につながることになる．

けだし，小宮(1988)も岩田(1993)も，それぞれ，第1次石油ショック前と1980年代後半期について，日本銀行のマネーサプライ管理面での失策が過剰流動性の供給をもたらしたと主張したのである．もちろん，これらのエピソードに対しては日銀関係者による反論も多々あり論争が展開されたが，ここではそれには深入りしない．なお，マネーサプライ管理については，第III部第7章も参照されたい．

1.3 財政金融政策の目標と手段

マクロ安定化政策の具体的な内容は，財政政策と金融政策が中心となる．以下では，本書の展開上必要な範囲で，それぞれの具体的な政策目標と政策手段についても整理しておこう．

(1) 財政政策の目標と手段　マクロ的な財政政策の手段は，政府財政の収入面を操作する租税政策と支出面を操作する支出政策の2つに分けられる．租税政策においては，各種の課税対象の税率を操作するミクロ的政策も考えられるが，マクロ経済学では細部にはこだわらず，ともかく増税か減税かが関心事となる．支出政策の場合も，消費財への支出か将来の生産力増をもたらす投資財への支出か，あるいは支出目的が指定された補助金(benefit in kind)か目的が指定されない補助金(benefit in cash)かは重要な問題ではあるが，これらもミクロ政策の範疇に入る．マクロ経済学における支出政策では，支出増か支出減かが問題となるだけである．

租税政策と支出政策は，次の政府の予算制約式を満たさなければならない．

$$\Delta B = G - T + iB$$

ここで，G＝政府支出，T＝租税収入，B＝国債残高(ΔB＝国債の新規発行額)，i＝国債利子率である．したがって，財政政策の手段としては $G, T, \Delta B$ の間の選択が考えられる．さらに，新規に発行した国債を民間部門で売却するかそれとも中央銀行に引き受けてもらうかの選択もある．前者の場合にはマネーサプライは不変であるが，後者の場合にはマネーサプライの増加となる．

財政政策の目標はいくつかある．資本主義経済では，所得や資産の分布が不平等化する傾向が認められるため，累進所得税，相続税，譲与税などによって調整されている．社会保障や年金等の補助金も，収入が少ない経済主体への直接的な所得移転の役割を担っている．このように，所得分配に直接影響を及ぼすのも財政政策のひとつの目標である．財政の役割としてはこの他に，地方公共団体間の財政の平等化，社会的共通資本の供給等もある．しかし，繰り返しになるが，マクロ経済学が対象とする財政政策の目標は，もっぱらマクロ経済の安定化にある．経済が停滞し低成長に甘んじている場合には，政府支出の増加や減税を実施して有効需要の拡大をはかる．逆に経済にインフレ・ギャップが認められる場合には，政府支出を抑制し，増税をはかる．これが財政政策による安定化政策である．

本書第III部第9章では，戦後日本の公共投資政策について多少詳しく評価しており，時期によっては「社会資本整備」「景気・雇用対策」「地域間の所得再配分」の3つの政策目標が一石三鳥的に達成されたことを指摘している．しかし同時に，そうした黄金期は過去のものであり，最近では3つの目標間の好ましい関係は喪失しており，財政構造改革の流れの中で，公共投資政策に転換が求められていることにも言及している．

(2) 金融政策の目標と手段　金融政策の究極的な目標は，財政政策と協調して，安定したマクロ経済活動を維持することにある．もちろん，こうした考え方自体古典派経済学とは異なり，経済の金融的(貨幣的)側面から実物的側面への実体的なインパクトの存在を前提としている．財政政策が，政府支出や租税の操作により実体経済に直接影響を及ぼすのに対し，金融政策は直接にはマネーサプライや公定歩合などの金融変数を操作し，それによって間接的に経済の実物変数に影響を与える．

金融政策には，金融システムの安定性維持という目標もある．金融システムの安定性とは，信用不安がなく，金融資産・負債の秩序的取引が可能な状態と定義されよう．その手段として，ときには法的規制や道徳的説得(moral suasion)も用いられる．1970年代の後半から急速に進展した一連の金融革命のもとで，いかに金融市場の安定性を維持してゆくかが，金融政策当局に課された役割であった．また，90年代のバブル崩壊後の不良債権の処理問題に関連しては，まさに金融システムの安定性の確保が喫緊の政策目標となった．

マクロ経済の安定化にもどった場合には，金融政策は，実体経済の安定化よりも物価の安定を重視する傾向にある．ここには，暗黙裏に財政政策との役割分担が意識されており，金融政策は物価安定に比較優位をもち，したがってマンデルの定理により物価安定を優先するべきである，といった三段論法が潜んでいると思われる．実際，1998年に改正された日本銀行法では，「物価の安定」のみが金融政策の目標として明示的に謳われており，改正前の日本銀行法では「雇用の確保」や「国際収支の均衡」と同等の扱いであったのと比べると，格上げされたといってよい．ただし，第III部第7章でみるように，日本の金融政策の歴史が実際に物価安定を最優先してきたかというと，そこには「建前と本音」的な認識のズレがあると評価せざるをえない．もっとも，改正日銀法は，それゆえにこそ過去の反省を込めて「物価の安定」を唯一の政策目標に据えたともいえよう．

さて，代表的な金融政策の手段としては，教科書的には公定歩合操作，預金準備率操作，公開市場操作の3つがあげられる．窓口指導などの中央銀行信用の直接的アベイラビリティ操作や，道徳的説得も金融政策の一手段と見なせる．こうした政策手段にもそれぞれの特性があり同じ政策目標の達成にとって必ずしも同等の有効性を発揮するわけではなく，国民経済の金融システムの違いによって，あるいは時代時代によっても，政策手段としての重要度が変遷してきた経緯がある．

日本においても，伝統的には金融政策の手段といえば公定歩合操作と窓口指導をさしていたといっても過言ではないが，現在では窓口指導は廃止され，短期の金融調節でも日銀信用の供給に代わって公開市場操作が中心的な役割を果たすようになっている．公定歩合も，かつては日銀信用に対して必然的に超過需要が発生するように，短期金利の体系の中でもっとも低く設定されていたが，1999年2月に導入された「ゼロ金利政策」に象徴されるように，近年ではコールレートとの逆転現象も日常茶飯事となっている．もっとも，公定歩合はほんらい「最後の貸し手」である中央銀行からの借入れ金利とすれば，むしろ短期金利の体系でもっとも高い金利であってしかるべきともいえよう．

2　政策発動法と政策効果

総体としての政策規模が同じとしても，それをどのようにして発動するかによって，その政策効果が異なったものとなる可能性がある．もし，そうならば，政策の発動法自体が政策の自由度を高めることになり，その中から最適な政策発動法が選択されるべきものとなる．本節では，そのような政策発動上のインプリメンテーション(implementation)の違い，しかもその違いのみ，による政策効果の違いにスポットライトを当てる．ここで具体的に取り上げるのは，政策発動のタイミングと政策発動の配分ないしスピードの問題である．

2.1　政策発動のタイミングと政策効果

政策発動のタイミングが政策効果を左右するチャネルとしては，さまざまなラグの存在と期待形成を通じた将来の政策発動に対する反応の問題があげられる．これらの効果を適切に考慮しないと，同じ規模の政策であっても，まったく異なった結果をもたらす可能性がある．

まず，政策ラグを分類しておこう．周知のように，政策の発動を必要とするショックが発生してから実際に政策が発動されるまでを内部ラグ(inside lag)，政策が発動されてからそれが効果を発揮するまでを外部ラグ(outside lag or lag in effect)と呼ぶ．内部ラグは，ショックの発生を政策当局が認識するまでの認知ラグ(recognition lag)と，認識してから実際に政策発動に移るまでの行動ラグ(action lag)からなる．内部か外部かは，不可抗力か否かは別として，あくまでも政策当局の責任範囲か否かが基準となっている．

内部ラグは短いに越したことはないであろう．認知ラグは，現実問題としての政策判断には慣性が働き現状維持的になりやすいことを踏まえるならば，無視できない要因である．政策対応の誤りを指摘される大多数のケースは，政策当局の経済理論の誤りというよりも，政策発動の必要性を看過するといった意味での認知ラグの存在が大きい．行動ラグについては，財政政策には国会や地方議会での予算の審議といった大きな制約があり，どうしても機動性にかける面がある．金融政策には，原則として行動ラグを長くする制約はない．外部ラグは，一般論としては，金融政策では長く財政政策では短いといわれる．もっとも，公共投資が景気を牽引する即効効果は期待されるほど大きくはないであろう．公共投資といえども，乗数効果が浸透するには相応の時間を必要とする．

なお，第III部第8章では，財政政策の内部ラグと外部ラグの推計を行っており，戦後日本の公共投資政策に関連して，内部ラグのうちの行動ラグが平均2か月，外部ラグが平均1年弱との結果を得ている．内部ラグのうちの認知ラグは推計が困難であるが，景気循環の局面判断の遅れなどから類推すると，これも相当の長さに達する可能性が示唆されている．

2.2　政策ラグと政策発動の積極主義

いま，簡単化のために，内部ラグは短く安定しているとしよう．それに反して，政策発動から政策効果が発揮されるまでの外部ラグは相当程度長いとする．その上で，繰り返し訪れる景気循環の波を平準化することを考えよう．

仮に経済構造や政策効果に何ら不確実性がなければ，たとえ政策発動に伴うラグがどんなに長くとも，適切な政策発動によって景気循環を完全に平準化することができる．ラグが長い分，あらかじめその分を織り込んで早めに政策発動すればよいだけである（もちろん，タイミングを誤れば政策発動が却ってマクロ経済を不安定化させる可能性はある）．すなわち，景気循環の平準化にとってはラグの長さ自体は問題外であり，政策効果にとって真の障害となるのは，それが不安定で確実に織り込めないことである．

実際，Brainard (1967) 以来よく知られた性質として，乗数の大きさに代表される政策効果に不確実性がある場合や政策の外部ラグが確率的に変動する場合には，最適政策の 積極主義(activism)の程度は低下させる必要がある．これをみるために，次の簡単な離散型の誘導形モデル

$$Y(t) = a(t)Y(t-1)+b(t)Z(t)+U(t) \tag{1}$$

を考える．ただし，t 期の各変数について，$Y(t)$＝GDP，$Z(t)$＝公共投資，$U(t)$＝平均 0，分散 σ^2 の攪乱項，である．政策の外部ラグを体現する自己回帰係数 $a(t)$ と政策乗数を表す係数 $b(t)$ は，ともに確率変数である．いうまでもなく，$a(t)$ が 1 に近づくにつれて，政策の外部ラグは長くなる．一方，$b(t)$ の不確実性は乗数の不確実性(multiplier uncertainty)と呼ばれる．$a(t), b(t)$ の平均は a, b とするが，便宜上分散はそれぞれ $\sigma_a^2, b^2\sigma_b^2$ と非対称的に定式化する．なお，$a(t), b(t), U(t)$ はそれぞれ独立とし，いずれも自己相関はないものとする．

政策当局の目標は，$Y(t)$ の確率分布が経時的に不変となる定常状態において，平均的に GDP をできるだけ目標値 Y^* に近づけるものとする．すなわち，定常状態における GDP の確率変数を Y で表し，E で期待値のオペレーターを表すとき，損失関数(loss function)

$$L = E(Y-Y^*)^2 \tag{2}$$

のロスの値を最小化させようとする．すると，詳しい導出過程は省略するが，このときの最適政策は

$$Z=\frac{(1-a^2-\sigma_a^2)Y^*}{b[1+a+(1-a)\sigma_b^2]} \tag{3}$$

と求められる．(3)式より容易に確かめられるように，$a(t), b(t)$ に不確実性がない場合($\sigma_a^2=\sigma_b^2=0$)と比べて，Z の値が小さくなるという意味で最適政策はより保守的なものとなる．

不確実性下において最適政策が保守的になる直観的な理由は，そうしない場合に起こる GDP のオーバーシューティングから生じるロスに対して，重いウェイトが課せられているからである．これは，(2)式の 2 次のモーメントの基準が，目標値から解離する幅が大きくなるにつれてロスを逓増させるからである．

政策の外部ラグの不安定性に注目するために，平均的には政策ラグはないもの($a=0$)とし，さらに政策乗数の不確実性を捨象($\sigma_b^2=0$)する．このときのロスの値は，若干の計算の結果

$$L=\frac{1}{1-\sigma_a^2}(\sigma_a^2\overline{Y}^2+\sigma^2)+(\overline{Y}-Y^*)^2 \tag{4}$$

となる．ただし，$\overline{Y}=bZ$ は定常状態での GDP の平均値であり，公共投資の水準に比例して決まってくる．(4)式より，政策の外部ラグの不安定性の増大は，GDP の平均値の 2 乗に比例してロスを増大させることがわかる．GDP の平均値は公共投資の水準によってコントロール可能であるから，ロスを小さくするには政策の発動をできるだけ抑えたほうがよいことになる．ただし，(4)式の右辺第 2 項の存在により，政策を抑制し過ぎて GDP の平均値を目標値から遠ざけ過ぎると元も子もなくなる．したがって，最適政策においては両者のロスのバランスをとることが必要となり，その結果が(3)式ということになる．

2.3 政策発動のアナウンスメント効果

政策によっては政策当局が意識して事前にアナウンスする場合があり，経済主体もそれを織り込んで行動するがゆえに，実際の政策発動前に効果を発揮することがある．このような場合，政策を公表するタイミングに十分考慮する必要がある．タイミングを誤ると，政策ラグ同様，かえって景

気循環の振幅を増大させてしまう可能性もあるからである．政策ラグの場合には実際の政策効果が遅れることが問題であったが，アナウンスメント効果は政策効果が前倒しされリードが発生することが問題となる．なお，以下のメカニズムが働くには，文字通り政策を公表する必要はなく，民間の経済主体がそれを察知して予想しだせば同様の議論が成立する．

(1)式と同じ変数について，以下のような擬似誘導形モデル

$$Y(t) = aE[Y(t+1)|\Omega(t)]+bZ(t) \tag{5}$$

を考える．ここで，$E[Y(t+1)|\Omega(t)]$ は t 期に利用可能な情報量 $\Omega(t)$ の下での，$(t+1)$ 期の GDP の条件付き期待値を表す．(5)式が擬似誘導形というのは，右辺の期待値の項は外生変数ではなく，最終的には(5)式のモデルに沿って内生的に決定されるべきものだからである．なお，ここでは a, b は時間を通じて不変のパラメータと仮定する．

まず恒久的(once and for all)な政策変更を考える．公共投資 $Z(t)$ は t 期まではある水準に固定されており(これを一般性を失うことなくゼロと仮定する)，$(t+1)$ 期には ΔZ だけ増加させ，かつそれ以降は新しい水準にとどめるものとする．さらに，この恒久的な政策変更は，t 期に政策当局によってアナウンスされるか，民間経済主体には正しく(合理的に)予知されているものとする．すなわち，t 期に利用可能な情報のもとでは，すべての $j \geqq 1$ について

$$E[Z(t+j)|\Omega(t)] = \Delta Z \tag{6}$$

が成立するものとする．

政策経路に対する(6)式の予想を(5)式のモデルに課すと，政策が公表された時点(t 期)の効果(アナウンスメント効果)によって

$$Y(t) = [a/(1-a)]b\Delta Z \tag{7}$$

と求められる．また，政策が実際に発動される $(t+1)$ 期の直接効果は

$$b\Delta Z \tag{8}$$

であり，政策発動後の長期的効果は $j \geqq 1$ に対して

$$Y(t+j) = [1/(1-a)]b\Delta Z \tag{9}$$

となる．3つの効果(7)式，(8)式，(9)式を相互に比べることによって，

$$(\text{アナウンスメント効果})+(\text{直接効果}) = (\text{長期的効果}) \tag{10}$$

が成立することがわかる．この関係式を踏まえれば，例えば，政策の長期的効果がゼロとなるような場合には，アナウンスメント効果は直接効果を相殺する．将来の拡張的財政政策に対して現時点で金利の上昇・円高が起こり，それが景気に対してマイナスに働くといったメカニズム（いわゆるマンデル＝フレミング・モデル）は，そのような可能性をもたらす好例である．別の視点から解釈すれば，この際の政策発動の直接効果は，たかだかアナウンスメント効果のマイナス分を相殺するにとどまるのである．

もっとも，(10)式の関係は恒久的な政策変更に対して成立し，一時的な政策変更などの場合には成立しない．さらにアナウンスメント効果も直前の期のものであり，2期以上前のアナウンスメント効果に対しては(10)式の関係式は成立しない．実際，浅子(1980)に示されているように，s期前のアナウンスメント効果は，(7)式に代わって

$$Y(t) = [a^s/(1-a)]b\Delta Z \qquad (11)$$

となる．(5)式の擬似誘導形モデルにおいて合理的期待経路が収束するためには，パラメータaは$0<a<1$となる必要がある．したがって，(11)式より示されることは，アナウンスメント効果は小さく始まり，やがて実際の政策発動が近づくにつれて徐々に大きくなってくることである．

以上，簡単なモデルを通じてアナウンスメント効果がどのようなものであるかを考察した．アナウンスメント効果が重要となる場合にはいくつかの政策運営上の問題が発生する．

第1は，既に指摘したことであるが，景気循環の平準化の観点からは，アナウンスメントと政策発動の2つのタイミングの取り方に配慮しなければならない．換言すれば，タイミングを適切に選択することによって，あたかも独立な政策手段が増えたのと同じ効果を期待できることになる．例えば，アナウンスメント効果が意図する政策をサポートする場合には，そして，政策効果の外部ラグが存在する場合には，早期の政策公表は安定化政策の一環として好ましいものとなる．これに対して，アナウンスメント効果が政策発動後の長期効果と逆の方向に働く場合には，例えば景気下降局面において将来時点の拡張政策の公表をすると，かえって現時点での景気を引き締めることになりかねない．

第2に，図4-3にあるように，理論的なアナウンスメント効果は意図された政策をサポートする場合であっても，政策が公表された途端に逆の反応が現れる場合がある．こうした意外な反応は，公表された政策の規模が大方の予想を下回り「失望」された場合に起こり，失望効果と呼ばれる．失望効果は新しい情報に反応した短期的なものであり，やがて公表された政策規模が織り込まれるにつれて，(下方修正された形で)政策発動日を目指したアナウンスメント効果の理論経路をたどることになる．失望効果は不必要な攪乱をもたらすわけであるから，政策当局としては，実態を伴わない中で過大な期待を抱かせないように政策運営を心掛ける必要があろう．

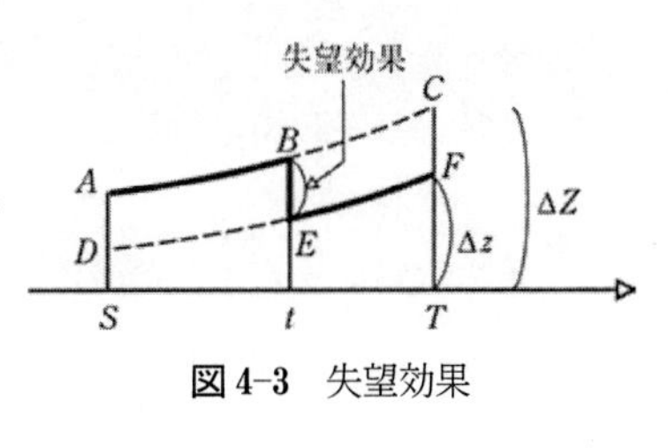

図4-3　失望効果

第3には，第3章でも指摘した最適政策の動学的不整合性の問題がある．これは，アナウンスされ事前には望ましいと考えられていた政策が，実際に発動される段階になるともはや最適ではなくなってしまい，この意味で動学的観点から矛盾が生じることを指す．動学的不整合性が発生するのは，公表時点では想定していなかった新しい事態が発生するからである．新しい事態を所与として最適政策を再度デザインし直すと，当初のデザインと異なったものとなるのは往々にして有り得ることである．問題は，民間経済主体がそれを見越して行動する結果，政策のアナウンスメントに対する信認(credibility)が低下することである．一度限りならともかく，しばしば政策変更があると政策当局に対する不信認は決定的なものとなり，文字通りの政策公表時のアナウンスメント効果は発生しなくなるであろう．

繰り返し発動される政策については，動学的不整合性を回避する方策として，裁量の余地をなくしたルールに則った政策が提唱されている．政策当局が一度アナウンスした政策をそのまま実行するのがルールに則った政策であり，自動安定化装置やフィードバック政策がこれに当たる．動学的不整合性をもたらす政策運営は，状況に応じた裁量的政策変更を認めるから発生するのであって，そもそも裁量の余地を一切封じてしまえば不整合性は発生しないという主張である．これは理論的に正しい場合もあるが，その前提としては，繰り返される政策発動が対象になっていることである．実際，通常は裁量政策に分類される伝統的なケインジアン流のファイン・チューニング(微調整)は，ここではむしろルール政策に分類されよう．しかし，本来ならば，真の裁量政策が必要となるのは機械的なルール政策の適用では間に合わない事態が発生するからである．ルールの対象外の事態に対しては，定義によって裁量的に対処せざるを得ないと考えられる．

3　政策発動の配分と政策効果

政策発動に際して，タイミングの問題と同様に重要なものとして，政策規模の総額が与えられている場合のその経時的な配分の問題があげられる．政策を一度に一挙に実施するか，それとも小出しにして政策発動を分割するか，といったたぐいの選択の問題である．戦後日本の景気対策として，当初予算の段階で公共投資の前倒し比率(上半期進捗率)の操作をしてきたのは，こうした政策発動の経時的配分の好例といえよう．

他にも類似の選択はある．例えば，1960 年代から 70 年代にかけて議論された為替レート調整におけるクローリング・ペッグ制や関税率の段階的引き下げなど，政策発動の経時的配分が問題となるケースがある．マクロ安定化政策関連でも頻繁な小規模の政策介入をファイン・チューニングと呼び，政策介入を必要とするショックが永続的な場合には望ましい政策となることが知られている．しかしながら，これらの政策問題は，厳密な意味では本節での問題意識と異なる．本節の問題設定は，一定の期間(例えば 1 年間)を取った場合に総額が決定済みの政策規模の期間中の配分の問題であり，配分の違いが政策効果を左右するか否かといった問題意識となっている．

この種の問題に対する解答には，2 つの要因が関係する．経済モデルの線形性と異時点間にわたる動学的要因である．これらを簡単に確認するために，ここでも基本的に(1)式の誘導形方程式を援用するとして，次の観察が可能なことを出発点としよう．ただし，ここでは本質的でないことから，(1)式の攪乱項は捨象する．また，説明の便宜上(1)式の変数を小文字で表記する．以下で表される大文字の変数は，小文字の変数のT期間の単純和を表す．

いま，$t=1, 2, \cdots, T$ の期間について，政策の総規模が

$$Z = \sum_{t=1}^{T} z(t) \tag{12}$$

で所与とする．するとまず，ノーテーションを変えた(1)式の修正版

$$y(t) = a(t)y(t-1)+b(t)z(t) \tag{13}$$

に対して，T 期間の単純和を求めることによって

$$Y = \sum_{t=1}^{T} y(t) = \sum_{t=1}^{T} a(t)y(t-1)+\sum_{t=1}^{T} b(t)z(t) \tag{14}$$

が求まる．

ここで，自己回帰部分がない完全に静学的な世界を前提にし，$a(t)=0$ と仮定しよう．このとき，(14)式の最右辺第2項において，$b(t)$ と $z(t)$ がプラスに相関している限り，期間中のGDPの総和は $b(t)$ が定数の場合に実現される

$$Y = b\sum_{t=1}^{T} z(t) = bZ \tag{15}$$

の水準よりも大きくなる．もちろん，$b(t)$ と $z(t)$ がマイナスに相関している場合には，期間中のGDPの総和は $b(t)$ が定数の場合に実現される(15)の水準よりは小さくなる．

以上より，期間中の政策発動の配分が同期間中のGDPの総和にまったく影響を及ぼさない条件は，$a(t)=0$ でタイムラグが関与しない完全に静学的な世界であること，および $b(t)$ が定数であり，基本的に政策効果が線形で表せること，の2つの制約が同時に満たされる場合に限られる．逆にいえば，これらの2つの条件が同時に満たされない限り，政策発動の時間配分は政策効果を左右する要因になりうることが確認されたわけである．

一般に，マクロ経済のふしぶしに動学的要素が内在するのはいうまでもないが，同様に非線形性を示す経済現象も決して稀ではない．例えば，投資の調整費用をはじめとした逓増性を示すさまざまな費用の存在や，限界生産性が逓減する生産関数，累進課税，そしてフィリップス曲線やベバリ

ッジ曲線に見られる潜在的な非線形性の存在である．投資の調整費用が逓増するならば，一挙に大規模な投資を行うよりも，小規模の投資を数回に分けて行った方が総費用は少なくて済む．また，フィリップス曲線を所与とすれば，一挙に景気回復が進むよりも，緩やかな景気回復の場合の方が最終的な物価上昇が軽度で済む．政策当局は，こうした側面をも政策発動に際して考慮する必要があるのである．

4　マクロ安定化政策の有効性

本節では，第Ⅰ部でも断片的に言及したマクロ安定化政策の有効性をめぐる論点を，一部では重複も厭わずに，再度総合的に整理する．マクロ安定化政策をめぐっては，さまざまな論争が展開されてきているが，論争の原点は古典派経済学の体系とケインズ経済学の体系の対立である．こうした観点からの整理は既に第1章や第3章で総括したことから，ここではもう少し具体的な論点に立ち入って，金融政策と財政政策それぞれの伝播経路について整理する．

4.1　財政金融政策の伝播経路

マクロ安定化政策が有効か否かは，ひとえに政策の伝播経路が正常に機能するか否かに帰着する．本節では，既に第3章でも言及した金融政策の伝播経路，およびクラウディング・アウト効果やリカードの中立性命題の当否などの財政政策の伝播経路を詳しく説明する．

(1)　ケインズ・トービン効果　　通常のIS-LM分析を前提にする限りにおいては，ケインズ経済学における緩和期の金融政策の伝播経路としては，マネーサプライを操作するなり直接的手段によるにせよ，出発点は利子率の低下がなされるところに求められる．マネーサプライの増加による貨幣市場の超過供給(債券市場の超過需要)を出発点にする場合には，それが利子率の低下をもたらす効果(ケインズ効果)が機能し，さらに利子率の低下が設備投資を喚起する効果(トービン効果)も機能しなければならない．

ケインズ効果が働くか否かは貨幣需要の利子弾力性次第であり，マネーサプライの増加に対して利子率が大幅に低下するには，貨幣需要の利子弾力性は(絶対値で)小さければ小さいほど望ましいことになる．貨幣需要の利子弾力性が絶対値で非常に大きくなるのがいわゆる「流動性の罠」のケースであり，この場合にはマネーサプライの増加もすべて貨幣需要で吸収されてしまい，債券市場へ資金が回り債券価格の上昇(利子率は下落)をもたらすというケインズ効果のチャネルが働かないことになる．

他方，トービン効果は，投資の利子弾力性が(これも絶対値をとって)大きいほど，利子率のわずかな低下にも多額の投資が喚起されることになり，より大幅な有効需要創出効果が生じることになる．

日本においては，従来から投資関数の実証分析においてはトービンの q を含めても，利子率や資本コスト関係の説明変数の有意性は低く，投資の利子弾力性は必ずしも大きいとはいえない[2)]．むしろ，近年の設備投資関数で有意性が高いのは，内部資金の量や借入れ制約の有無などの資金のアベイラビリティであり，トービン効果よりははるかに説明力が高いといえよう[3)]．

(2) 資産効果　マネーサプライを増加させる金融緩和政策の有効性は，資産効果(富効果)によってももたらされる．マネーサプライの増加は資産残高増になることから，消費にプラスに働くことが期待されるからである．もっとも，こうした資産効果は多分に心理的な要因が関与する．

多少細かくなるが，マネーサプライ増が資産の増加と認知されるためには，この増加が公開市場操作を通じてではなく，いわゆる「ヘリコプター・マネー」と称されるように貨幣発行益(シニョレッジ)が補助金的に民

---

2)　日本の投資関数についての展望論文として，例えば浅子・國則(1989)，宮川(1997)，今川(1999)がある．

3)　内部資金には，借手が倒産した場合でも回収できる資金がある程度存在するという意味でのシグナルとなり，エージェンシー・コストをさげる効果もある．したがって，内部資金の存在が借入れ金利を下げ，投資に拡張的に働くチャネルもある．しかしながら，大久保・浅子(1999)によると，投資関数の説明力の意味でこのチャネルと流動性制約による資金のアベイラビリティ効果のチャネルを識別すると，後者の方がはるかに強いことを報告している．資本市場の不完全性と金融政策の伝播経路全般については星(1997)を参照．

間部門に供給されることを想定することになる．公開市場操作による債券の売買によっては表面的な資産残高は不変だからである．あるいは別の解釈は，民間部門にとって，国債は将来の徴税で償還されるとして純資産と見なさないのに対し，マネーサプライには償還がないことから純資産とみなす，との想定である．この解釈では，表面的な資産価額よりも，潜在的な認知された資産価値が問題となる．

なお，一般物価水準の変動によって資産残高全般の実質値が変動し，それが消費に影響を及ぼすチャネルはピグー効果と呼ばれ，第1章では古典派経済学とケインズ経済学の基盤を分かつ「名目賃金論争」で重要な役割を果たすチャネルと総括した．この効果は基本的には資産効果であるが，資産そのものの変化の源泉が外生的な金融政策によるものか，それとも内生的な一般物価水準の変化によるものか，といった実質資産残高の分子と分母の違いによって呼称が異なったものになっている．もし，資産がマイナスで負債超となっており，なおかつ一般物価水準が低下するデフレ期には，第3章でも言及したように，この効果はFisher(1933)やTobin(1975)が強調する負債デフレをもたらし不安定化要因となるのであった．

(3) クラウディング・アウトと公債の中立命題　マクロ経済の簡単なモデルでは，増税による政府支出の拡大の効果について，均衡財政の乗数は1であるという結論が得られる．この結論は，実は均衡財政の下でさえ，政府支出の有効需要創出効果があるというメッセージであり，まして赤字財政の下では，さらに効果が大きいというのが暗黙の含意となっている．こうした常識に再検討をせまるのが，クラウディング・アウトと公債の中立命題である．

まず，クラウディング・アウト(crowding out)とは，生産物市場における政府部門の需要の増加が民間部門の需要の減少をもたらし，その意味で政府の経済活動が民間の経済活動を「締め出す」現象をいう．クラウディング・アウトが起こるチャネルはいくつか考えられる．

第1は，いままで民間で供給されていた財・サービスを政府が代わって供給する場合に生じる直接的なクラウディング・アウトである．例えば，学校給食の実施や病院の公営化が考えられる(この逆が国鉄の民営化などの民活導入)．このようなケースでは，政府支出の増加分だけ民間部門の支出が減少するため，乗数効果は働かない．すなわち，政府支出が増加しても，国民所得の水準には変化がない[4)]．

第2は，取引に基づくクラウディング・アウトと呼ばれるものである．政府支出増により当初乗数効果が働いたとしても，所得の増加とともに利子率が上昇し，民間投資が抑制されることから乗数効果は弱められてしまう．所得の増加に伴って利子率が上昇するのは，取引動機に基づく貨幣需要が増大し貨幣市場で超過需要が生じるからである．

第3はポートフォリオ・クラウディング・アウトである．これは，政府支出増が公債でまかなわれる場合に生ずる．公債の発行は，債券供給の増加を意味するから，資産市場で公債の超過供給(裏返せば貨幣の超過需要)をもたらし，その結果利子率を上昇させる．利子率の上昇は民間投資を抑制し，クラウディング・アウトを生じさせるのである．

こうしたクラウディング・アウト効果は，多かれ少なかれ，現実経済において認められるであろう[5)]．問題は，それが完全に起こるか，あるいは部分的にしか起こらないかという点である[6)]．部分的であれば，依然政策効果は存在する．経済が完全雇用の状態にあり，それ以上生産量を増加できないという意味で供給サイドの制約があるならば，政府支出の増加が民間部門の支出の減少をもたらすのは直感的にも明らかであろう．ただし，たとえ完全雇用にはなくとも，貨幣需要の利子弾力性がゼロとすると完全なクラウディング・アウトが起こる．このとき，政府支出の増加とともに

---

4)　Hamori and Asako(1999)は，日本経済でのこうした直接的クラウディング・アウト効果の計測を試みており，政府消費と民間消費の間には完全な代替関係があるわけではないが，それがまったく存在しないというわけでもないとの結論を得ている．

5)　公共投資と民間設備投資の間には，両者が代替関係にあるのではなくむしろ補完関係にあり，したがってクラウディング・アウトとは逆にクラウディング・イン効果が認められるとの説もある．畑農(2000)や釣・浅子(2000)を参照．

6)　利子率が民間投資に及ぼすトービン効果についての総括は，それが必ずしも実証的には有意ではないことであった．これを前提とすれば，ここでいうポートフォリオ・クラウディング・アウト効果は限定的なものと結論づけられよう．もっとも，利子率の上昇と下落とで，設備投資に及ぼす影響に非対称性が存在するかもしれない．クラウディング・アウト効果を重視する立場では，こうした非対称性が暗黙の前提となっていることに注意する必要がある．

所得が増加するならば貨幣需要も増加するが，貨幣供給量を一定とすると，貨幣市場が均衡するためには需要が減少しなければならない．一般には，貨幣需要の減少は利子率の上昇と所得の減少によって生ずるが，貨幣需要の利子弾力性がゼロの場合には，所得が減少せざるをえないのである．

さて，財政政策に関してクラウディング・アウトと並んでその有効性に疑義を投げかけるのが，財政赤字を公債でまかなうときに生じる問題である．政府の予算制約式をふまえれば，政府支出を増税でまかなわないとすれば，公債を発行しなければならない．公債はいずれ償還されるものとすれば，それは将来時点での増税を意味する(公債の利払い分も増税によってまかなわれる)．ライフ・サイクル仮説によると，将来の増税は，生涯所得の割引現在価値を減少させる．もし公債の市場利子率と民間資金の貸借に適応される利子率(割引率)に違いがなければ，公債が発行される場合とされない場合とで，生涯所得はまったく変化しない．とすれば，現在の消費にも影響が及ばないため，公債の発行分だけ自発的な貯蓄が減少する．このとき総需要は変化せず，財政政策は需要創出効果をもたない．

このような主張は，公債の中立命題ないしリカードの名を冠してリカードの等価定理と呼ばれる．この命題を援用して財政政策の無効性を唱える学派は，ネオ・リカーディアンと呼ばれる．ネオ・リカーディアンの主張は，次の2点を前提としている．第1は，公債の発行に際して，民間部門が将来時点の増税を正しく認識していることである．第2は，流動性制約がなくライフ・サイクル仮説が当てはまることである．しかしながら，現実にはこうした理論的前提が百パーセント満たされているとは考えにくく，財政政策の有効性を唱える人々はそうした仮定の非現実性を指摘する．

4.2　予知された政策と予知されない政策

完全なクラウディング・アウトや公債の中立命題は，財政政策の有効性をまったく否定するものである．同様のことを金融政策について主張したのが，第I部第3章で言及したLSW命題である．

いま，生産物市場だけに注目し，総供給と総需要が次式で決定されると仮定する．

$$y_t^S = \alpha(p_t - E_{t-1}p_t) + u_t^S, \qquad \alpha > 0 \tag{16}$$

$$y_t^D = \beta(m_t - p_t) + u_t^D, \qquad \beta > 0 \tag{17}$$

ただし，y_t^S と y_t^D は実質 GDP の総供給と総需要，p_t は物価水準，m_t は名目貨幣供給量である(これらの変数はすべて自然対数で定義されている)．u_t^S と u_t^D はランダムに変動する攪乱項である．$E_{t-1}p_t$ は，もともとは民間経済主体が $t-1$ 期に形成する t 期の物価水準の主観的期待値を表すが，期待形成について合理的期待形成仮説を前提とすることによって，$t-1$ 期に利用可能なすべての情報量に基づいた t 期の物価水準の客観的な数学的期待値に等しいものとする．

(16)式はルーカス型総供給関数と呼ばれ，次のようなミクロ的基礎に基づく．すなわち，企業はコストである実質賃金率を予想して生産計画を立てるが，実現した価格水準が予想した水準よりも高くなると，実質賃金率は予想したよりも低くなり，その結果より多く生産することによって利潤を増加できる．逆に，実現した価格水準が予想した水準よりも低い場合には，生産を縮小する．(17)式は簡単化された総需要関数であり，総需要は実質貨幣残高のみに依存すると定式化している．

このマクロモデルでは，t 期の物価水準は生産物市場が均衡するように決定される．そこで，$y_t^S = y_t^D$ とおき，合理的期待形成仮説を前提とすると $E_{t-1}p_t = E_{t-1}m_t$ が得られる．すなわち，物価水準と名目貨幣供給量は比例すると予想される．この関係を用いると，均衡 GNP を y_t で表すとして，若干の計算によって

$$y_t = \frac{1}{\alpha+\beta}[\alpha\beta(m_t - E_{t-1}m_t) + \alpha u_t^D + \beta u_t^S] \tag{18}$$

が導かれる．

結局，y_t の変動は名目貨幣供給量のうちあらかじめ予想されなかった部分，$m_t - E_{t-1}m_t$, と攪乱項 u_t^D, u_t^S だけに依存する．換言すれば，あらかじめ予想された名目貨幣供給量 $E_{t-1}m_t$ の変動は実質産出量に何らシステマティックな影響を与えない．予想された名目貨幣供給量の変動は，すべて予想された物価水準の変動に反映されてしまい，事前的な意味での実質貨幣供給量には何ら影響を与えない．事前的な実質貨幣供給量に変動がなけ

れば，総需要量も事前的な意味では不変である．事後的に実質産出量が変動するのは，予知されなかった物価水準の変動が生じる場合だけであり，これが予知されなかった金融政策(名目貨幣供給量の操作)と需要・供給スケジュールの攪乱的シフトのみによって生じるのである．

以上がLSW命題のエッセンスである．当初この命題を主張する人々がマクロ合理的期待学派と呼ばれたように，LSW命題は合理的期待形成仮説の当然の帰結と考えられていた．しかしその後の研究によって，LSW命題が成立するためには他の条件も不可欠であることが明らかとなった．すなわち，マクロ合理的期待学派がやがて新しい古典派と呼ばれだすように，古典派経済学の考え方が重要な役割を演じている．より具体的には，ルーカス型総供給関数に古典派経済学の世界が凝縮されており，名目賃金率の伸縮性を前提とすると「自然失業率仮説」が成立することになるのである．この意味では，ケインズ経済学と古典派経済学の対立構造から自由なわけではない．

第3章では，LSW命題をはじめとしてマクロ合理派の主張には極端なものがあり，実証研究の蓄積をふまえると，概して現実妥当性は低いと結論付けた．ただし，そんな中でも，政策分析におけるルーカスの批判には傾聴すべきものがあるとした．ここでは，最後にコメントを1つ付す．

すなわち，確かにLucas(1976)の指摘は理論的には正しいが，かといって，すべての政策分析が無意味になったというわけではないことである．定性的には正しい指摘としても，その定量的なインパクトの大きさに対しては，大型マクロ計量モデルのユーザーからは一貫して懐疑的な見解が表明されてきたのでのである．ただし，ルーカスの批判が大型マクロ計量モデルの神格化に引導を渡したのも確かであり，その後の経済構造を前提としない時系列分析(time series analysis)の興隆をもたらした．両者の溝を埋める意味で，部分的な構造を伴った時系列分析としてBlanchard and Quah(1989)も提唱されているが，これについては必ずしもその応用範囲は広いものではない．けだし，ルーカスの批判を正面から受けて立つならば，あくまでも構造方程式体系のパラメータの変化を追跡する必要があるのである．

第5章　長期のマネタリスト・ルールと短期のオーバーシューティング

本章では，景気循環の過程でマネーサプライ管理として，長期においてはマネタリストの k% ルールを採用するとしても，短期においてはその長期目標をオーバーシュートするのが，景気安定化にとってはより有効であることを議論する．

マネタリストが主張するのは，経済構造が不確かにしか理解されていない場合，裁量主義による積極的な政策介入は却って経済の不安定化要因となってしまうことから，政策発動は経済成長に伴い必要となるマネーサプライの安定的供給に限るべきというものである．Friedman(1961)が積極主義に反対しマネタリスト・ルールを提唱したのも，政策効果が働くまでにはタイムラグがあり，しかもそれが長く不確実と認識したからであった．Brainard(1967)も，静学的な枠組みの中であったが，乗数の攪乱的変動など経済構造に不確実性がある場合には，経済構造が確実に知られている場合や誘導形方程式に付加された単なる加法的な攪乱項のみの存在の場合と比して，政策発動の保守主義が正当化されると認めた．

本章の問題意識は，こうしたマネタリスト的な保守主義を長期戦略として採用するとしても，景気循環の安定化にとっては短期的には積極主義を採用すべきであり，長期戦略と短期戦略の間には二分法が成立するというものである．本章の分析からは，この命題はかなりロバストであり，経済構造がどんなに不確実であっても，基本的な処方箋は変わらないことも確かめられる．

本章の結論にとって最も重要な要素は，短期の積極的なマネーサプライ管理がなければ，マネーサプライ自体がランダム・ウォークし，経済の不安定化要因になってしまうことである．すなわち，マネーサプライに，毎

本章は Asako(1987a)の一部を書き改めたものである．

期毎期永続的なショックが発生していることにある.

最近の時系列分析によれば，経済のほとんどの変数には単位根(unit root)が存在するとの帰無仮説は棄却できず，マネーサプライ自体が非定常なランダム・ウォーク過程にあるとの前提も不自然なものではない．本章の分析からは，このような不断の攪乱に直面せざるを得ない世界では，積極的な政策介入を忌避することによるコストが大であることが示されるのである.

1　基本モデル

本章の基本モデルは，不確実性を含んだ IS–LM 分析であり，*IS* 曲線と *LM* 曲線はそれぞれ

$$y_t = D(r_t, y_t, y_{t-1}) + u_t^{IS} \tag{1}$$

$$m_t = L(r_t, y_t) + u_t^{LM} \tag{2}$$

と書けるものとする．ここで，y_t＝GDP，r_t＝利子率，m_t＝マネーサプライであり，u_t^{IS} と u_t^{LM} はそれぞれ平均ゼロ，分散 $\sigma_{IS}^2, \sigma_{LM}^2$ の攪乱項である.

有効需要関数 $D(\cdot)$ と貨幣需要関数 $L(\cdot)$ をごく標準的なものとすると，(1)式，(2)式から導かれる誘導形方程式は

$$y_t = a_1 y_{t-1} + a_2 m_t + U_t^y \tag{3}$$

$$r_t = b_1 y_{t-1} - b_2 m_t + U_t^r \tag{4}$$

となる．ただし，誘導形方程式の攪乱項は

$$U_t^y = a_3 u_t^{IS} - a_2 u_t^{LM} \tag{5}$$

$$U_t^r = b_3 u_t^{IS} + b_2 u_t^{LM} \tag{6}$$

であり，誘導形方程式のパラメータは構造方程式のパラメータによって

$$a_1 = \frac{L_r D_{y(-1)}}{J}, \qquad a_2 = \frac{D_r}{J}, \qquad a_3 = \frac{L_r}{J}$$

$$b_1 = -\frac{L_y D_{y(-1)}}{J}, \qquad b_2 = -\frac{1-D_y}{J}, \qquad b_3 = -\frac{L_y}{J}$$

$$J = (1-D_y)L_r + L_y D_r < 0$$

と表され，これらはすべて正であるように定義されている.

マネーサプライは，完全にコントロールされるわけではなく

$$m_{t+1} = m_t + \Delta m_t + u_{t+1}^m \tag{7}$$

に従うものとする．ここで，Δm_t は t 期において中央銀行が新規に供給する部分であり，u_{t+1}^m は m_t と Δm_t と独立な平均0，分散 σ_m^2 の攪乱項である．ここで，(7)式より，u_t^m は t 期に生じた永続的なマネーサプライの変化分であるのに対して，(2)式の LM 曲線の攪乱項 u_t^{LM} は t 期に生じる貨幣供給ないし貨幣需要の一時的なシフト部分であり，両者は厳然と区別される．

金融政策の目標は，GDP の目標水準 y^* からの乖離の2乗値の無条件期待値(E は期待値のオペレーター)で表される損失関数のロス値

$$W = \mathrm{E}(y - y^*)^2 \tag{8}$$

を最小化するものとする．ただし，最小化問題を考えるに当たっては，当然ながら中央銀行にとって t 期に何が観察可能な情報かが重要である．ここでは，中央銀行にとってもっとも都合がよい状況として，GDP も利子率もマネーサプライも当期に観察可能なものと想定する．この想定は，以下では完全当期情報(full current information)と呼ぶものとする．Asako (1987a)では，利子率については当期の情報が得られるものの，GDP とマネーサプライについては1期間のラグをもってはじめてデータが観察可能となる状況も別途考察しており，その場合の含意は後に言及する．

2　最適政策とマネタリスト・ルール

基本モデルで設定された問題の完全当期情報下の最適解は，Chow (1975)などからも明らかなように，以下のフィードバック・ルールとなる．すなわち，まず t 期の情報の下での $t+1$ 期の予想 GDP を目標水準に設定し，

$$(\mathrm{E}y_{t+1})_t = a_1 y_t + a_2 (\mathrm{E}m_{t+1})_t = y^*, \tag{9}$$

次に，条件付き期待値の意味でサポートするマネーサプライの変化分を実現する．つまり，

$$\Delta m_t = (\mathrm{E}m_{t+1})_t - m_t = \frac{y^* - a_1 y_t}{a_2} - m_t \tag{10}$$

が t 期の意図したマネーサプライの純供給分となる．(10)式の最適なマネーサプライ・ルールは，中央銀行がまずマネーサプライの目標を

$$m^*_{t+1} = \frac{y^* - a_1 y_t}{a_2} \tag{11}$$

と各期各期異なる水準に設定し，次にその移動目標と直近のマネーサプライとの乖離分を，毎期毎期 100% 埋めるものと解釈することができる．

これに対して，マネタリストの処方箋は k% ルールであり，短期の経済状況にかかわらずマネーサプライは実体経済の成長率と同じ k% の率で増加させることが望まれる．ここでは実体経済は成長しないことから，$k=0$ であり，長期的にマネーサプライは一定の値

$$m^* = \frac{(1-a_1)y^*}{a_2} \tag{12}$$

に設定するのが望ましいことになる．

しかし，現実のマネーサプライは(7)式に従って推移し，攪乱項が存在することから，一度(12)の水準に設定しその後は何もしないで放っておくという方針では，ランダム・ウォークして発散してしまうことから目的に適わない．すなわち，長期的にマネタリスト・ルールを採用するとしても，短期的には毎期毎期マネーサプライの微調整が必要となる．いま，その微調整ルールを

$$\Delta m_t = \beta(m^* - m_t) \tag{13}$$

で表せるものとしよう．(13)式を長期のマネタリスト・ルールの下での短期のマネーサプライ管理法とし，その上で，(8)式として導入した損失関数の最小値をもたらす最適な β の値を求めるのである．

3　短期のオーバーシューティング

さて，(13)式を(7)式に代入すると，事後的なマネーサプライの推移式は

$$m_{t+1} = (1-\beta)m_t + \beta m^* + u_{t+1}^m \tag{14}$$

となる．(14)式と(3)式の GDP の誘導形方程式を連立させると，2 変数の確率定差方程式体系となり，これより確率的定常状態(stochastic stationary state)における系列相関を含めた分散・共分散構造を導出することが可能となる．その具体的な導出法については Asako(1987a)を参照していただくとして，ここではまず確率的定常状態の存在条件を吟味する．

その存在のための必要十分条件とは，(3)式と(14)式において $|a_1|<1$ と $|1-\beta|<1$ が同時に成立することである．後者の条件は $0<\beta<2$ と同値であり，(13)式の短期のマネーサプライ管理において，β が負になる「方向音痴」のことは行わないことと，β が 2 を超えてしまうほど極端な積極主義にもならないことを要求している．a_1 についての条件に関しては，もともとそれは正であるから，1 よりも小さいことが要件となる．(12)式より，y^* と m^* が常識的に正の関係にあれば，その条件も満足されていることになる．いずれにしても，以下ではこのような条件はすべて満たされており，したがって確率的定常状態が存在すると仮定する．

確率的定常状態が存在すると，(8)式の損失関数は，若干の計算の後

$$W = \frac{a_2^2[1+a_1(1-\beta)]}{(1-a_1^2)\beta(2-\beta)[1-a_1(1-\beta)]}\sigma_m^2 + \frac{1}{1-a_1^2}\mathrm{VAR}(U^y) \tag{15}$$

と書ける．ここで，$\mathrm{VAR}(U^y)$ は U_t^y の分散であり，$a_3^2\sigma_{IS}^2+a_2^2\sigma_{LM}^2$ に等しい．したがって，(15)のロスを最小化する β の値は

$$\frac{dW}{d\beta} = \frac{2a_2^2[a_1\beta(2-\beta)+(1-\beta)\{1-a_1^2(1-\beta)^2\}]}{(1-a_1^2)[\beta(2-\beta)\{1-a_1(1-\beta)\}]^2}\sigma_m^2 \tag{16}$$

を 0 にするものであり，これは $\hat{\beta}$ のときに実現する．ただし，$\hat{x}=1-\hat{\beta}$ として

$$f(\hat{x}) = a_1^2\hat{x}^3 + a_1\hat{x}^2 - \hat{x} - a_1 = 0 \tag{17}$$

である．

$\hat{x}$ に関する(17)の 3 次方程式は，残念ながら明示的な解を得ることはできない．しかしながら，その絶対値が 1 よりも小さい範囲で，(17)が唯一の解を $-a_1<\hat{x}<0$ に持つことは容易に確かめることができ，結局

$$1 < \hat{\beta} < 1+a_1 \tag{18}$$

となることが分かる[1]．

(18)の不等式より，長期のマネタリスト・ルールの下での短期の最適なマネーサプライ管理法は，目標とすべきマネーサプライ水準と直近に実現したマネーサプライの乖離幅を上回ってオーバーシュートすることである．しかも，(17)式から明らかなように，最適なオーバーシューティング度はGDPの自己回帰係数のa_1のみに依存する．言い換えると，もともとのIS曲線やLM曲線の攪乱項の分散の大きさや，それが0でない限り，マネーサプライの推移式の攪乱項の分散の大きさにも依存しない[2]．

マネーサプライの推移式(14)は，

$$m_{t+1}-m^* = -(\beta-1)(m_t-m^*)+u^m_{t+1} \tag{19}$$

とも書けることから，短期的に長期目標をオーバーシュートすることは，実現値が目標値を下回っているときには目標値を上回る水準を目指し，逆に，実現値が目標値を上回っているときには目標値を下回る水準を目指すことが理解される．こうしたマネーサプライの「ジグザグ管理法」が，マネーサプライの微調整なしでは次期にそのまま継承されるGDPの正の自己回帰部分の平準化に，結果的には成功するのである．

2つのコメントが理解を助ける．まず第1は，短期のオーバーシューティングによってはGDPの変動は安定化されるが，マネーサプライそのものの変動は増大することである．これは，(14)式から明らかなように，確率的定常状態でのマネーサプライの分散は

$$\mathrm{VAR}(m) = \frac{1}{\beta(2-\beta)}\sigma^2_m \tag{20}$$

となり，これは$\beta=1$のときに最小化されるからである．このことは，第4章で指摘した政策手段の累積不安定性(instrument instability)の問題が生じていることを示している．

第2は，(8)式の損失を最小化する最適な金融政策は(10)式で与えられたわけであるから，それと比べて，明らかに(13)式は最適なマネーサプライ管理法ではないことである．すなわち，ここでの問題設定はたかだか次

---

1) $f(-\infty)<0, f(-1)>0, f(-a)>0, f(0)<0, f(1)<0, f(\infty)>0$ が成立することによる．

2) ただし，こうした攪乱項に相関がある場合にはこの限りではない．詳しくはAsako (1987a)を参照．

善の策(second best)であり，その意味で，政策手段の累積不安定性も不幸な設定で生じていることになる．

4　長期戦略と短期戦略の二分法

次に，中央銀行が何らかの理由でマネーサプライの正しい長期目標の設定に失敗した場合に，その分のロスを短期のマネーサプライ管理で補塡できるか否かを考察する．長期目標の誤った設定は，他の政策目標との相克の結果であり中央銀行が意識していることもあるし，次節で考察するように，経済構造自体に不確実性があり中央銀行としては無意識のこともあるだろう．いずれにしても，中央銀行が長期のマネーサプライ目標値を，$\alpha \neq 1$，として αm^* に設定したとする．このときでも，短期のマネーサプライ管理は，長期目標をオーバーシュートすべきであろうか？

この問いに対する解答はそれほど難しくない．いまの場合，マネーサプライの推移式は(14)式に代わって

$$m_{t+1} = (1-\beta)m_t + \beta\alpha m^* + u^m_{t+1} \tag{21}$$

となる．(21)式と(14)式の違いからは，無条件のマネーサプライの平均値が異なるだけであり，2次のモーメントである分散や共分散構造はまったく変わらない．したがって，最適なオーバーシューティング度 $\hat{\beta}$ にも変化がなく，マネタリストの長期戦略と短期のマネーサプライ管理の間には二分法が成立することになる．実際，(8)式の損失関数の値を確かめると

$$\begin{aligned} W &= \mathrm{E}[y-\mathrm{E}(y)]^2 + [\mathrm{E}(y)-y^*]^2 \\ &= [\text{RHS of (15)}] + (1-\alpha)^2 {y^*}^2 \end{aligned} \tag{22}$$

であり，$\alpha \neq 1$ である限り，マネーサプライの長期目標を誤って設定するコストは当然発生し，しかもその分は短期のマネーサプライ管理によっては決して補塡できない．

5　経済構造の不確実性

最後に，経済構造の不確実性を導入する．Friedman (1961) が積極主義

に反対しマネタリスト・ルールを提唱したのも，もとはといえば経済構造が不確実で，とくに政策効果が働くまでにはタイムラグがあり，しかもそれが長く不確実だったからであった．このような場合に積極的に裁量的な政策発動を行うと，それが却って不必要に経済を不安定化させてしまうという理由である．Brainard (1967) も，静学的な枠組みの中であったが，乗数の攪乱的変動 (multiplier uncertainty) など経済構造に不確実性がある場合には，経済構造が確実に知られている場合や誘導形方程式に付加された単なる加法的な攪乱項 (additive disturbance) のみの存在の場合と比して，政策発動の保守主義が正当化されることを示した．Okun (1972) は Brainard (1967) の観察が動学的な世界にも拡張されることを示し，その後 Turnovsky (1977) や Craine (1979) 等によって政策当局の動学的最適化問題の解としても定式化されることになった．

いま，(3)式に代わって，

$$y_t = a_1(1+\varepsilon_t)y_{t-1} + a_2(1+\eta_t)m_t + U_t^y \tag{23}$$

を出発点としよう．ここで，ε_t と η_t はそれぞれ平均 0，分散が σ_ε^2 と σ_η^2 の攪乱項であり，これらには系列相関がなく，他のどの攪乱項とも独立とする．前者の攪乱項 ε_t は Friedman (1961) のいう不確実で予測できないタイムラグを反映し，後者の攪乱項 η_t は Brainard (1967) の乗数の不確実性を反映したものである．

多少複雑な計算過程を伴うが，Asako (1987a) は (23) 式と (14) 式を連立させた場合に (8) 式の損失関数は

$$W = \frac{1-a_1^2}{1-a_1^2(1+\sigma_\varepsilon^2)}[\text{RHS of (15)}] + \frac{a_2^2\sigma_\eta^2\sigma_m^2}{\beta(2-\beta)\{1-a_1^2(1+\sigma_\varepsilon^2)\}} + \frac{a_1^2\mathrm{E}(y)^2\sigma_\varepsilon^2 + a_2^2\mathrm{E}(m)^2\sigma_\eta^2}{1-a_1^2(1+\sigma_\varepsilon^2)} + [\mathrm{E}(y)-y^*]^2 \tag{24}$$

と表されることを示した．(24) 式の右辺第 1 項は (15) 式を最小化する $\hat{\beta}>1$ によって最小化され，右辺第 2 項は $\beta=1$ のときに最小化され，右辺第 3 項と第 4 項は β の選択からは独立である．したがって，(24) 式全体を最小化させるのは $\hat{\beta}$ よりも小さな値になる．しかしながら，依然としてオーバーシューティングが要請されるのは明らかである．

表 5-1　a_1 と $t=\dfrac{1}{\sigma_\eta}$ の組合せに対する最適 β

a_1 ＼ t	1	2	5	10	∞
0	1.00	1.00	1.00	1.00	1.00
0.1	1.05	1.08	1.08	1.09	1.10
0.3	1.14	1.22	1.27	1.28	1.28
0.5	1.22	1.34	1.41	1.42	1.43
0.7	1.27	1.43	1.53	1.55	1.57
0.9	1.32	1.64	1.67	1.71	1.74
→1	1.33	1.67	1.78	1.86	2.00

計算を続行すると，(24)式を最小化する $\hat{\hat{\beta}}=1-\hat{\hat{x}}$ は

$$a_1^2(1-\sigma_\eta^2)\hat{\hat{x}}^3+a_1(1+2\sigma_\eta^2)\hat{\hat{x}}^2-(1+\sigma_\eta^2)\hat{\hat{x}}-a_1=0 \tag{25}$$

を解くものであり，平均的な政策効果のタイムラグの長さを代表するパラメータ a_1 と σ_η^2 の値のみに依存することがわかる．換言すると，政策効果のタイムラグの不確実性を表す σ_ε^2 や乗数の平均値 a_2 には依存しない．いま，乗数の不確実性度を次の t 値(t-ratio)

$$t=\frac{E(a_2)}{\sqrt{\mathrm{VAR}(a_2)}}=\frac{1}{\sigma_\eta}$$

で計り，いくつかの t の値と a_1 の組合せについて最適なオーバーシューティング度の数値解を求めたのが表 5-1 である．

数値例からは，乗数の不確実性度が高まると，最適なオーバーシューティング度が小さくなるのが確かめられる．しかしながら，乗数の不確実性が存在しない t 値が無限大の場合と比べて，t 値が 2 の場合でも，オーバーシューティング度の低下は際立ったものではない．

以上の直観的な理解は，(23)式の誘導形方程式において，自己回帰部分の攪乱項 $a_1\varepsilon_t y_{t-1}$ は t 期においては，y_{t-1} が先決変数で決定済みであることから，加法的な攪乱項である U_t^y の部分と同様の役割を果たすことになり，最適な政策決定には関与しないことにある．しかしながら，ε_t の分散 σ_ε^2 がマネタリスト・ルールにとってまったく関係ないわけではなく，マネーサプライの長期目標の望ましい水準には影響を及ぼす．すなわち，望

ましい長期目標は

$$\frac{1-a_1^2(1+\sigma_\varepsilon^2)}{1-a_1^2+(1-a_1)^2\sigma_\eta^2}m^* \tag{26}$$

であり，σ_ε^2 の増大に対しては減少することになるのである．ここでも，マネタリストの長期戦略と短期戦略の二分法が生きていることになる．

6　おわりに

本章では，景気循環下でのマネーサプライ管理について長期のマネタリスト・ルールの下でも，短期においては，マネーサプライの長期目標をオーバーシュートする方が望ましいという命題を確認した．本章の分析からは，この命題はかなりロバストであり，経済構造がどんなに不確実であっても，基本的な処方箋はロバストであることも確かめられた．本章では展開しなかったが Asako (1987a) がフォーマルに示しているように，以上の概要は，完全当期情報下でなく GDP やマネーサプライの情報収集にタイムラグが存在する場合にも拡張される．すなわち，短期のオーバーシューティングにみられる積極主義は，経済構造やデータの直近の実現値の不確実性によって消滅されるものではない．

本章の結論にとって最も重要な要素は，短期の積極的なマネーサプライ管理がなければ，マネーサプライ自体がランダム・ウォークし，経済の不安定化要因になってしまうことである．すなわち，マネーサプライに，毎期毎期永続的なショックが発生していることにある．

最近の時系列分析によれば，経済のほとんどの変数には単位根 (unit root) が存在するとの帰無仮説は棄却できず，マネーサプライ自体が非定常なランダム・ウォーク過程にあるとの前提も不自然なものではない．本章の分析からは，このような不断の攪乱に直面せざるを得ない世界では，積極的な政策介入を忌避することによるコストが大であることが示されたといえよう．

第6章　マネーサプライ・ルールとマクロ経済の安定化

本章では2つの異なるマクロモデルを基礎として，マネーサプライ・ルール次第で実体経済の安定化を左右する可能性を考察する．より具体的には，マネーサプライ・ルールを除くと，通常の意味では貨幣の中立性なり超中立性が成立するフレームワークの下でも，マネーサプライ・ルールを工夫することによって，実体経済の安定化に資することを理論的に示す．

第1節「マネーサプライ・ルールと貨幣の非超中立性」では，Sidrauski (1965) タイプのミクロ的基礎をもつ新古典派貨幣成長理論の世界において，貨幣発行を裏付けとして配分されるトランスファーの支給法次第で，長期定常状態での貨幣の超中立性が成立しなくなる可能性を指摘する．従来から，Sidrauski (1965) モデルをさまざまな方向で拡張すると，貨幣供給量の増加率を変えると実体経済に影響が及ぶ可能性は指摘されてきた．しかしながら，マネーサプライ・ルールそのものが貨幣の非超中立性に果たす役割については研究の蓄積がなく，多くは知られていない．ここでは，1つの例から始めて，一般的命題に到達するアプローチをとる．

第2節「マネーサプライの不確実性とマクロ安定化政策の積極主義」では，マクロ安定化政策の非有効性に関するLSW命題が成立し，本来予知された金融政策は実体経済には何ら影響を及ぼさない世界でも，マネーサプライ制御が完全になされない場合には，それゆえに却ってマクロ安定化政策の積極主義を高める政策処方箋が望まれる可能性を指摘する．マネーサプライ制御が完全でない場合には，あらかじめ予知不可能なマネーサプライ部分が発生するが，マクロ安定化政策次第でこの部分を小さくできる可能性があるからである．

以上の2つのマネーサプライ・ルールに関する考察からは，通常は金融

本章第1節はAsako (1987b) に，また第2節はAsako (1984) に基づいている．

政策の手段として細部までは省みられることのないマネーサプライの操作に，安定化の成果を左右するほどの自由度が存在することが理解される．この自由度を利用すれば，政策手段のメニューが増える分だけ，ティンバーゲンの定理に則って政策目標のきめ細かい選択も可能になるのである．

1　マネーサプライ・ルールと貨幣の非超中立性

Tobin (1965) に代表される新古典派成長理論の枠組みでは，貨幣が資産として保有される経済においては貨幣が存在しない経済と比して，長期の定常状態での資本労働比率が低くなることが知られ，貨幣経済の逆説として理解された．また，この世界ではマネーサプライの増加率を上ると，長期定常状態での資本労働比率が上ることも知られていた．Tobin (1965) では，貨幣は資本ストックと同様に資産選択の対象となるが，その分生産要素として生産力を発揮する資本ストックの蓄積にとっては阻害要因になる．マネーサプライの増加率が高まると，インフレ率も高まることから資産としての貨幣の魅力が低下し，その分資本蓄積が助長されるのである．

Tobin (1965) の世界では，貨幣に対する需要にはミクロ的な基礎付けはなく，需要動機は外から与えられたものだった．この欠点を補うためにミクロ的基礎を導入したのが Sidrauski (1965) であり，無限の視野をもつ家計の最適化行動から貨幣需要を導出した．その結果，長期定常状態における資本・労働比率がマネーサプライの増加率からは独立になるという，実体経済への貨幣の超中立性 (superneutrality) が成立することが示された．この超中立性命題は，当時進行中のマネタリスト＝ケインジアン論争において，金融政策が実体経済に影響を及ぼすチャネルを閉ざす「金融政策無効論」に与する論点を提供し，その後 Lucas (1972) を通じて第 1 章や第 4 章で展開した「予知された政策の非有効性」を主張する LSW 命題へと連なることとなった．

第 1 章でも概観したように，貨幣の中立性なり超中立性が成立するか否かは，古典派経済学の体系とケインズ経済学の体系を分かつ重要な論点であった．もし本章で問題にするように，それがマクロの経済構造そのものとは別にマネーサプライ・ルールによって左右されるとすれば，金融政策の有効性をめぐって新たな論点が提供されることになるといえよう．

1.1　基本モデル

モデルの基本は Sidrauski (1965) とまったく同様である．いま，n の率でメンバーが成長する家族が未来永劫の効用の割引現在価値

$$\int_t^{\infty} u(c, m) e^{-\delta(s-t)} ds, \tag{1}$$

を予算制約式と資産のポートフォリオ制約

$$\dot{a} + na = f(k) + x - \pi m - c, \tag{2}$$

$$a = k + m \tag{3}$$

の下で最大化する．ここで，c＝1人当たり消費，m＝1人当たり実質貨幣残高，a＝1人当たり実質資産総額，k＝資本・労働比率，π＝期待インフレ率，そして x＝1人当たりの実質トランスファーである．δ は家計の主観的割引率，$f(k)$ は賃金と利潤(配当)を合せた1人当たり実質所得であり，$f(\cdot)$ は稲田条件など通常の新古典派生産関数の行儀のいい性質を示すものとする．変数の上のドット記号“・”は時間に関する微分を表す．

Sidrauski (1965) では新規の貨幣発行はマイナスの一括税 (lump-sum) 方式で各家族に支給され，ミクロの資産選択の限界条件には一切影響を及ぼさないが，ここでは

$$x = \beta a \tag{4}$$

と，資産保有額に合せて支給されものとする．ただし，$\beta(>0)$ は後の第3項で詳しく考察するように，マクロの制約から内生的に決定される．(4) の支給方式では，資産選択の限界条件に影響を及ぼすことになるが，明らかに貨幣と資本ストックの間での差別扱いはない．

内点解を前提にすると，最適解の1階の条件は

$$f'(k) + \pi = \frac{u_m(c, m)}{u_c(c, m)}, \tag{5}$$

$$\dot{\lambda} = [\delta + n - \beta - f'(k)]\lambda, \tag{6}$$

となる．ただし，資産の帰属価格 λ は状態変数 a の双対変数であり，消

費の最適水準を規定する．すなわち，消費の限界効用はλに等しい．

$$\lambda = u_c(c, m). \tag{7}$$

さて，すべての家計は同質的であるとし，代表的家計のミクロ分析からマクロ経済全体に目を転じる．まず，貨幣供給量は一定のθの率で増加させることから，

$$x = \beta(k+m) = \theta m, \tag{8}$$

が得られる．次に，人々の期待形成は完全予見(perfect foresight)でなされるとし，期待インフレ率と実現するインフレ率は等しいものとする．したがって，

$$\frac{\dot{m}}{m} = \theta - \pi - n, \tag{9}$$

が成立する．さらに，財市場の均衡条件として，総供給$f(k)$と消費cと投資，$\dot{k}+nk$，から構成される総需要が等しくなる．これから，資本・労働比率の推移式

$$\dot{k} = f(k) - nk - c, \tag{10}$$

が導かれる．したがって，経済全体の資産蓄積式は

$$\dot{a} = f(k) - na + (\theta - \pi)m - c, \tag{11}$$

となる．

1.2　長期定常状態

本項では，長期定常状態(以下“*”印を付す)の様相を考察する．まず，長期定常状態ではλ, k, mが定常値をとるため，(6)，(9)，(10)式より

$$f'(k^*) = \delta + n - \beta^*, \tag{12}$$

$$\pi^* = \theta - n, \tag{13}$$

$$f(k^*) = nk^* + c^*, \tag{14}$$

が得られる．さらに，(5)式と(8)式より

$$f'(k^*) + \pi^* = \frac{u_m(c^*, m^*)}{u_c(c^*, m^*)}, \tag{15}$$

$$\beta^*(k^* + m^*) = \theta m^*, \tag{16}$$

となり，(12)-(16)の5つの式から，5つの内生変数$k^*, m^*, c^*, \pi^*, \beta^*$が

同時決定されることになる．

さて，貨幣供給量の増加率θが変化するときに，長期均衡状態がどのように影響を受けるかを調べよう．(12)-(16)式の中から明らかに逐次的に決まるc^*, π^*, β^*を消去して，k^*とm^*に注目すると

$$\begin{bmatrix} (\delta-\beta^*)J_1-f'', & -J_2 \\ \beta^*-(k^*+m^*)f'', & -(\theta-\beta^*) \end{bmatrix}\begin{bmatrix} dk^* \\ dm^* \end{bmatrix} = \begin{bmatrix} 1 \\ m^* \end{bmatrix} d\theta, \tag{17}$$

を得る．ただし，cとmがともに普通財だとして

$$J_1 = (u_{mc}u_c-u_{cc}u_m)/u_c^2 > 0, \tag{18}$$

$$J_2 = -(u_{mm}u_c-u_{cm}u_m)/u_c^2 > 0, \tag{19}$$

である．すると，Dで(17)式の係数行列の行列式を表すと，

$$D = (\theta-\beta^*)[f''-(\delta-\beta^*)J_1]+[\beta^*-(k^*+m^*)f'']J_2, \tag{20}$$

$$\frac{dk^*}{d\theta} = \frac{1}{D}[m^*J_2-(\theta-\beta^*)], \tag{21}$$

$$\frac{dm^*}{d\theta} = -\frac{1}{D}[(\delta-\beta^*)m^*J_1-\beta^*+k^*f''], \tag{22}$$

となる．

行列式Dの符号は確定しない．しかしながら，対応原理(correspondence principle)を適用すると，長期定常状態が鞍点均衡であるためには，定常状態の近傍ではDは正でなければならないことが分かる．しかし，これだけの知識では(21)と(22)の符号は，依然として確定しない．そこで，$\theta\to 0$としてみると，この場合には$D>0$が確定し，さらに

$$\left.\frac{dk^*}{d\theta}\right|_{\theta=0} = -\frac{m^*}{(k^*+m^*)f''} > 0, \tag{23}$$

$$\left.\frac{dm^*}{d\theta}\right|_{\theta=0} = \frac{\delta m^*J_1+k^*f''}{(k^*+m^*)J_2f''} \gtrless 0, \tag{24}$$

したがって

$$\left.\frac{dc^*}{d\theta}\right|_{\theta=0} = (f'-n)\left.\frac{dk^*}{d\theta}\right|_{\theta=0} > 0, \tag{25}$$

$$\left.\frac{d\pi^*}{d\theta}\right|_{\theta=0} = 1, \tag{26}$$

$$\left.\frac{d\beta^*}{d\theta}\right|_{\theta=0} = \lim_{\theta\to 0}\left(\frac{\beta^*}{\theta}\right) = -f''\left.\frac{dk^*}{d\theta}\right|_{\theta=0} > 0, \tag{27}$$

が導かれる．

$\theta=0$ とすると，(27)より β^* の θ に対する弾力性が1となり，θ の上昇は必ず β^* の上昇をもたらす．実は，(12)式より明らかなように，この β^* の上昇が k^* の上昇をもたらす．したがって，θ の上昇が常に k^* の上昇をもたらさないのは，θ が既に十分大きい場合に θ のさらなる上昇が β^* を減少させる可能性があることによることが示唆される．

1.3　貨幣の非中立性――解釈と一般化

さて，(21)の微分係数が0とならずに資本労働比率が影響を受け貨幣の超中立性が成立しない原因は，θ の変化によって長期定常状態の β^* が変わることにある．資本労働比率が上昇するか下落するかは，貨幣の新規発行量と総資産の比率 β^* が上昇するか下落するかに依存する．β^* は，$\theta\to 0$ のときに実際にそうなるように貨幣総資産比率が一定ならば，θ が上昇すれば上昇する．しかしながら，θ が変化すると，この比率は一定にとどまることはない．(13)式から明らかなように，θ の上昇は期待インフレ率の上昇となり，貨幣の実質収益率が低下する．これによって貨幣から資本ストックへの資産需要のシフトをもたらし，貨幣総資産比率に低下圧力が働く．したがって，(16)式から得られる

$$\frac{d\beta^*}{d\theta} = 1 + \frac{d\left(\dfrac{m^*}{k^*+m^*}\right)}{d\theta} \tag{28}$$

からも明らかなように，θ の上昇による β^* への直接的効果を上回って貨幣総資産比率の下落効果が働くならば，結果的に β^* は下落する可能性があることになる．

別の解釈は次の通りである．(4)式のマネーサプライ・ルールでは，新規の貨幣発行は総資産への利息支払いのようなものであり，利子率 β は貨幣と資本ストックに等しく適用される．この利子率は政府の予算制約式(8)あるいは(16)を満たすように内生的に決まるが，この内生性が決定的

に重要となる．これを確認するために，マネーサプライ・ルールを

$$x = \beta a + z \tag{29}$$

と置き換えよう．ただし，z はマイナスの一括税方式で支給されるマネーサプライであり，また(29)式ではβは外生的に所与とする．

zが一括方式の補助金であることから最適化条件にはまったく変化がなく，長期定常状態は(12)-(15)式と(16)式に代わる

$$\beta^*(k^* + m^*) + z^* = \theta m^* \tag{30}$$

によって決定される．しかし，β^*が外生的に所与とすると，(12)式よりk^*はθからは独立に決まり，そのk^*を所与として(13)，(14)，(15)式よりm^*が決まる．したがって，(30)式からは，所与のβ^*の下でz^*が決定されることになり，貨幣の超中立性の成立が確認される．

以上の観察は，以下の命題として一般化できる．

非超中立性命題：

本節で展開した貨幣成長経済を考える．このとき，マネーサプライ・ルールが一般的に

$$x = g(k, m)$$

と表されるとする．すると，長期定常状態において貨幣の超中立性が成立しないためには，$g(\cdot)$のkに関る偏微係数$g_k(k, m)$が長期定常状態で0とならずに，θに依存することが必要十分条件となる．

マネーサプライが一括税方式で供給されたり，Mundell(1971)がいうWeldon貨幣(利子付き貨幣)のように，ミクロレベルで$x = \theta m$となる貨幣残高比例供給方式の場合には，明らかにこの命題の条件を満たしていないために，貨幣の超中立性が成立することになるのである．もちろん，この命題はあくまでも本節で展開した貨幣成長経済が前提になっており，モデルの前提が異なったものであれば，マネーサプライ・ルールにかかわらず貨幣の超中立性が成立しないケースは多々あることが知られている．例えば，Asako(1983)や加納(1997)を参照されたい．

負の所得税のような財政政策によれば，$g_k(k, m) \neq 0$ とするのは容易であろう．しかしだからといって，ここでの政策が財政政策の範疇に入るべき性質のものと即断するのは誤りである．本項の問題意識にとって重要なのは，$g_k(k, m) \neq 0$ の条件に留まらず，それが金融政策のパラメータである θ と関係付けられていることであって，これには政府の予算制約式のチャネルが多いに関与する．すなわち，財政金融政策の政策手段がお互いに独立でない場合を想定していることになるのである．

2　マネーサプライの不確実性とマクロ安定化政策の積極主義

本節では，マクロ安定化政策の非有効性に関する LSW 命題が成立し，本来予知された金融政策は実体経済には何ら影響を及ぼさない世界でも，マネーサプライ制御が完全になされない場合には，それゆえに却ってマクロ安定化政策の積極主義を高める政策処方箋が望まれる可能性を指摘する．

2.1　基本モデル

問題のエッセンスに焦点をあてるために，総供給関数と総需要関数のみからなる連立方程式体系を考える．すなわち，

$$y_t = \alpha(p_t - E_{t-1}p_t), \qquad \alpha > 0, \tag{31}$$

$$y_t = \beta(m_t - p_t), \qquad \beta > 0, \tag{32}$$

とする．ここで，y_t＝GDP，p_t＝利子率，m_t＝マネーサプライであり，$E_{t-1}p_t$ は $t-1$ 期の情報の下での p_t の条件付き期待値を表す．どの変数も自然対数をとり，平均値ないしトレンド値からの乖離値として定義してあり，平均的にはゼロの値をとる．(31)式はルーカス型総供給関数であり，当期の物価水準が前期に期待した値を上回った場合に，GDP が平均値(自然産出量)を上回り，逆もまた真である．(32)式は総需要関数であり，総需要は実質貨幣残高にのみ依存することを示している．ここでは，簡単化のために，これらには加法的な攪乱項は導入しない．

さて，需要と供給を等しくさせると，(31)，(32)式からは

$$E_{t-1}p_t = E_{t-1}m_t, \tag{33}$$

$$p_t - E_{t-1}p_t = \frac{\beta}{\alpha+\beta}(m_t - E_{t-1}m_t), \tag{34}$$

が得られ，したがって

$$y_t = \frac{\alpha\beta}{\alpha+\beta}(m_t - E_{t-1}m_t), \tag{35}$$

となる．(35)式は，本質的に第4章第4節の(18)式と同じものであり，予知された政策の非有効性を説くLSW命題を支持する．

(35)式の右辺の括弧内は，$t-1$期の情報の下では予知されなかったマネーサプライ部分を示しており，GDPの平均値からの乖離の変動を最小化するには，この部分の変動を最小化する必要があることを示している．そのための処方箋がマネーサプライの不必要な攪乱を回避する策であり，通常その最良候補としてマネタリストのk%ルールなり，最近ではテイラー・ルール(Taylor 1993)なりといったプラクティカルなルールに基づいたマネーサプライ管理が提唱されている．マネーサプライ管理が十分に意図通りに可能な場合には，LSW命題が成立する世界では，これはこれでマクロ経済の安定化に資することになろう．

しかしながら，マネーサプライ制御が不完全であり，マネーサプライの意図せざる変動が不可避の場合には，話が変わってくる．とくに，例えばFellner(1980)が指摘するように，直接意図してもコントロールできないマネーサプライの変動部分が，政策ルール次第で間接的に縮小できるとすれば，積極主義的な政策発動が望ましいことになる．

2.2　マネーサプライの不確実性

前項の予想(conjecture)を確認するために，次のマネーサプライの推移式を想定しよう．

$$m_t = (\rho+\xi_t)m_{t-1} + (1+\eta_t)x_t + \varepsilon_t, \tag{36}$$

ここで，x_tは政策で意図したマネーサプライの変化分であり，

$$x_t = -\gamma y_{t-1} - \delta p_{t-1}, \tag{37}$$

というルールに従うものとする．ただし，ρ, γ, δは非負の定数であり，ξ_t, η_t, およびε_tは，お互いに独立で無系列相関の平均ゼロ，分散がそれぞれ

$\sigma_\xi^2, \sigma_\eta^2$，および$\sigma_\varepsilon^2$の攪乱項である．これらの確率変数は，すべて$m_{t-1}$，$y_{t-1}$，および$p_{t-1}$とは独立である．

(36)式の右辺第1項は，マネーサプライの動学的側面を表し，一旦供給されたマネーサプライは基本的に永続することを意味する．したがって，$\rho=1$がもっとも自然であるが，統計上のマネーサプライには銀行預金も含まれ，これは銀行部門や非銀行部門の資産選択行動の結果一挙に資産間のシフトがありえることから，こうした側面を取り入れて$\rho\neq1$も許容し，さらに攪乱項ξ_tを導入する．第2項は，既述のように基本的に政策で意図したマネーサプライの変化分であるが，必ずしもマネーサプライ管理が完全でないことから攪乱項η_tを乗数の形で導入する．加法的な攪乱項ε_tは，以上で掴みきれない不確実性を反映したものである．

さて，(32)式を用いて(37)式からp_{t-1}を消去すると

$$x_t = -\delta m_{t-1} - \left(\gamma - \frac{\delta}{\beta}\right) y_{t-1}, \tag{38}$$

が得られ，したがって(36)式は

$$m_t = [\rho + \xi_t - \delta(1+\eta_t)] m_{t-1} - \left(\gamma - \frac{\delta}{\beta}\right)(1+\eta_t) y_{t-1} + \varepsilon_t, \tag{39}$$

と書き換えられる．すると，$t-1$期の情報の下で(39)式の条件付き期待値を計算すると，予知されたマネーサプライは

$$\mathrm{E}_{t-1} m_t = (\rho - \delta) m_{t-1} - \left(\gamma - \frac{\delta}{\beta}\right) y_{t-1}, \tag{40}$$

となり，したがって予知されないマネーサプライは

$$m_t - \mathrm{E}_{t-1} m_t = (\xi_t - \delta\eta_t) m_{t-1} - \left(\gamma - \frac{\delta}{\beta}\right) \eta_t y_{t-1} + \varepsilon_t, \tag{41}$$

となる．(41)式より，予知されないマネーサプライの部分はγとδで代表される政策ルールに依存することがわかる．

2.3　積極主義への要請

(41)式を(34)式に代入すると

$$Jy_t = (\xi_t - \delta\eta_t)m_{t-1} - \left(\gamma - \frac{\delta}{\beta}\right)\eta_t y_{t-1} + \varepsilon_t, \tag{42}$$

となる．ただし，

$$J = \frac{1}{\alpha} + \frac{1}{\beta}, \tag{43}$$

である．また，(39)式と(42)式より，あるいは(40)式を(35)式に代入することによって

$$m_t - Jy_t = (\rho - \delta)m_{t-1} - \left(\gamma - \frac{\delta}{\beta}\right)y_{t-1}, \tag{44}$$

となる．明らかに，(39), (42), (44)の3本の式すべてが独立ではなく，これらのうちの2本の式のみが独立である．そして，この連立方程式システムにとって，パラメータに適当な仮定を設けることによって，確率的定常状態が存在する[1)]．

(42)式の両辺に y_{t-1} と m_{t-1} を掛け，無条件の期待値を計算すると，$\mathrm{E}(yy_{-1}) = 0$ と $\mathrm{E}(ym_{-1}) = 0$ が求まる．ただし，$\mathrm{E}(yy_{-1})$ は確率定常状態での $y_t y_{t-1}$ の期待値である．すると，(44)式の両辺に y_t を掛けて期待値を計算すると

$$\mathrm{E}(ym) = J\mathrm{E}(y^2) \tag{45}$$

が得られる．さらに，(44)式の辺々を自乗して期待値を計算し，(45)式を代入すると

$$\mathrm{E}(m^2) = \frac{1}{1-(\rho-\delta)^2}\left[J^2 - 2J(\rho-\delta)\left(\gamma - \frac{\delta}{\beta}\right) + \left(\gamma - \frac{\delta}{\beta}\right)^2\right]\mathrm{E}(y^2), \tag{46}$$

となる．しかし，(42)式より

$$J^2\mathrm{E}(y^2) = (\sigma_\xi^2 + \delta^2\sigma_\eta^2)\mathrm{E}(m^2) + 2\delta\left(\gamma - \frac{\delta}{\beta}\right)\sigma_\eta^2\mathrm{E}(ym) + \left(\gamma - \frac{\delta}{\beta}\right)^2\sigma_\eta^2\mathrm{E}(y^2) + \sigma_\varepsilon^2, \tag{47}$$

であるから，(45)式と(46)式を代入し，結局

1)　例えば，(49)式の H が正でなければならない．

$$\mathrm{E}(y^2) = \frac{\alpha_\varepsilon^2}{H}, \tag{48}$$

が導かれる．ただし，

$$H = J^2 - \frac{1}{1-(\rho-\delta)^2}\left[\left\{J^2 - 2J(\rho-\delta)\left(\gamma-\frac{\delta}{\beta}\right) + \left(\gamma-\frac{\delta}{\beta}\right)^2\right\}\sigma_\xi^2 + \left\{J^2\delta^2 - 2J(\rho^2-\rho\delta-1)\delta\left(\gamma-\frac{\delta}{\beta}\right) + (1+2\rho\delta-\rho^2)\left(\gamma-\frac{\delta}{\beta}\right)^2\right\}\sigma_\eta^2\right] \tag{49}$$

である．

(48)式より，GDP の変動が最小になるのは，(49)で定義された H を最大化する政策ルールであることが分かる．しかしながら，H の関数形が非常に複雑であり，一般論として最適な政策ルールを明示的に求めることは必ずしも生産的ではない．代わって，いくつかの方向で最適な政策ルールの特徴をさぐるのが有用である．

まず，H を γ と δ で微分し，ともに 0 のところで評価すると

$$\left.\frac{\partial H}{\partial \gamma}\right|_{\substack{\gamma=0\\ \delta=0}} = 2J\frac{\rho}{1-\rho^2}\sigma_\xi^2, \tag{50}$$

$$\left.\frac{\partial H}{\partial \delta}\right|_{\substack{\gamma=0\\ \delta=0}} = 2J\frac{(\alpha\rho^2+\beta)\rho}{\alpha\beta(1-\rho^2)^2}\sigma_\xi^2, \tag{51}$$

となる．したがって，σ_ξ^2 ないし ρ が 0 でない限り，$\gamma>0, \delta>0$ とする積極主義的政策介入が望まれることになる．換言すれば，マネタリスト的な保守主義は σ_ξ^2 ないし ρ が 0 である場合に限って，望ましい政策となる．

上の結論にとって，σ_η^2 や σ_ε^2 の値が関与しないことは興味深い．ただし，σ_η^2 の値は最適政策の策定にとっては必要な情報になる．これをみるために，簡単化のためにマネーサプライのフィードバック・ルール(37)のうち物価水準は考慮せずに，$\delta\equiv 0$ とする．すると，H の γ に関する微分は

$$\gamma = J\frac{\rho\sigma_\xi^2}{\sigma_\xi^2+(1-\rho^2)\sigma_\eta^2} \tag{52}$$

のときにゼロになることが容易に確かめられる．したがって，$\rho>0$ とし

て，σ_ξ^2が大きいほど，またσ_η^2が小さいほど，最適なγは大きくなる．

次に，$\rho=0$としよう．この時には，(49)式は

$$H=J^2-\frac{1}{1-\delta^2}\left[\left\{J^2+2J\delta\left(\gamma-\frac{\delta}{\beta}\right)+\left(\gamma-\frac{\delta}{\beta}\right)^2\right\}\sigma_\xi^2\right.$$
$$\left.+\left\{J^2\delta^2+2J\delta\left(\gamma-\frac{\delta}{\beta}\right)+\left(\gamma-\frac{\delta}{\beta}\right)^2\right\}\sigma_\eta^2\right] \tag{53}$$

となり，これは

$$\gamma=\frac{\delta}{\beta}-J\delta \tag{54}$$

のとき最大化され，最大値はδの値にかかわらず

$$H=J^2(1-\sigma_\xi^2) \tag{55}$$

となる．すなわち，どのようなδが選択されていようが，γが(54)式を満たすように設定されれば，最適政策としては同等となる．したがって，とくにマネタリスト的な保守主義の$\gamma=0, \delta=0$も，他の積極主義と同等のパフォーマンスを発揮することになる．

さらに，ξ_tとη_tが相関する場合には，さらなる洞察が得られる．いま極限ケースとして，$\xi_t=\rho\eta_t$となり，両者が完全に相関するとしよう．すると，(39)式は

$$m_t=(1+\eta_t)\left[(\rho-\delta)m_{t-1}-\left(\gamma-\frac{\delta}{\beta}\right)y_{t-1}\right]+\varepsilon_t, \tag{56}$$

となり，予知せざるマネーサプライの変動(したがって，GDPの変動も)は，政策ルールが$\gamma=\rho/\beta, \delta=\rho$と設定された場合に，加法的攪乱項$\varepsilon_t$の存在ゆえに不可避である最小値の水準を達成することになる．これはξ_tとη_tの存在とはかかわりなく達成可能なのであり，そうした潜在的不確実性が，政策ルールの選択によって完全に安定化される例となっているのである．

2.4　結果の解釈

以上では，当初の予想通りに，マネーサプライの制御が完全でない場合には却って積極主義的なマネーサプライ管理法が，結果的にマクロ経済の安定化に役立つことが示された．いままではどちらかといえば機械的な計

算に頼って議論を展開してきたが，最後に経済的メカニズムについて多少考察を加えよう.

実は，経済学的なメカニズムは簡単である. (2)式の総需要関数より，マネーサプライの変動は当期のGDPないし一般物価水準の変動を引き起こす. すなわち，まず，同時期のマネーサプライとGDPの間，および同時期のマネーサプライと一般物価水準の間には，相関関係が存在することに注目する. 次に，マネーサプライ自体に自己回帰部分やそれに関連した ξ_t の攪乱項が存在することから，t 期のマネーサプライに $t-1$ 期のマネーサプライの残高が関係することになる. したがって，t 期のマネーサプライと $t-1$ 期のGDPと一般物価水準が相関関係をもつことになり，そうすればその相関関係をうまく利用することによりマネーサプライの変動の安定化が可能となるのである.

$\rho=0$ で当期のマネーサプライが「平均値の意味では」前期のマネーサプライの影響を受けなくなると，マネーサプライの政策介入がない場合には，マネーサプライは静学的なプロセスを辿ることになる. このような世界では，政策介入無しのレッセフェール型の政策処方箋がマクロ経済の安定化に資するのも確かであるが，しかしここで注意すべきは，こうした保守主義的政策処方箋は(54)式の関係を満足するどの積極主義的政策処方箋と比べても，たかだかそれらと同等ということである. というのは，第5章の分析から類推されるように，もし(1)式の総供給関数なり(2)式の総需要関数にGDPの自己回帰項が関係し景気循環が組み込まれているならば，$\rho=0$ としても積極主義的政策処方箋が望ましくなるからである.

最後に，コメントを1つ付す. 本節の問題にとっては，ほんらい予知されたマネーサプライの変動を最小化するのが目的の問題設定であったが，望ましい政策としてはマネーサプライの動きのみを拠り所としてマネーサプライ管理にあたるのではなく，一般論としてはマクロ経済全体を観察する必要があるということである. これを確認するには，(38)式で $\gamma=\delta/\beta$ として，右辺第2項をゼロにしてみるとよい. このとき，この政策ルールが最適でないことは，例えば $\rho=0$ のときの(54)式をみれば，反例が存在することから明らかである.

第 III 部　日本のマクロ安定化政策

第III部では，日本のマクロ安定化政策の実際について，いくつかの観点から評価を行う．第III部も，第I部と第II部同様，3つの章から構成される．すなわち，第7章「日本の金融政策の目標と制御可能性」，第8章「財政政策の内部ラグと外部ラグ」，および第9章「長期の政策目標とマクロ安定化政策」である．第7章と第8章では，日本経済の実際のデータ分析を通じて，財政金融政策のパフォーマンスを評価する．第9章では，短期の景気対策としてのマクロ安定化政策とより長期的観点から要請される政策目標との間の相克を指摘し，今後のマクロ安定化政策の位置付けを論じる．

第7章では日本の金融政策の歴史を評価するが，この際に，主要な評価課題となるのは，次の2点である．第1は事前的な観点から政策発動の目標を探ることであり，第2は，そうして意図された政策が，確かに事後的にも実行されたか否かを確認することである．第1段階の課題については，かなり精緻な統計モデルを用いて，公定歩合の変更によって分類される金融政策の基本スタンスをもっとも適切に説明する政策目標を，歴史的および統計的観点から分析する．得られた推計結果の解釈にあたっては，統計モデルから識別された政策目標と日本銀行が公定歩合の変更時に公表する公式見解と比較し，両者の関係を議論する．第2段階の課題については，事前的な政策意図と事後的な政策との整合性を調べることによって，政策手段の制御可能性を考察する．

第8章では，景気対策の機動性に焦点をあてながら，公共投資の景気安定化面での評価を試みる．より具体的には，1975年度以降の日本の公共投資政策を対象に，財政政策の内部ラグと外部ラグを推計する．本章では，まず景気対策としての公共投資の機動性にとって制約となる論点を概観し，次いで予算措置を伴う総合経済対策等が公表されてから国会で議決されるまでの経緯を追跡しながら，景気対策の行動ラグを推計する．また，意図された政策が実際に発動されてきたか否か，すなわち制御可能性も評価する．さらに，政策が発動されてから，それが効果を現すまでの外部ラグを推計する．外部ラグの長短は，経済主体の行動様式や財・サービス市場の特性といった構造経済を集約するものであるから，常に一定というわけではないと考えられ，そうした要素を考慮した推計を行い，推計された可変ラグの決定要因も探る．

第9章では，短期のマクロ安定化政策を遂行する上で長期均衡のあるべき姿がどのような関連をもつかを考察する．この際，これまでの章とは異なり，長期の政策目標を座標軸の中心に据えて，それとの係わりでマクロ安定化政策のあるべき姿を探る．具体的には財政政策に関連して，景気対策としての公共投資と長期的な社会資本整備の問題，および財政支出と財政再建に関連した問題をとりあげる．後者については，財政赤字の持続可能性(sustainability)に対する懸念が背景にある．

第7章　日本の金融政策の目標と制御可能性

本書を通して強調してきたように，日本をはじめとして先進資本主義諸国は循環的なマクロ経済の変動にみまわれてきた．多くの国ではそれに対して，財政・金融政策によって経済変動の安定化を図ってきた．しかしながら，どの国においても，マクロ経済の安定化は必ずしも百パーセント達成されたとは言いがたい．このような歴史的観察もあって，国により，あるいは一国内でも個別のエピソードにより，マクロ安定化政策に対する評価は一様ではない[1]．本章では，そうした状況を踏まえた上で日本の金融政策についての評価を試みるが，この際にできるだけ先入観を排し，歴史的・統計的観点から客観的評価を加えることに努める．マクロ安定化政策のうちの財政政策については，次章以下で評価を試みる．

そもそも評価が異なるのには，いろいろな要因が関係している．まず第1に，マクロ経済変数間にはしばしばトレード・オフ関係が認められ，すべての変数を同時に安定化することは不可能に近いことがあげられる．インフレと失業率のトレード・オフとしてのフィリップス曲線は，（少なくとも短期の関係としては）多くの国で観察されているし，国内均衡と対外均衡も時として相反する．このような場合に，政策当局が特定のマクロ変数の安定化に過分な配慮を施すことによって，他の変数の変動をかえって助長し，結果として総体的評価が低まるということがありうる．

第2は，マクロ経済には間断なく構造変化が起こっている．もしそうした変化が政策当局によって適切に考慮されなければ，過去において効果を

本章は浅子・加納(1989)および Asako and Kanoh(1997)に基づくが，一部の分析を最近時のデータを用いて更新するなど，大幅に加筆訂正した．

1)　この分野の文献は多いが，特にマクロ安定化政策をめぐる論点を理解する上では Friedman(1968)，Gordon(1970)，Modigliani(1977)，Tobin(1980)が基本的なものであり，いまでは古典となる．Lucas(1972)や Sargent and Wallace(1975)による「合理的期待革命」以降の論点は，邦文文献では浅子(1984b)，吉川(1984)，加藤(1979–80)，西村・増山・吉田(1989)が詳しい．近年の論点については，脇田(1998)，岩本・大竹・齊藤・二神(1999)がある．

あらわした政策も今日の時点では全く別の政策になってしまっている可能性もある．第3に，たとえ正しいマクロ経済構造の認識の下に正しい政策を意図しても，政策手段そのものが完全には制御できなくて，結果として意図した政策が実現できないということも考えられる．そして第4には，ルーカスの批判(Lucas 1976)として指摘されたように，合理的に行動する経済主体相手には政策の自由度が限られたものとなってしまう可能性もある．

これらの諸要因は必ずしもお互いに排他的なものではなく，むしろ個別の要因を厳密に識別するのは容易でないのが一般的である．本章ではこの点には立ち入らないで，しかしあくまでもそれらを意識しながら，日本の金融政策の歴史を評価する．この際に，主要な研究課題を以下の2段階で考える．第1は，事前的な観点から政策発動の目標を探ることである．第2は，そうして意図された政策が，確かに事後的にも実行されたか否かを確認することである．第1段階の課題は，従来の研究と対応させるならば，目的意識の上ではいわば政策の反応関数の推計を試みることに相当する．日本の金融政策については，古くは貝塚(1967)や釜(1987)を始めとして，Bryant(1990)，地主(1992)，小川(1994)，田中(1994)，吉野・義村(1997)等が反応関数を推計しているが，ここでの分析手法はこれら一連の業績とはかなり異なったものとなっている[2]．第2段階の課題は，いわば政策の制御可能性を考察するものである．

第1段階の課題については，より詳しくは以下のアプローチ法を考える．まず，日本の金融政策について，その基本スタンスを緩和期，中立期，引締期に分類する．政策スタンスの分類は，具体的には次の手順によってなされる．すなわち，公定歩合が切り下げられた時期が緩和期，逆に切り上げられた時期は引締期，一定にとどめられた場合は中立期とする．次いで，分類された基本スタンスに影響を与えたのは，政策目標となるどのようなマクロ経済変数の専らの変動であったのかを，歴史的および統計的観点から分析する．

2)　本章と同様な問題意識から公定歩合政策の決定要因を分析したものに渡辺(1995)があるが，本章の可変パラメータ・モデルとは異なり固定パラメータ・モデルになっている．

このような分析の前提となるのは，マクロ安定化政策の目標に比べて政策手段の数が不足しており，すべての目標を同時に達成することは不可能という認識である．すると，ティンバーゲンの定理(Tinbergen 1952)を援用すれば，政策当局は何らかの基準によって優先すべき政策目標を決めなければならないわけである．もちろん，政策目標となるマクロ経済諸変数は必ずしも常にトレード・オフ関係にあったり独立であるわけではなく，なかには1つの目標達成と同時に他の目標も自動的に達成されてしまう可能性もあり，この点の確認も必要である．

第2の課題は，事前的に意図された政策が確かに実行されたか否かを追試するためのものである．これは，第1の課題として考察する政策の基本スタンスは，専ら政策方針の表明という形でのアナウンスメント効果を重視して分類するために，その実現性についてはオープンのままとなっているからである．ただし，第2の課題は政策そのものの効果については，特に問題としていないことに注意しなければならない．この点はいわば政策分析の第3段階の課題であり，本章の分析にとっては対象外となっている．次章では，主に財政政策について政策効果が発揮されるまでのラグを計測するが，その際同様の手法を金融政策についても適用し，この課題に応えることにする．

本章の以下の構成は次の通りである．まず第1節では，本章での実証研究のもととなる基本モデルを提示する．このモデルは，①ベイジアン流に可変パラメータの推定を目的とする，②質的データを取り扱う，という2つの理由からパラメータの推定過程はかなり複雑なものとなる．本節では，この統計モデルの概要を説明する．第2節では金融政策の基本スタンスの捉え方と政策目標の候補を議論する．より具体的には，政策の基本スタンスを表す質的データの構築について説明し，次いで対象期間における相関係数を調べることによって，政策目標となるマクロ経済変数間の独立性をチェックする．

第3節は本章の中心部分であり，日本の金融政策の政策目標を識別する実証分析を展開する．政策当局にとっての政策目標の歴史的推移を，統計的な基準によって判断するのが主目的となる．まず，本章で導入した統計モデルの推計過程について説明し，次いでその具体的な推計結果を報告する．得られた推計結果の解釈にあたっては，統計モデルから識別された政策目標と日本銀行が公定歩合の変更時に公表する公式見解と比較し，両者の関係を議論する．さらに本節では，推計された統計モデルに基づいて，公定歩合が引き上げられたり引き下げられる確率を計算する．

第4節では，事前的な政策意図と事後的な政策との整合性を調べることによって，政策手段の制御可能性を考察する．具体的には，まず貨幣乗数の予測可能性を検証し，ハイパワード・マネーとマネーサプライの間に安定的関係が存在するか否かをみる．ついで，公定歩合の変更方向とマネーサプライの成長率との関係を調べ，マネーサプライが金融政策の基本スタンスと整合的な動きを示してきたか否かを検証する．これらの結果を基に，日本銀行にとっての政策手段の制御可能性を評価する．

1　統計モデル

本節では，実証研究のもととなる基本的統計モデルの考え方について説明する．端的には，ここで展開する統計モデルは，ベイジアン流の逐次再生的(recursive)な手法に従って，可変パラメータの推定を行うものである．モデルが質的データの分析を目的とすることから，推定すべきパラメータの非線形性の問題が生じ，例えばカルマン・フィルター法などこの分野の既存の手法を直接利用することはできない．

1.1　統計モデル

政策の基本スタンスを表す変数の時系列データを y_t とする．この変数は，政策が緩和・拡張，中立，引締・緊縮に応じてそれぞれ 1, 0, -1 をとるような質的データとする．また，$\boldsymbol{X}_t$ を政策目標となる K 個のマクロ経済変数からなる行ベクトルを表すものとし，$\boldsymbol{X}_t$ からのシグナルによって t 期における政策当局の基本スタンスが決定されるものと考える．

π_{1t} と π_{2t} を，それぞれ $y_t=1$ および $y_t=-1$ となる確率とする．この時，生起事象に関しての対数オッズ(log-odds)を，$\boldsymbol{X}_t$ の線形関数で表せるものと特定化する.

$$\log[\pi_{1t}/(1-\pi_{1t})] = \alpha_{1t}+\boldsymbol{X}_t\boldsymbol{\beta}_t, \tag{1}$$

$$\log[\pi_{2t}/(1-\pi_{2t})] = \alpha_{2t}-\boldsymbol{X}_t\boldsymbol{\beta}_t, \tag{2}$$

ただし, α_{1t}, α_{2t}, および β_t は未知パラメータである. (1), (2)式より

$$\pi_{1t} = \exp(\alpha_{1t}+\boldsymbol{X}_t\boldsymbol{\beta}_t)/[1+\exp(\alpha_{1t}+\boldsymbol{X}_t\boldsymbol{\beta}_t)], \tag{3}$$

$$\pi_{2t} = \exp(\alpha_{2t}-\boldsymbol{X}_t\boldsymbol{\beta}_t)/[1+\exp(\alpha_{2t}-\boldsymbol{X}_t\boldsymbol{\beta}_t)], \tag{4}$$

となり, したがって $y_t=0$ の確率は

$$1-\pi_{1t}-\pi_{2t} = \frac{1-\exp(\alpha_{1t}+\alpha_{2t})}{[1+\exp(\alpha_{1t}+\boldsymbol{X}_t\boldsymbol{\beta}_t)][1+\exp(\alpha_{2t}-\boldsymbol{X}_t\boldsymbol{\beta}_t)]}. \tag{5}$$

と計算される. (5)式より, 確率が非負であるためには $\alpha_{1t}+\alpha_{2t}\leqq 0$ という制約が課されることになる.

次に, q_{1t} を $y_t=1$ の時 $q_{1t}=1$, そして $y_t=0$ または $y_t=-1$ の時 $q_{1t}=0$ となる確率変数とする. 同様に, $y_t=-1$ の時に $q_{2t}=1$, そして $y_t=1$ または $y_t=0$ の時 $q_{2t}=0$ となる確率変数 q_{2t} を導入する. さらに, 記号の簡略化のために, ベクトル $\boldsymbol{\Theta}'_t=(\alpha_{1t}, \alpha_{2t}, \boldsymbol{\beta}'_t)$ によって未知パラメータを代表させよう. すると, (3)-(5)式を用いると, q_{1t} と q_{2t} の結合確率密度関数は以下のように表せる.

$$f_t(q_{1t}, q_{2t};\boldsymbol{\Theta}_t) = \left[\frac{\exp(\alpha_{1t}+\boldsymbol{X}_t\boldsymbol{\beta}_t)}{1+\exp(\alpha_{1t}+\boldsymbol{X}_t\boldsymbol{\beta}_t)}\right]^{q_{1t}}$$
$$\left[\frac{1-\exp(\alpha_{1t}+\alpha_{2t})}{\{1+\exp(\alpha_{1t}+\boldsymbol{X}_t\boldsymbol{\beta}_t)\}\{1+\exp(\alpha_{2t}-\boldsymbol{X}_t\boldsymbol{\beta}_t)\}}\right]^{1-q_{1t}-q_{2t}}$$
$$\left[\frac{\exp(\alpha_{2t}-\boldsymbol{X}_t\boldsymbol{\beta}_t)}{1+\exp(\alpha_{2t}-\boldsymbol{X}_t\boldsymbol{\beta}_t)}\right]^{q_{2t}}. \tag{6}$$

(6)式では, $f_t(1, 0;\boldsymbol{\Theta}_t)=\pi_{1t}, f_t(0, 1;\boldsymbol{\Theta}_t)=\pi_{2t}$, そして $f_t(0, 0;\boldsymbol{\Theta}_t)=1-\pi_{1t}-\pi_{2t}$ となることを確認しておこう.

1.2　可変パラメータ

さて, ここでの関心は未知パラメータを推定することであるが, この際に既に一貫して $\boldsymbol{\Theta}_t$ と表記してきたように, パラメータが時間 t とともに変動する可能性を考慮する. これは, 政策当局が政策目標となるマクロ諸

変数から全く同じシグナルを得たとしても，時間とともに反応が異なったものとなる可能性を認めるものである．例えば，政策当局に過去の政策発動の経験からの学習効果があるとするならば，むしろ反応が不変と想定することの方が不自然であろう．

いま，真のパラメータ値は次式に従って変動するものと前提する．

$$\boldsymbol{\Theta}_t = \boldsymbol{\Theta}_{t-1} + \boldsymbol{\varepsilon}_t, \qquad \boldsymbol{\varepsilon}_t \sim N(\boldsymbol{O}, \boldsymbol{\Omega}), \tag{7}$$

ただし，$\boldsymbol{\varepsilon}_t$ は $(2+K)$ 次元の正規分布に従う確率変数であり，$\boldsymbol{\Theta}_{t-1}$ とは独立であり，その平均値ベクトルは $\boldsymbol{O}$ とする．分散共分散行列 $\boldsymbol{\Omega}$ は時間を通じて一定であり，理論的には既知とする．なお，この定式化によると，すべてのパラメータが経時的に一定となるのは，$\boldsymbol{\Omega}=\boldsymbol{O}$ の場合ということになる．

1.3　事前分布

可変パラメータ・モデルの推定を行うには，ベイジアン流の事前確率の導入が必要となる．事前確率はいわば主観的なものであり，それをどのようなものに設定するかについては，必ずしも統一的な見解があるわけではない．ここでは(7)式の成立を前提とすることから，未知パラメータの期間 t における事前確率を，以下の正規分布によって与えられるものとするのが整合的と考えられる．

$$\boldsymbol{\Theta}_t \sim N(\hat{\boldsymbol{\Theta}}_{t-1}, \hat{\boldsymbol{\Sigma}}_{t|t-1}), \tag{8}$$

ここで，$\hat{\boldsymbol{\Theta}}_{t-1}$ は前期に推定された平均値ベクトルを表し，分散共分散行列は

$$\hat{\boldsymbol{\Sigma}}_{t|t-1} = \hat{\boldsymbol{\Sigma}}_{t-1|t-1} + \boldsymbol{\Omega}, \tag{9}$$

で与えられるものとする．(9)式の右辺第 1 項は $\boldsymbol{\Theta}_{t-1}$ の事後分布の分散共分散行列であり，具体的な形については t 期のそれについて(12)式として導出する．

さて，以上を前提とすると，ベイズの定理より $\boldsymbol{\Theta}_t$ の事後分布の密度関数は

$$L(\boldsymbol{\Theta}_t) = f_t(q_{1t}, q_{2t}; \boldsymbol{\Theta}_t)(2\pi)^{-(2+K)/2}\det[\hat{\boldsymbol{\Sigma}}_{t|t-1}]^{-1/2} \exp[-1/2\{(\boldsymbol{\Theta}_t - \hat{\boldsymbol{\Theta}}_{t-1})' \hat{\boldsymbol{\Sigma}}_{t|t-1}^{-1}(\boldsymbol{\Theta}_t - \hat{\boldsymbol{\Theta}}_{t-1})\}], \tag{10}$$

と比例的であり，比例乗数は $\boldsymbol{\Theta}_t$，$\hat{\boldsymbol{\Theta}}_{t-1}$，および $\hat{\boldsymbol{\Sigma}}_{t|t-1}$ とは独立である．したがって，(10)式を $\boldsymbol{\Theta}_t$ に関して最大化することによって，ベイジアン流の最大密度推定値 $\hat{\boldsymbol{\Theta}}_t$ が得られる．この時，詳しくは浅子・加納(1989)で示されているように，$\boldsymbol{\Theta}_t$ の事後分布は以下の正規分布によって近似される．

$$\boldsymbol{\Theta}_t \sim N(\hat{\boldsymbol{\Theta}}_t, \hat{\boldsymbol{\Sigma}}_{t|t}), \tag{11}$$

ただし

$$\hat{\boldsymbol{\Sigma}}_{t|t} = -\left[\left.\frac{\partial^2 \log L(\boldsymbol{\Theta}_t)}{\partial\boldsymbol{\Theta}_t \partial\boldsymbol{\Theta}_t'}\right|_{\boldsymbol{\Theta}_t=\hat{\boldsymbol{\Theta}}_t}\right]^{-1}. \tag{12}$$

である．

したがって，出発時点でのパラメータの事前分布に関して $\hat{\boldsymbol{\Theta}}_0$ と $\hat{\boldsymbol{\Sigma}}_{0|0}$ が指定され，かつ(仮定によって既知の)分散共分散行列 $\boldsymbol{\Omega}$ が特定化されれば，その後のパラメータの推計値とその分散共分散行列は逐次再生的に推定可能となる．もっとも，実際の推計作業においては，$\boldsymbol{\Omega}$ 自体も何らかの客観的基準に基づき推定されなければならない．パラメータ $\boldsymbol{\Theta}_t$ が経時的に不変か否かの判断は，原理的にはそうして推定された $\boldsymbol{\Omega}$ についての仮説検定次第ということになる．

2　政策の基本スタンスと政策目標

本節では，実証研究を進めるに当たって必要な金融政策の基本スタンスの決定，および政策目標となるマクロ的経済変数のリストについて説明する．政策目標間の独立性についても考察する．

2.1　質的データの構築

金融政策の基本スタンスを表す質的データは，以下の手順によって構築した．いま t 期において，政策当局が新たにないし追加的に，政策変更をアナウンスないし実行したとする．この際に，もしその政策が緩和・拡張的ならば $y_t=1$，逆に引締・緊縮的ならば $y_t=-1$ とする．どちらでもなければ，基本スタンスは自動的に中立的であるものとし，$y_t=0$ とする．

したがって，変数 y_t は政策の状態(state of policy)を代表したものというよりも，どちらかといえば裁量的積極主義(discretionary activism)を反映したものと解釈したほうがよいかもしれない．

こうした基準には批判も予想される．例えば，いま長い中立期の後に，t 期に至って永続的な一回限り(once and for all)の拡張政策が採られたものとする．この時われわれの基準では，$y_t=1$，およびすべての $j \geqq 1$ に対して $y_{t+j}=0$ となる．これに対して，上の政策変更については，すべての $j \geqq 0$ に対して $y_{t+j}=1$ とする判断基準の方が，より基本スタンスを代表するという見解もあろう．後者は政策変数の水準(状態)を反映したものである．

しかしながら，政策の状態によって基本スタンスを判別すると，その判断には恣意性が入り込むことになる．これを端的に見るために，上の例において t 期に続いて $t+1$ 期に更なる拡張政策がなされ，$t+2$ 期には t 期の水準に戻り，その後は何ら政策の変更はないものとしよう．すると，われわれの基準では，$y_t=1, y_{t+1}=1, y_{t+2}=-1, y_{t+j}=0(j \geqq 3)$，となる．これに対して，水準をもとにした分類では，$y_t=1$ とすると，すべての $j \geqq 1$ に対して $y_{t+j}=1$ となり，また仮に $y_t=0, y_{t+1}=1$ とすると，$t+2$ 期以降はすべて $y_{t+j}=0$ となってしまう．水準を基準とする場合には，境界をどこにとるかの判断が決定的に重要なわけである．

一般に，われわれの基準では，緩和政策をとりやめる政策は機械的に引締政策と見なしてしまい，逆もまた真である．他方，政策の転換は初期時点で敏感に反映する．これらの短所・長所は，政策の状態を基準とした場合と対照的である．本来理想的には，政策の状態と裁量的積極主義の両者を斟酌して，政策の基本スタンスが判断されるべきであろう．しかし，その判断には恣意性の入り込む余地は残る．これを回避できるのがわれわれの基準の最大のメリットであり，本章であえて裁量的積極主義にこだわる理由でもある．その良否は，分析結果で判断されざるをえないであろう．

さて，金融政策の基本スタンスは，公定歩合の変更をもとに分類する．すなわち，公定歩合の切り下げがあった場合は緩和($y_t=1$)，切り上げがあった場合は引締($y_t=-1$)，変更がなかった場合には中立($y_t=0$)，である．このような分類法を支持するものとしては，少なくとも以下の3つの理由が考えられる．

第1は，公定歩合の操作は金融当局が必要と認めた場合には，直接的かつタイムリーに実行できることである．第2は，公定歩合操作には民間経済主体に対するアナウンスメント効果があり，金融当局の基本スタンスの判断材料として実際に利用されてきたことである．そして第3は，日本の金融政策の手段としては，最近時を除くと，歴史的には教科書的な公開市場操作や準備率操作はほとんどかえりみられず，むしろ短期インターバンク市場への介入や市中銀行に対する貸出額枠規制(窓口指導)や道徳的説得が中心的な役割を演じてきたとされている[例えば，鈴木(1984)，吉川(1996)，星(1997, 2000)]．すると，本来それらの動向をもとに基本スタンスを判断するのがより適切ということにもなるが，周知のようにそれらに関しての客観的な分析は困難を伴う．したがって，むしろ公定歩合政策に焦点を絞り，量的手段による伝播経路は金融政策の制御可能性との関連で議論するのが正道となろう．

以上，政策の基本スタンスの判断には困難が伴うことも指摘したが，とりあえずわれわれの基準に従って，1967年から93年までの四半期ベースをもとに，金融政策(MP)の基本スタンスを求めたのが表7-1である[3]．なお，以下の分析は四半期ベースのデータを用いるために，その四半期中に一度でも当該政策が公表ないし発動された場合を，政策の基本スタンスの判断基準とした．幸いに，対象期間においては，同一四半期中に逆方向の政策転換(例えば公定歩合の切り上げと切り下げ)が共存したことはなく，その期間をどちらに分類するかという意味での恣意性からも自由である．表7-1では，参考までに景気基準日付け(経済企画庁)に基づく景気後退期を，“*”印によって表示してある．

---

3)　ここでの対象とするサンプル期間の選択は，もともと本章の基本部分がAsako and Kanoh (1997)の実証分析に基づくことによるが，第4節では最近時までのデータを用いた実証分析を行う．

表 7-1　金融政策の基本スタンス

1967:1	0	1976:1	0	1985:1	0
2	0	2	0	2*	0
3	−1	3	0	3*	0
4	0	4	0	4*	0
1968:1	−1	1977:1*	1	1986:1*	1
2	0	2*	1	2*	1
3	1	3*	1	3*	0
4	0	4*	0	4*	1
1969:1	0	1978:1	1	1987:1	1
2	0	2	0	2	0
3	−1	3	0	3	0
4	0	4	0	4	0
1970:1	0	1979:1	0	1988:1	0
2	0	2	−1	2	0
3*	0	3	−1	3	0
4*	1	4	−1	4	0
1971:1*	1	1980:1*	−1	1989:1	0
2*	1	2*	0	2	−1
3*	1	3*	1	3	0
4*	1	4*	1	4	−1
1972:1	0	1981:1*	1	1990:1	−1
2	1	2*	0	2	0
3	0	3*	0	3	−1
4	0	4*	1	4	0
1973:1	0	1982:1*	0	1991:1	0
2	−1	2*	0	2*	0
3	−1	3*	0	3*	1
4*	−1	4*	0	4*	1
1974:1*	0	1983:1*	0	1992:1*	0
2*	0	2	0	2*	1
3*	0	3	0	3*	1
4*	0	4	1	4*	0
1975:1*	0	1984:1	0	1993:1*	1
2	1	2	0	2*	0
3	1	3	0	3*	1
4	1	4	0	4*	0

注 1)　"1"＝緩和・拡張スタンス，"0"＝中立スタンス，"−1"＝引締・緊縮スタンス．
2)　＊印は景気後退期を示す．

2.2 政策目標の数

マクロ安定化政策の目標としては，教科書的な説明では，ほぼ必ず国内均衡と対外均衡の達成がとり上げられる．ここでも基本的には同様の考え方にたつが，より細分化して，x_1＝実物経済の活動水準，x_2＝インフレーション，x_3＝経常収支の不均衡，x_4＝為替レート，そしてx_5＝累積国債残高，の5つの要因を考慮する[4]．大雑把には，x_1, x_2，およびx_5が国内均衡要因，そしてx_3とx_4が対外均衡要因といえよう．政策当局は，これらのマクロ変数の安定化を図るように，金融政策の基本スタンスを決定するものと考えるわけである．もちろん，これらのリストが最善である必然性はなく，例えば利子率やマネーサプライ，あるいは石油価格の動向とかが政策当局の政策方針に影響を及ぼしていると主張する向きもあろう．この点については，われわれも明確な基準を設けているわけではないが，一応ここでとり上げている政策目標は，いわば最終目標(final goals)ないしそれに近いものであると見なしている．

すなわち，中間目標(targets)や指標(indicators)となる経済変数は除外して考えている．利子率やマネーサプライはあくまでも最終目標の代理変数としての中間目標であり，ここではこれらはむしろ政策手段の範疇に分類し，それらの動向は制御可能性との関連で考察する．石油価格の影響等についても，それ自体が問題なのではなく，インフレーションや経常収支に及ぼす影響を通して，間接的に考慮されるものと考える．もちろん，金融政策によって石油価格を直接安定化するのは不可能に近い，という判断も働いている．利子率については，以下の特殊事情についても説明しておこう．

すなわち，日本の金融市場は(少なくとも本章の分析対象となる期間においては)規制市場という色彩が強く，金利の変動は公定歩合に連動したものであった[例えば，浅子・内野(1987)]．したがって，利子率を政策目標に加えることは，われわれの分析にとっては正道ではなくなってしまう可能性

---

4)　浅子・加納(1989)では，対外政策協調要因として米国金利を加えて6つの政策目標を考察している．なお，何を金融政策の政策目標とすべきかについての最近の議論として，日本銀行金融研究所(1995)のワークショップを参照されたい．

が生じる．そもそも政策を反映したものによって，政策スタンスの決定を説明することは，公平性を欠いたものとなってしまうであろう[5]．

各政策目標要因として，実際に選んだ変数は以下の通りである．

$x_1=DG$: 実質 GNP の成長率(対前年同期比)

$x_2=DP$: GNP デフレーターの上昇率(対前年同期比)

$x_3=CA$: 名目経常収支赤字/名目 GNP

$x_4=EX$: 円/ドル・レート(対前期対称変化率[6])

$x_5=GB$: 名目国債残高/名目 GNP(当期と過去 3 四半期の移動平均)

これら総ての原データ(未季調済)は，日本経済新聞社の NEEDS データベースから採った．加工された各データは，更に 1966 年の第 1 四半期から 93 年の第 3 四半期までの 111 四半期について，平均が 0，分散が 1 となるように標準化した．この標準化は，各政策目標の次元の違いを調整し，定量的な比較に意味があるようにしたものである．

なお，政策の基本スタンスを決定すべき政策目標のデータは，当期のものであり，特別ラグは導入していない．分析が四半期データに基づくこと，および被説明変数が質的データであるために，データ・ラグの問題がそれほど重要と思われないことが根拠となっている．さらに，ラグ無しの場合の方がラグを導入した場合よりも，相対的に推定結果が良好だったことも判断材料となったことを付記しておく．

2.3　政策目標の独立性

標準化された 6 つの政策目標変数の 1968 年第 2 四半期から 93 年第 3 四半期についての歴史的動向は，図 7-1 と図 7-2 にそれぞれ 3 系列と 2 系列プロットしてある．さらに，表 7-2 は同期間における政策目標相互の相関係数を算出したものである．各政策目標変数は，標準的な経済理論が引締ないし緊縮的な政策スタンスを発動するような場合に，解析的に大きな値をとるように選択してある．したがって，政策目標間に負の相関が認めら

---

5)　ただし，厳密には利子率水準とその差分という違いはあり，両者は数学的には別個の変数である．

6)　x_t の対称変化率は，$(x_t-x_{t-1})/2(x_t+x_{t-1})$ で定義される．

表 7–2　政策目標間の相関係数

	DG	*DP*	*CA*	*EX*
DP	−0.031			
CA	0.141	0.556		
EX	0.069	0.111	0.300	
GB	−0.512	−0.676	−0.535	−0.093

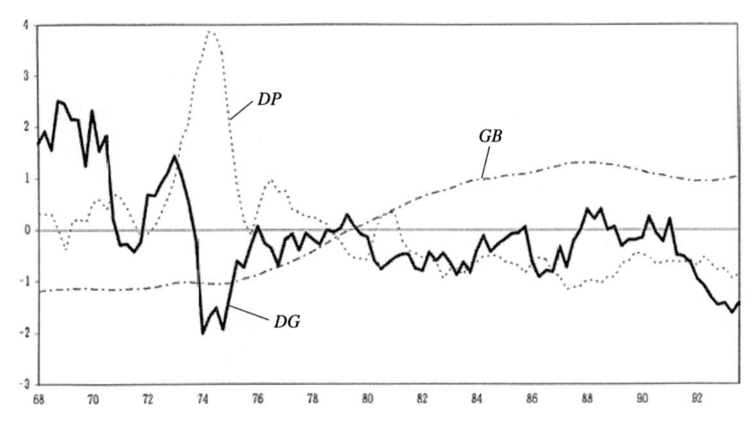

図 7–1　標準化された *DG*, *DP*, *GB*

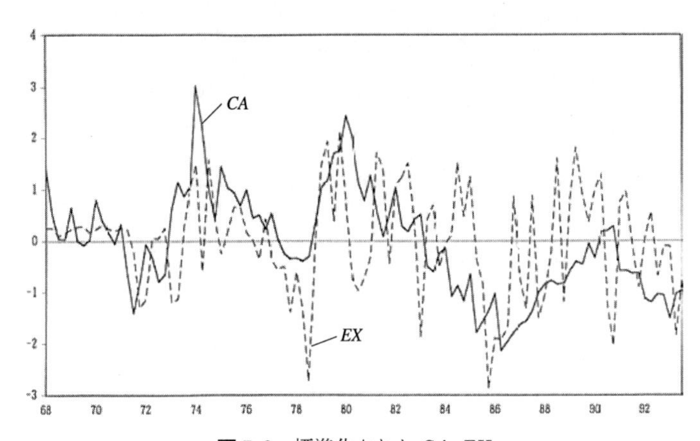

図 7–2　標準化された *CA*, *EX*

れるならば，それらの政策目標はお互いにトレード・オフの関係にあることが示唆される．もしトレード・オフが存在するならば，政策当局としてはそれらを同時に安定化することはできない．逆に，政策目標間に正の相関がある場合は政策当局にとっては好都合であり，1つの目標のみを注視していたとしても，他の目標も同時に達成されることになる．

まず，相関係数が負の関係をみると，(*DG*, *GB*)，(*CA*, *GB*)，および(*DP*, *GB*)の組合せが比較的大きな負の相関を示している．図7-1から観察されるように，実質GNP成長率(*DG*)，経常収支の赤字(*CA*)，およびインフレ率(*DP*)には1970年代と80年代で変動パターン(特に振幅)に顕著な相違がある．同時に，図7-1から明らかなように，累積国債残高(*GB*)にはサンプル期間の前半と後半で大きな水準訂正が観察される．すなわち，これらの負の相関は，どちらかといえば長期的な動向を反映したものと判断される．他の先進諸国同様日本でも長期トレンドとして「大きな政府」への路を歩んできた経緯があり，マクロ安定化政策のスタンスによらず，長期的には国債残高が累積してきた．したがって，短期的に拡張政策が望まれ財政赤字が増大するような場合に，長期的視野からの財政再建努力とトレード・オフ関係になる．

次に，相関係数が正の関係をみよう．表7-2からは(*DP*, *CA*)，そしてやや有意性は低下するが(*CA*, *EX*)が，こうした好ましい関係にあるといえよう．インフレ率と経常収支赤字の正相関には，図7-1と図7-2から明らかなように，第1次石油ショック時の貢献が大である．他方，経常収支赤字と為替レートの減価率との間の正の相関は，為替レートに経常収支の不均衡を調整する役割を認める通常の経済理論で説明される．

以上，政策目標間の相関についてみてきたが，表7-2から窺えるその他の特徴ないし注意すべき点として以下の3点をあげておこう[7]．まず第1は，実質GNP成長率(*DG*)は累積国債残高(*GB*)との負の相関を除くと，他のどの政策目標とも統計的にはほぼ無相関なことである．さらに，(*DP*, *EX*)，(*EX*, *GB*)，そして程度が弱まるものの(*CA*, *GB*)も，ほぼ独

7)　浅子・加納(1989)のサンプル期間(1968:2–86:2)についても，表7-2とほぼ同様の相関関係が認められる．ただし，(*CA*, *DB*)については負ではあるが有意性は低い．

立な政策目標の組合せになっている．したがって，総合判断すると，政策目標間の事後的相関係数はそれほど大きくなく，実際の推計作業を行う際には良いサインが見られることである．

第2に，とはいえ表7-2で計算された相関関係は事後的な観察結果であって，必ずしも政策効果を除去した後のものではないことである．したがって，政策目標間の相関の有無自体が政策変化によってもたらされた可能性も含めて，十分注意する必要がある．これは，政策効果の内生性を問題としており，政策発動による民間経済主体の反応の変化を指摘したルーカスの批判の1つの例になっていることである．

第3は，第2の点とも関連するが，政策目標の状態と政策変化のタイミングについて付言しておこう．ここでの統計モデルでは，金融政策の基本スタンス y_t と政策目標となる変数 $\boldsymbol{X}_t$ は同じ四半期のデータを基に構築されている．すなわち，同時期の政策目標の動向を眺めながら，金融当局がその期の政策スタンスを決定していると想定している．しかし，現実には，データ収集上のタイムラグがあり，基本スタンスと政策目標となる変数にもタイムラグがある．例えば y_t の決定には $\boldsymbol{X}_{t-1}$ が関与している可能性もある．

実際，ここでのデータの構築法では，円・ドルレートの対称変化率(EX)を除く4つの政策目標変数すべてに直接・間接に国民経済計算で求められるGNPやGNPデフレーターの情報が必要であり，四半期ベースではその利用可能性には1から2四半期のタイムラグが関与せざるを得ない．しかしながら，金融政策が発動されるときに，経済現況や将来の経済事情を予測しながら行うのも確かであり，四半期ベースではタイムラグの問題は大きな障害とならないとの観察もある．

また，民間セクターの期待形成を読みながら政策メニューを選択すると考えると，観察された $\boldsymbol{X}_t$ が同じとしても，その時その時の政策発動が異なる可能性もある．ここでは，こうした課題はまさに時代とともに政策反応が変化する可能性を許した可変パラメータ・モデルで把握されるものと考えている．さらに，政策発動が当期の政策目標に影響を及ぼす同時内生性の問題もある．しかしながら，円・ドルレートに対する効果を除けば，幸か不幸か金融政策が実体経済やインフレーションに及ぼす外部ラグ(lag in effect)は相対的に長いことが知られている．したがって，金融政策の外部ラグが少なくとも1四半期以上にわたるとすれば，典型的には，y_{t-1} から $\boldsymbol{X}_t$，そして $\boldsymbol{X}_t$ から y_t への因果関係が認められ，同時性によるバイアスの問題は軽減されると考えられる．

3　推計過程と推計結果

本節では，第2節で展開した統計モデルの具体的推計過程や推計結果の解釈を展開する．まず，本章で展開した統計モデルの具体的推計過程について説明し，次いでその推計結果を多面的に解釈する．さらに本節では，推計された統計モデルに基づいて，公定歩合が引き上げられたり引き下げられる確率を計算し，その予測力を評価する．

3.1　事前分布と推計過程

ここでの統計モデルは，モデルの推計に際し事後的データからの情報に加え，先見的な理論的情報(事前分布)も加味するという意味で，ベイジアン(Beyesian)の立場をとっている．一般に，ベイジアン流の推計作業を進めるに当たっては，特定化すべきパラメータを実際にどのようにして特定化するかは，常に議論の対象となる．理論的な観点からは，望ましい方法が議論されていないわけではないが，文字通りそれを実行するのは至難の技であり，プラクティカルではない．現在まで，どちらかと言えばケース・バイ・ケースの対処がなされてきている所以でもある．ここでも，基本的にはわれわれ独自の方法を採用することになるが，もちろんその際にできるだけ恣意性を排除することに心掛けた．一般に，初期パラメータ値 $\hat{\boldsymbol{\Theta}}_0$ については，データが追加されるに従いその影響は急速に減衰することがしられており，比較的問題は少ない．しかしながら，選択された分散が及ぼす影響についての特性はよくしられていない．したがって，$\hat{\boldsymbol{\Sigma}}_{0|0}$ と $\boldsymbol{\Omega}$ の選択については，とりわけ客観性が要求される．

われわれの選択基準は以下の通りである．まず，パラメータを不変と仮

定して，通常のノンベイジアンの最尤法により推計を行う．これは，(6)式を総てのサンプル期間(t=1からT)について掛け合わせたものを，$\boldsymbol{\Theta}$について最大化して求める．求めた最尤推定値を$\hat{\boldsymbol{\Theta}}_0$，また最尤法により推定される不変パラメータの分散共分散行列を$\hat{\boldsymbol{\Sigma}}_{0|0}$と置き，それぞれ確定する．

$\boldsymbol{\Omega}$については，全サンプル期間(t=1からT)についての，

$$\sum_{t=1}^{T}\{\log L(\hat{\boldsymbol{\Theta}}_t)+\frac{1}{2}\log(\det[\hat{\boldsymbol{\Sigma}}_{t|t}])\} \tag{13}$$

を最大にするような$\boldsymbol{\Omega}$を採用する．詳しくは浅子・加納(1989)に示されているが，(13)は近似的に$\boldsymbol{\Omega}$の尤度関数の対数値をとったものとなっている．もっとも，$\boldsymbol{\Omega}$は$(2+K)$次元の対称行列であるから，未知パラメータの数は合計$(2+K)(3+K)/2$個あり，Kが大きい場合には，このままでは最適な$\boldsymbol{\Omega}$を求めるのは不可能に近い．

そこで，まず暫定的に$\boldsymbol{\Omega}=\boldsymbol{O}$と前提し，上で確定した$\hat{\boldsymbol{\Theta}}_0$と$\hat{\boldsymbol{\Sigma}}_{0|0}$を事前分布の初期パラメータとして，準備的なベイジアン推定を行う．この時の最終サンプル期間の分散共分散行列を$\hat{\boldsymbol{\Sigma}}_{T|T}$として，

$$\boldsymbol{\Omega} = \lambda\,\mathrm{diag}[\hat{\boldsymbol{\Sigma}}_{T|T}], \tag{14}$$

とする．ただし，λは非負の定数であり，$\mathrm{diag}[\boldsymbol{\Sigma}]$は$\boldsymbol{\Sigma}$の対角要素のみを残し，非対角要素は総て0とした対角行列である．ここで，$\boldsymbol{\Omega}$として対角要素のみを考えるのは，(7)式で与えられたパラメータの推移式において，各パラメータは独立に変動すると想定することに対応する．以上のステップをふむと，$\boldsymbol{\Omega}$はλを特定化することによって一義的に決定されることになり，$(2+K)(3+K)/2$個の未知パラメータの選択問題が1変数の選択問題に還元されたことになる．言うまでもなく，最適なλは(13)の値を最大化するものである[8]．

8）具体的な最大化は，コンピューター(FACOM)に内蔵された多変数関数の極大化プログラム(微係数不要，改訂準ニュートン法)を用いた数値解析によった．なお，数値計算の際の初期値としては，ノンベイジアンの最尤法では$\boldsymbol{\Theta}=(-1,-1,0,0,0,0,0)$を，またベイジアンの可変パラメータ・モデルの推定では，前期の推定値を採用した．収束条件はプログラム内蔵のものをそのまま採用し，特別なオプションは設定しなかった．

表 7-3　ベイジアン(可変パラメータ)推定値

	α_1	α_2	$\beta_1(DG)$	$\beta_2(DP)$	$\beta_3(CA)$	$\beta_4(EX)$	$\beta_5(GB)$
1968:1	−2.06(−0.94)	−2.37(−1.08)	−1.32(−0.76)	0.21 (0.07)	−1.11(−0.81)	−0.07(−0.02)	−0.95(−0.45)
3	−1.36(−0.63)	−2.35(−1.07)	−0.46(−0.28)	1.05 (0.37)	−1.98(−1.51)	−1.02(−0.33)	−0.84(−0.40)
1969:1	−1.62(−0.76)	−2.54(−1.18)	−0.20(−0.18)	0.25 (0.11)	−1.99(−1.60)	−1.05(−0.34)	−0.68(−0.35)
3	−1.49(−0.71)	−2.29(−1.07)	−0.69(−0.65)	−0.51(−0.22)	−1.25(−1.06)	−1.68(−0.55)	−0.92(−0.47)
1970:1	−1.76(−0.85)	−2.33(−1.11)	−0.46(−0.46)	0.15 (0.07)	−1.13(−1.01)	−1.79(−0.59)	−0.69(−0.36)
3	−1.84(−0.89)	−2.50(−1.19)	−0.50(−0.50)	0.35 (0.17)	−1.22(−1.10)	−1.76(−0.58)	−0.74(−0.39)
1971:1	−1.18(−0.59)	−2.98(−1.45)	−1.33(−1.66)	1.56 (0.81)	−1.37(−1.26)	−1.63(−0.54)	−1.46(−0.80)
3	−1.10(−0.55)	−3.08(−1.51)	−1.42(−1.82)	1.52 (0.76)	−1.50(−1.45)	−1.65(−0.55)	−1.58(−0.89)
1972:1	−1.31(−0.66)	−2.96(−1.46)	−1.44(−1.82)	1.64 (0.79)	−1.55(−1.51)	0.23 (0.15)	−1.32(−0.76)
3	−1.20(−0.61)	−3.05(−1.52)	−1.64(−2.04)	0.88 (0.42)	−1.28(−1.38)	0.36 (0.24)	−1.45(−0.84)
1973:1	−1.32(−0.68)	−3.12(−1.56)	−1.75(−2.23)	0.52 (0.32)	−1.10(−1.26)	0.11 (0.09)	−1.55(−0.90)
3	−1.19(−0.61)	−3.06(−1.53)	−1.62(−2.04)	−1.77(−1.82)	−1.36(−1.61)	0.04 (0.04)	−1.71(−1.00)
1974:1	−1.00(−0.52)	−3.22(−1.61)	−1.96(−2.68)	−1.62(−1.75)	−1.00(−1.30)	0.25 (0.27)	−1.80(−1.05)
3	−1.14(−0.59)	−3.23(−1.63)	−2.06(−2.78)	−1.31(−1.76)	−1.07(−1.47)	−0.02(−0.02)	−1.91(−1.12)
1975:1	−1.23(−0.64)	−3.28(−1.66)	−1.98(−2.69)	−1.62(−1.92)	−1.05(−1.52)	0.07 (0.10)	−1.87(−1.10)
3	−0.68(−0.37)	−3.71(−1.92)	−2.23(−3.11)	−1.81(−1.81)	−0.81(−1.23)	0.14 (0.19)	−1.84(−1.08)
1976:1	−0.77(−0.43)	−3.70(−1.96)	−2.31(−3.17)	−1.95(−1.73)	−0.87(−1.37)	0.18 (0.24)	−1.94(−1.15)
3	−1.13(−0.65)	−3.44(−1.88)	−2.29(−3.09)	−2.31(−1.96)	−0.88(−1.39)	0.24 (0.32)	−2.17(−1.31)
1977:1	−0.89(−0.54)	−3.58(−2.02)	−2.15(−2.86)	−2.02(−1.59)	−0.77(−1.22)	−0.01(−0.01)	−1.91(−1.18)
3	−0.16(−0.10)	−4.31(−2.58)	−2.25(−2.96)	−1.98(−1.42)	−0.85(−1.36)	−0.21(−0.30)	−1.43(−0.91)
1978:1	−0.25(−0.18)	−4.22(−2.72)	−2.22(−2.85)	−1.93(−1.28)	−0.82(−1.34)	0.06 (0.10)	−1.45(−0.95)
3	−0.77(−0.56)	−3.74(−2.51)	−2.12(−2.69)	−1.75(−1.09)	−0.80(−1.29)	0.40 (0.73)	−1.83(−1.23)
1979:1	−1.46(−1.43)	−3.16(−2.65)	−2.19(−2.72)	−1.42(−0.86)	−0.91(−1.53)	0.24 (0.49)	−2.46(−2.00)
3	−2.52(−2.86)	−1.83(−1.84)	−2.23(−2.73)	−0.11(−0.07)	−1.17(−2.04)	−0.03(−0.06)	−3.42(−3.01)
1980:1	−2.71(−3.19)	−1.61(−1.67)	−2.18(−2.61)	0.23 (0.14)	−1.27(−2.28)	−0.09(−0.21)	−3.60(−3.22)
3	−2.08(−2.57)	−2.10(−2.26)	−2.39(−2.84)	1.09 (0.63)	−0.96(−1.83)	−0.28(−0.67)	−2.78(−2.60)
1981:1	−1.27(−1.74)	−2.62(−2.90)	−2.30(−2.68)	2.67 (1.57)	−0.82(−1.58)	−0.23(−0.55)	−1.69(−1.76)
3	−1.23(−1.92)	−2.81(−3.55)	−2.36(−2.72)	2.64 (1.50)	−0.90(−1.85)	−0.20(−0.52)	−1.64(−1.84)
1982:1	−0.98(−1.59)	−2.97(−3.82)	−2.59(−2.98)	1.58 (0.93)	−0.95(−1.97)	−0.32(−0.83)	−1.43(−1.63)
3	−0.98(−1.67)	−3.09(−4.15)	−2.62(−2.98)	1.54 (0.90)	−0.99(−2.12)	−0.32(−0.84)	−1.42(−1.67)
1983:1	−1.01(−1.71)	−3.17(−4.31)	−2.65(−2.96)	1.47 (0.99)	−1.03(−2.21)	−0.30(−0.88)	−1.45(−1.70)
3	−1.07(−1.85)	−3.19(−4.41)	−2.60(−2.89)	1.75 (1.16)	−0.99(−2.21)	−0.32(−0.93)	−1.49(−1.76)
1984:1	−0.99(−1.74)	−3.26(−4.58)	−2.70(−2.97)	1.41 (0.89)	−1.04(−2.35)	−0.37(−1.08)	−1.39(−1.67)
3	−1.06(−1.99)	−3.27(−4.84)	−2.77(−3.04)	1.42 (0.84)	−1.03(−2.44)	−0.39(−1.18)	−1.48(−1.87)
1985:1	−1.09(−2.11)	−3.32(−5.09)	−2.79(−3.03)	1.40 (0.79)	−1.03(−2.53)	−0.39(−1.19)	−1.50(−1.96)
3	−1.14(−2.25)	−3.33(−5.21)	−2.86(−3.10)	1.55 (0.85)	−1.01(−2.55)	−0.38(−1.16)	−1.56(−2.07)
1986:1	−1.13(−2.23)	−3.34(−5.26)	−3.01(−3.25)	1.26 (0.70)	−1.03(−2.61)	−0.44(−1.47)	−1.55(−2.06)
3	−1.18(−2.33)	−3.28(−5.19)	−2.80(−3.06)	1.49 (0.78)	−0.93(−2.43)	−0.39(−1.34)	−1.58(−2.09)
1987:1	−1.20(−2.37)	−3.19(−5.07)	−2.88(−3.13)	−0.05(−0.03)	−0.98(−2.57)	−0.33(−1.16)	−1.64(−2.18)
3	−1.11(−2.24)	−3.33(−5.38)	−2.77(−3.00)	0.91 (0.58)	−1.02(−2.70)	−0.30(−1.05)	−1.51(−2.04)
1988:1	−1.11(−2.25)	−3.40(−5.53)	−2.63(−2.95)	0.64 (0.41)	−1.01(−2.70)	−0.31(−1.13)	−1.47(−2.00)
3	−1.10(−2.24)	−3.46(−5.66)	−2.47(−2.81)	0.22 (0.14)	−1.01(−2.71)	−0.27(−0.99)	−1.42(−1.94)
1989:1	−1.12(−2.27)	−3.50(−5.76)	−2.49(−2.78)	0.20 (0.12)	−1.03(−2.75)	−0.26(−0.98)	−1.43(−1.96)
3	−1.19(−2.43)	−3.37(−5.62)	−2.37(−2.61)	0.41 (0.24)	−1.00(−2.69)	−0.37(−1.41)	−1.57(−2.18)
1990:1	−1.38(−2.86)	−3.03(−5.18)	−2.40(−2.60)	0.43 (0.24)	−0.98(−2.63)	−0.42(−1.62)	−1.97(−2.80)
3	−1.29(−2.70)	−3.07(−5.29)	−2.19(−2.37)	0.98 (0.54)	−1.02(−2.76)	−0.30(−1.20)	−1.84(−2.66)
1991:1	−1.28(−2.70)	−3.14(−5.44)	−2.16(−2.31)	0.68 (0.37)	−1.03(−2.83)	0.31(−1.27)	−1.82(−2.64)
3	−1.28(−2.68)	−3.09(−5.38)	−2.41(−2.60)	−0.11(−0.06)	−1.04(−2.86)	−0.31(−1.26)	−1.86(−2.71)
1992:1	−1.23(−2.60)	−3.11(−5.44)	−2.25(−2.56)	0.14 (0.08)	−1.00(−2.77)	−0.34(−1.43)	−1.76(−2.59)
3	−1.24(−2.62)	−3.11(−5.45)	−2.53(−3.04)	−0.15(−0.08)	−1.04(−2.88)	−0.33(−1.38)	−1.81(−2.66)
1993:1	−1.15(−2.46)	−3.19(−5.60)	−2.15(−2.75)	0.63 (0.34)	−1.04(−2.91)	−0.33(−1.40)	−1.65(−2.48)
3	−1.07(−2.31)	−3.25(−5.76)	−1.96(−2.57)	1.21 (0.70)	−1.07(−2.99)	−0.27(−1.16)	−1.52(−2.33)

注)　(　)内は t 検定値の絶対値.

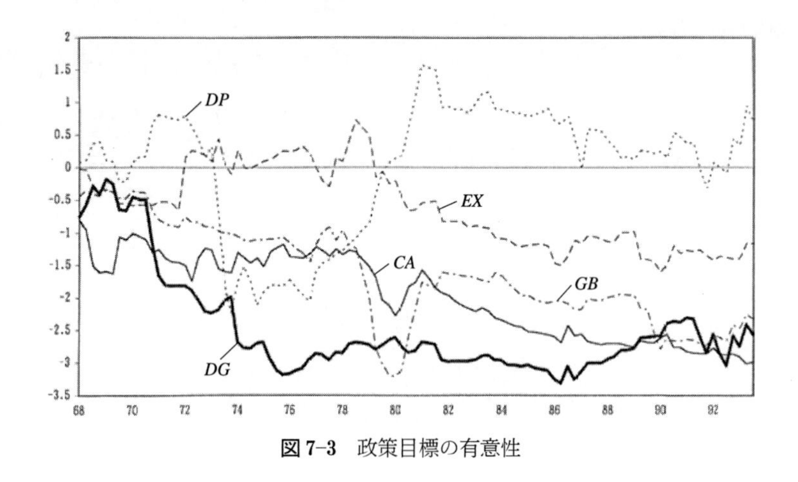

図 7–3　政策目標の有意性

3.2　金融政策の目標

可変パラメータ・モデルの推定結果は，表 7–3 にまとめてある．実際の推定は総ての四半期データを利用するが，同表では(スペースの節約の意味もあって)1968 年第 1 四半期を始点として，1 四半期おきに推定結果を報告してある．パラメータの変動については(7)式のランダム・ウォーク型が前提とされているために，抜けている期間については，原則としてほぼその前後の 2 期間の中間の値をとっていると判断して差し支えない．

推計過程の第 1 段階のノンベイジアン流の不変パラメータ・モデルの推定結果が，パラメータの符号条件や有意性の面で比較的良好ということもあり，可変パラメータ・モデルの下でも，推定されたパラメータの値は総体的には経時的に比較的安定している．しかしながら，各政策目標の役割を細かく見てみると，細部ではやはり不変とは言えない．政策目標となる変数を標準化したことにより，係数値そのものの大小比較が意味をもち，値が負で大きいほど，その政策目標の重要性が高いと解釈される．もっとも，パラメータの解析的な値よりもより重要なのは統計的有意性であり，図 7–3 にプロットしたのも各政策目標のベイジアン流の“t 統計値”である．これは，パラメータの推計値をその標準偏差で除したものであり，通常の仮説検定で用いられる係数が 0 という帰無仮説に対する検定統計量の推計値に準じるものである[9].

5つの政策目標のなかでは，唯一実質GNP成長率(*DG*)がほぼ一貫して安定的な有意性を示している．これに次いで一貫して有意性が高い政策目標は経常収支であるが，実質GNP成長率(*DG*)と比べると，第2次石油ショック以前の期間の有意性は劣る．インフレ率(*DP*)が政策目標となったのは1970年代の半ばだけであり，80年代に入ると有意性を失う．累積国債残高(*GB*)は，国債の発行残高が漸増するにつれて経時的に有意性を高めている．為替レート(*EX*)は80年代に入ってから，政策目標としての有意性を高めている．以下では，それぞれの政策目標について，その重要性を個別にやや詳細に見ていこう．

経済の実物的側面を代表する実質GNP成長率(*DG*)は，可変パラメータの推計上初期値の設定による影響を受けるとみられるサンプルの初期期間を除いて，統計的には最も一貫して有意といえる．つまり，少なくとも第1次石油ショック以降における金融政策の基本スタンスは，景気対策の一環としてかなり裁量的に運営されてきたと解釈できる．

インフレ率については，その政策目標としての重要性には期間によって2つの際だった特徴が窺われる．すなわち，①第1次石油ショック後から第2次石油ショック頃までの高水準の維持，②1980年代に入ってからの非有意性，がそれである．①については，第1次石油ショックの経験をふまえた金融当局のインフレ重視姿勢[10]を，われわれの統計モデルも裏付ける形になっている．②の結果は，後に見る近年の金融当局の公式見解や，通説としてのその一般的な受け止め方とは異なったものとなっていると言えよう．この原因には，例えば指標としたインフレ率が(CPIやWPIではなく)GNPデフレーターのそれであるとか，この時期インフレ率そのものが安定的に推移しているとか，幾つかあげられよう．しかし，われわれが最も注目するのは以下で説明するような，累積国債残高の役割との関連である．

---

9) ベイジアン・アプローチにとっては，統計的有意性の概念には微妙な問題がある．ここでは便宜的に，事後的分布に基づいて，通常のノンベイジアン・アプローチと全く同様に算出している．

10) 例えば，鈴木(1984)や日本銀行金融研究所編(1986)を参照.

その前に，興味深い観察を指摘しておこう．すなわち，第1次石油ショックに先立つ1972年段階では，パラメータの推定値は有意ではないことである．この時期は，いわゆる過剰流動性が顕在化した時期であり，結果的にその時点での金融当局のマネーサプライ管理の不手際が，第1次石油ショック以前からの高インフレの原因とする見解とも符合する[11]．

さて，累積国債残高の重要性は，総体的にはかなり高水準で推移するものの，細部をみるとかなり変動している．とくに，1979年の第2次石油ショック時における急激な上昇は印象的ですらある．周知のように，65年度に始まった戦後日本における国債発行は，当初は建設国債に限るものであった．ところが，75年度からの特例(赤字)国債の発行踏み切りを契機として，その後残高が急激に増加した．しかし，累積国債残高のあまりにも急激な増加を受けて，財政再建のスローガンの下で，82年度以降予算規模の縮小(ゼロ・シーリング)を図らざるをえなくなった．以上の傾向は，図7–1の対GNP比率でみても歴然としており，75年から80年代初頭にかけて，*GB*の時系列は大きく上方シフトしている．

累積国債残高の増加が，金融政策にとって引締要因となるのには，理論的には2つのルートが考えられる．第1は，国債の供給増に伴う債券市場での長期利子率の上昇(ポートフォリオ・クラウディング・アウト効果)が，金利の期間構造の上から短期利子率にも波及し，公定歩合の追随的切り上げを余儀なくさせる可能性である．もっとも，このルートは，自由化される以前の日本の金融市場においては，公定歩合と長期利子率との間の因果関係に疑問があり，有効に作用していたとは思われない．第2は，国債の累積残高増につれて中央銀行保有分が増加し，そのままではマネーサプライの増加につながることから，公定歩合操作による予備的な引締政策を併用していたというものである．日本では，確かに日本銀行の直接引き受けによる国債発行は法律によって禁止されている．しかしそれはあくまでも新規発行時についてであり，既発債全体の保有比率は，1980年代以降でこそ減少傾向にあるものの，75年度には35.4%を記録するなど70年代には

11)　例えば，小宮(1988)を参照．

かなり高水準を維持していた．この比率は86年度末には2.5％まで低下し，その後も低位で推移しているが，これも政策目標の安定化が達成された証とも解釈される．ただし，最近時でも資金運用部の保有と合わせた公的部門の保有比率は高水準を維持しており，（広義の）マネーサプライ管理にとっては要注意の状況が続いているとも言えよう．

上の第2のルートは，結局国債発行がマネタイズ（貨幣化）されインフレにつながる危惧を反映したものである．すると，インフレ要因が1980年代に入ってから政策目標としての重要性を趨勢的に低下させてきているということも，あくまでも直接的な要因としてであり，累積国債残高を通じる間接的貢献も加味すると，後者が1980年代では重要性を増していることから，総体的には必ずしも低下しているとはいえないことになる．ただし，それにしても，最終政策目標としてのインフレ安定化がインフレ率そのものの動向に現れず，間接的に累積国債残高の動向に反映されるということは，より詳しい考察を必要としよう．

表7-2において，*DP*と*GB*の相関係数は -0.676 と相対的には高いトレード・オフ関係にある．しかも，この相関関係は1970年代前半と80年代初頭以降との相違による，長期的な趨勢によってもたらされた面が強い．80年代に入ると，インフレ率は低水準で安定しており，逆に累積国債残高の対GNP比率は高水準で安定することになった．このことが，統計上はインフレ率の有意性を低め，累積国債残高の有意性を高めていると言えよう．ただし，表7-1から確認されるように，80年代に入ってから公定歩合の切り上げは（80年の第1四半期を除いて）89年まで一度もなく，この間の累積国債残高増は緩和スタンスの抑制の役割を果たしたという色彩のものである．そして実際に公定歩合の引き上げが続くのは，89年5月から90年8月までの5回となる．

さて，残りの経常収支の赤字（*CA*）と為替レート（*EX*）の政策目標の役割に移ろう．これらは対外均衡要因として考慮したものであり，上で触れた3つの政策目標が国内均衡要因であったのと対比される．

伝統的には，日本の金融政策の基本方向が外貨準備高の推移ないし「国際収支の天井と床」によって大きく影響を受けていたことは，いわゆるストップ・アンド・ゴー政策として知られてきた．しかし，これは固定相場制時代の話である．サンプル期間中の1973年第1四半期に固定相場制から変動相場制への移行があり，理論的にはそれを境に経常収支と為替レートの政策目標としての重要性にシフトが見られることが期待される．また，80年の新外為法施行を契機とした急速な国際間資本移動の増大は，変動相場制にもかかわらず外国部門とのリンクを高める結果となり，その意味でも対外均衡要因の動向が日本の金融政策の基本スタンスに影響を及ぼす可能性が高いと考えられる．

しかしここでの結果は，まず第1に，経常収支は固定相場制時代には厳密な意味では有意ではなく，第2次石油ショック後に相対的に重要性が増している程度である．第2に，為替レートの動向は，1980年代に入って有意な政策目標となっているものの，前半期には有意性は低い．

経常収支の有意性が相対的に低いのは，われわれが対象としたサンプル期間では，2度の石油ショック時の短期間を除くと基本的に黒字基調であり，そもそも日本経済にとって内在的問題がなかったことが挙げられよう．もちろん，黒字の累積は放っておけば国内のマネーサプライ増加要因となり，金融当局にとっても懸念材料となる．しかし，これはどちらかといえばストックの次元の話であり，フローの経常収支黒字の動向では捕捉しにくい．日本経済の歴史をふまえると，データの上では，累積経常収支の動向はかなりの部分累積国債残高の動向によって，同時に代表されている可能性もあろう．さらに，他の政策目標との関連という意味では，表7-2の相関係数によると，CAはDPを始めEXとも正の相関を示しており，それらの政策目標の達成と同時に達成可能という側面もある．しかしながら，日本経済の一方的黒字基調に対して諸外国からの批判があったのは事実であり，その点は金融政策の基本スタンスにもいくばくかのインパクトが期待されるところである．それが，ここではうまくピックアップされていないということになる[12]．

金融政策の政策目標としての為替レートについては，Hutchinson

12)　この点については，浅子・加納(1989)では，諸外国からの圧力要因は専ら財政政策によって対処していたことが示されている．

(1988)や吉野・義村(1997)が伝統的な政策反応関数を推定し，ともにその重要性を指摘している．ただし，Hutchinson(1988)の分析は月次データを用いたものであり，本章の分析が四半期データを用いているのとは根本的に異なるといえよう．吉野・義村(1997)も月次データと四半期データでは結果に違いがあるとしており，四半期ベースでは為替レートが政策目標となる程度は月次ベースと比べると弱いと報告している．

3.3 日銀の公式見解

さて，以上の観察はわれわれの統計モデルがいわば客観的にデータ分析から導き出したものであるが，これが現実に政策当局が公表した政策目標と合致したものとなっているか否か照合しておこう．周知のように，公定歩合の変更時には日本銀行政策委員会議長の談話があり，経済情勢の判断や政策目的が公表される．1970年から80年代半ばまでの議長談話については，昭和62年版の『経済白書』に簡潔にまとめられており，その手法を参考にしながらアップデイトしたのが表7-4である．

同表では，議長談話の中で目的として明示された政策目標を“◎”，情勢判断において示されたものを“○”，そして但し書きとして断りが入れられたものを“△”で表している．われわれの採用した5つの政策目標が総て表7-4にリストアップされている訳ではないが，共通に登場する4つの政策目標についてみると，予想以上に類似性が認められる．

すなわち，まず第1に，議長談話の中でも有効需要の安定化はほぼ一貫して主要目的として挙げられており，これはわれわれの分析で実質GNP成長率が果たす役割に完全に符合する．第2に，物価安定の目的は第1次石油ショック前後期以降ほぼ一貫して議長談話に登場するようになる．しかも，より詳細に考察すると，1980年代に入ると目標としての重要性は相対的に低下しており，これらもわれわれの結果と整合的である．ただし，80年代においても物価動向が経済情勢の判断材料として用いられており，この点はわれわれの政策目標の内の累積国債残高の動向と関連付けられよう．第3に，対外均衡要因としての国際収支と為替相場については，議長談話では前者も固定相場制期および78年や86年の黒字期などに登場する

表 7-4　公定歩合変更に関する日銀政策委員会議長談の推移

年月	公定歩合(変動幅)	有効需要	物価	国際収支	為替相場
1970. 10	6.0 (−0.25)	○	○	—	—
1971. 1	5.75(−0.25)	○	—	○	—
5	5.5 (−0.25)	◎	—	○	—
7	5.25(−0.25)	◎	—	◎	—
12	4.75(−0.50)	◎	—	◎	—
1972. 6	4.25(−0.50)	◎	—	◎	—
1973. 3	5.0 (+0.75)	◎	○	—	○
5	5.5 (+0.50)	◎	○	—	—
6	5.0 (−0.50)	◎	◎	—	—
8	7.0 (+2.00)	○	○	—	—
12	9.0 (+2.00)	—	○	—	—
1975. 4	8.5 (−0.50)	○	◎	—	—
6	8.0 (−0.50)	○	○△	—	—
8	7.5 (−0.50)	◎	○△	—	—
10	5.5 (−2.00)	◎	○△	—	—
1977. 3	6.0 (+0.50)	◎	○△	○	—
4	5.0 (−1.00)	◎	○△	—	—
9	4.25(−0.75)	◎	○△	—	—
1978. 3	3.5 (−0.75)	◎	—	◎	◎
1979. 4	4.25(+0.75)	◎	◎	○	◎
7	5.25(+1.00)	○	◎	—	—
11	6.25(+1.00)	○	◎	—	◎
1980. 2	7.25(+1.00)	○	◎	○	◎
3	9.0 (+1.75)	○	◎	—	◎
8	8.25(−0.75)	◎	◎	—	○
11	7.25(−1.00)	○	○△	—	○
1981. 3	6.25(−1.00)	○	○△	—	○
12	5.5 (−0.75)	○	○△	○	○
1983. 10	5.0 (−0.50)	◎	○△	—	○△
1986. 1	4.5 (−0.50)	◎	○△	◎	○△
3	4.0 (−0.50)	◎	○△	◎	◎
4	3.5 (−0.50)	◎	—	◎	◎
10	3.0 (−0.50)	◎	○△	—	◎
1987. 2	2.5 (−0.50)	◎	—	—	◎
1989. 5	3.25(+0.75)	◎	◎	◎	○
10	3.75(+0.50)	◎	◎	—	○
12	4.25(+0.50)	◎	◎	—	○
1990. 3	5.25(+1.00)	◎	◎	—	○
8	6.0 (+0.75)	◎	◎	—	—
1991. 7	5.5 (−0.50)	◎	◎	—	—
11	5.0 (−0.50)	◎	◎	—	○
12	4.5 (−0.50)	○	◎	—	—
1992. 4	3.75(−0.75)	◎	◎	—	—
7	3.25(−0.50)	◎	◎	—	○
1993. 2	2.5 (−0.75)	◎	◎	○	○
9	1.75(−0.75)	◎	◎	○	○

注）“◎”は目的として明記されているもの，“○”は情勢判断において示されたもの，“△”は但し書きとして断りを入れているもの．

出所）昭和 62 年版『経済白書』(経済企画庁編) と著者による延長．

が全体としてはウェイトは低く，他方後者は70年代の後半から今日まで主要な目的の1つとしてしばしば言及されるようになってきている．

このような類似性の存在は，一方ではわれわれの統計モデルのパフォーマンスの目安となると同時に，他方金融当局の基本スタンスが全くデタラメに決定されてきた訳ではなく，かなりの程度システマティックな運営がなされてきたことの客観的な裏付けがなされたものとみなすことができよう．

3.4 事後的貢献度

いままでは，5つの政策目標の絶対的有意性ないし相対的重要性を，事前的観点から眺めてきた．ここで「事前的」というのは，標準化された政策目標変数の1単位の変動に対する，基本スタンス決定の感応度係数(β_i)のみの観察に基づいたものという意味であり，いわば個別政策目標の潜在的な重要性を問題としてきたと言ってもよい．そこで，本項では各政策目標変数の水準自体も考慮した，いわば「事後的」貢献度をみることにする．図7-4は，基本スタンスの対数オッズを左右する貢献部分($\beta_i x_i$)を，5つの政策目標について同じスケールで描いたものである．負の貢献は引締要因，正の貢献は緩和要因となる．同図よりは，以下のような3つの特徴が読み取れよう．

まず第1に，実質GNP成長率は(1971年の景気後退期を除くと)1970年代初頭までかなり大きな引締要因として働いたが，第1次石油ショックを契機として一変し，以後ほぼ一貫して緩和要因となっている．これはもちろん，高度成長経済から低成長経済への移行を反映したものである．ただし，より詳細に眺めると，第1次石油ショック以降は，表7-1に示された景気後退期に緩和要因としての貢献を高めるものの，景気拡張期には(貢献は正ながらも)ほとんど中立的に作用していると判断される．

第2に，インフレ率の動向については，第1次石油ショック時の負の貢献が対抗する*DG*のサンプル期間中最大の緩和方向への貢献を相殺して余りがあるほどであり，当時実際に公定歩合が引き上げられた事実を説明する．しかし，一般にそれ以外の時期のインフレの引締要因としての貢献ポ

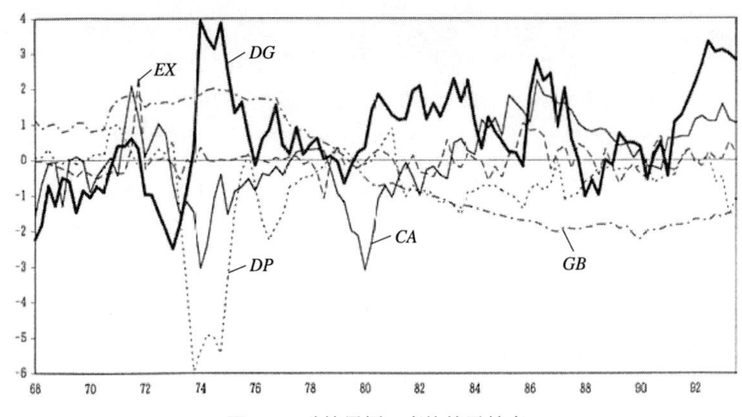

図 7-4 政策目標の事後的貢献度

イントは小さく，第 2 次石油ショック時にも貢献は正であり，むしろ緩和要因として働いたことになる．もっとも，これはインフレ指標としてGNP デフレーターのそれを用いていることが原因の一端ともなっている．図 7-1 に見られるように，標準化された GNP デフレーターの上昇率は，この時期ゼロの水準を下回っているからである．表 7-1 ないし表 7-4 より明らかなように，第 2 次石油ショック時には公定歩合は引き上げられており，インフレが直接的理由でないとしたならば，それを説明するのは他の政策目標ということになる．いままでの事前的観点からの考察をふまえると，最有力候補は累積国債残高の動向である．図 7-4 からも，確かにその兆候は事後的にも認められる．しかしながら，累積国債残高の貢献部分は，第 2 次石油ショック時には幾分か余分に引締め気味に働くものの，むしろ長期的なトレンドを示しながら 1970 年代後半期を境にして緩和要因から引締要因に転じたことを反映したものである．第 2 次石油ショック時に特有の引締要因としては，経常収支赤字の役割が大きいと言えよう．

第 3 の特徴としては，サンプル期間の後半は(上の 2 つの特徴に匹敵するような)際立って大きなポイントとなる個別政策目標は見当たらないことがあげられる．1970 年代央以降は，累積国債残高の動向が基調として引締要因として働き，他の諸目標は(対外均衡関連の目標のどれかが交替的に引締要因となることを例外として）概ね緩和要因となっているのも特徴的である．

いずれにしても，事後的貢献度の時系列的推移は，もともと推定されたパラメータが総体的には負の安定的な値で推移するために，図 7–4 も図 7–1 と図 7–2 の合成写真に近い．唯一の修整は，上下が逆になっていることである．最終サンプル期間の推定値，$\alpha_1=-1.07, \alpha_2=-3.25$，および $\boldsymbol{X}_t\boldsymbol{\beta}_t=0$ を前提とすると，合計点 1 点の増加は緩和スタンスの確率（$\boldsymbol{\pi}_1$）を 0.26 だけ上昇させ，引締スタンスの確率（$\boldsymbol{\pi}_2$）を 0.03 だけ低下させる．逆に，合計点 1 点の減少は，$\boldsymbol{\pi}_1$ を 0.14 だけ低下させ，$\boldsymbol{\pi}_2$ を 0.06 だけ上昇させる．

3.5　基本スタンスの確率

政策スタンスの確率をより詳しく考察するために，その時系列的変動をプロットしたのが図 7–5 である．同図では，緩和スタンスの確率（π_{1t}）を実線で下から上に，また引締スタンスの確率（π_{2t}）を破線で上から下に測ってある．この図をどう読むかは，観察者によって異なると思われる．明らかに，公定歩合が切り下げられた時期に緩和スタンスの確率は高く，逆に公定歩合が切り上げられた時期に引締スタンスの確率は高くなっている．しかしながら，問題は確率が「どの位高ければ十分」なのかが明確でないことである．その臨界値がはっきりしなければ，政策の基本スタンスの厳密な予測には役立たないことになる．

そうした限界は承知の上で，図 7–5 から敷衍される，対象サンプル期間外のエピソードについて検討しよう．図 7–5 の最終サンプルは 1993 年第 3 四半期であるが，その後公定歩合は 1 年半ほど 1.75% で据え置かれ，95 年 4 月に一挙に 1% まで引き下げられた．さらに，同年 9 月には 0.5% に引き下げられ，これが 21 世紀まで継続されることになった．この期間中，実質経済成長率はマイナスになるほど低迷し，デフレ懸念が蔓延するほどインフレ率もマイナスかほぼゼロを推移した．また，長期不況を受けての景気対策や金融システム不安に対する公的資金の投入によって，国債の発行高は目に見えて増加した．対外均衡面での経常収支は基本的に黒字を継続し，為替レートも円高を維持したが，表 7–3 の最終サンプル時点での係数パラメータを前提すればこれらのインパクトは小さい．

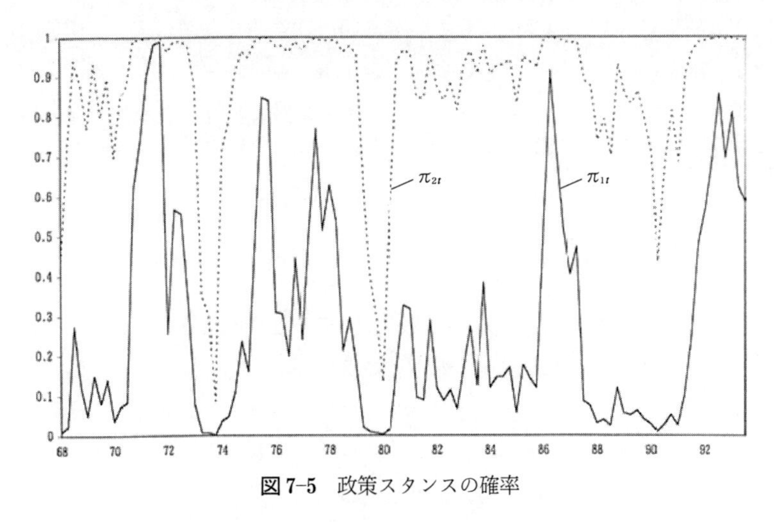

図 7-5　政策スタンスの確率

したがって，総体的には1990年代の後半期においては金融政策は緩和スタンスの確率が高く推移し，それが実際に日本で起こったことだった．ただし，本章の統計モデルにおける金融緩和スタンスは公定歩合の引き下げで定義されており，公定歩合が下限に近い0.5%水準で推移した低金利政策下では，それ以上の“緩和”を期待するのは困難な状況であったといってよい．実際には，第3章でみたように，日本銀行は金融調節の一環としてコール市場でゼロ金利政策をとり，更なる緩和スタンスの意志表示を行った訳であるが，この辺の経緯はここでの統計モデルではもともと追跡できないことになる．

4　金融政策の制御可能性

政策目標についての分析は，政策当局の事前的な政策意図を探るものであって，政策分析としてはまだ第1段階の課題に過ぎない．政策分析の第2段階は，事前的な政策意図が確かに事後的にも実行されたか否かを確認するものであり，続く第3段階の課題は，そうして発動された政策に効果があったか否かを確認するのが使命となる．第3段階の課題は一部第8章で取り上げるとして，以下では第2段階の課題について考察する．なお，本節の前提としては，原則として政策当局は作為的な理由によって虚偽の政策発動を公表することはしないと想定する．したがって，もし事前的な政策意図が達成されないとするならば，それは政策当局に政策変数を制御する能力が欠けているためであると考える．

4.1 金融政策の制御可能性

本章では，金融政策の基本スタンスは公定歩合の切り上げ，切り下げによって表せるものとしてきた．一般に公定歩合政策は，そのアナウンスメント効果を踏まえると，金融政策当局の事前的な意図を代表させるものとしては最も適切なものと考えられるが，日本の場合には金融政策の制御可能性を論じる場合にも強いインプリケーションをもつ．

なぜならば，日本銀行の短期金融市場の調節は伝統的にインターバンク(コール・手形)市場の利子率操作が主流であって，節目となるべき基本スタンスの変更時に公定歩合の変更がなされてきた(鈴木・黒田・白川 1988)．しかも重要なのは，短期金融市場での金利動向は長期金融市場にも安定的な関係を保ちつつ波及してきたことである．その結果，例えば公定歩合の動向は銀行貸出市場の金利決定の上でも決定的な役割を果たしてきた(浅子・内野 1987)．こうして見ると，日本経済においては，公定歩合操作は利子率体系の操作という意味ではかなり強い制御可能性を誇ってきたと考えられる．

しかし，これだけで金融政策の制御可能性が高いと結論付けるわけにはいかない．論点は2つある．1つは，金融の自由化・国際化が進む中で，利子率体系の制御可能性が低下しているのではないか，という懸念である．他は，利子率について制御可能な背景では，数量面での制御可能性について相反する事態が起こっているのではないか，という懸念である．

第1の懸念については，実際にはそれほど顕在化しているわけではない．しかしながら，浅子・内野(1987)が示したように，公定歩合に代表される政策金利と貸出市場金利の関係には新しいデータが加わるにつれて構造変化の兆候も見られ，それが貸出時におけるプライム・レートの適用率の変化に起因することが示唆された．間接金融から直接金融へのシフト，預金金利の自由化，プライム・レート方式からスプレッド方式への移行，インターバンク市場とオープン市場の間の裁定取引の増大など，公定歩合が総ての金利体系の出発点となる環境が漸次見直されたのは確かであり，1990年代後半期にはその傾向ははっきりした．こうした流れがより浸透した後には，公定歩合の決定も市場追随型へと移行されることであろう．それが直ちに利子率体系の制御可能性を低下させるか否かは，今後の研究にまたなければならないが，1つの懸念材料であるのは確かであろう．

第2の数量面での制御可能性が問題となるのは，もともと利子率という価格変数と数量変数を同時にコントロールするのは無理があるという視点による．ここで問題となる数量変数は，もちろんマネーサプライである．利子率操作に当たってマネーサプライが内生的に調整される場合，第4章で言及した内生的な政策変数が不安定な累積過程をたどる「政策操作変数の累積不安定性(instrument instability)」問題が生じる可能性がある．これは理論的には，利子率の持続的変動をもたらすショックが発散的であるか，あるいはマネーサプライの変動自体がショックを増幅する場合に起こる．日本経済にこのようなショックが起こったことがあるか否かは予断を許さないが，累積国債残高の増大，国際収支の黒字拡大，外国為替市場への累積的介入など候補は多い．

4.2　貨幣乗数の予測可能性

マネーサプライを制御する教科書的なアプローチ法は，ハイパワード・マネー(基礎貨幣)の操作を基本とする．いま，マネーサプライをM，ハイパワード・マネーをH，貨幣乗数をmとすると，

$$M = mH \tag{15}$$

が成立する．したがって，マネーサプライの完全制御にはハイパワード・マネーの完全制御に加えて，貨幣乗数が安定していることが必要となる．素朴な(あるいは誇張された)マネタリスト的世界では，この2つとも満足されると考える(例えば，Friedman 1968)．これに対して，ケインジアンは貨幣乗数が利子率などの内生的要因によって変動するとし，たとえハイパワード・マネーが完全に制御できたとしても，結果としてマネーサプライを

百パーセント制御することは困難であると主張してきた．

日本経済においては，こうした教科書的理解では不十分という見解がある[13]．鈴木・黒田・白川(1988)によると，「ハイパワード・マネー供給の能動的コントロールにより，その乗数倍としてのマネーサプライをコントロールするといういわゆる乗数アプローチを日本銀行が採用したことはない」という．彼らは，$M(=M_2+CD)$，H，およびr(=コール・手形加重平均レート)からなる3変量VARモデル(1968:1–1987:4)を分析したところ，①$r \to M$，②$r \to H$，および③$M \to H$というGrangerの意味での一方方向の因果関係が検出されたとし，「日本銀行による短期金利のコントロールが金融政策運営の起点であることが確認されると同時に，……，乗数アプローチ的な金融政策運営の行われていないことを明確に示している」と結論付けている．ここで検出された因果関係はいわば定性的なものであり，われわれが問題とするマネーサプライの制御可能性に直接応えているわけではない．また，②の一方的因果関係の検出は，かえってインターバンク市場の金利がどのように操作されていたかの解釈を困難にさせる．彼らの分析が四半期データに基づいていることを踏まえると，いわゆる「積みの調整」によるメカニズム(例えば安田 1981参照)よりも，ハイパワード・マネーのより明示的な役割が期待されるところである．

(15)式より，貨幣乗数が一定ならばMとHは1対1対応し，データの上では因果関係は識別できない．他方，貨幣乗数が全くランダムな変数とすると，マネーサプライの情報がハイパワード・マネーの予測に役立つことはなく，定義によってGrangerの因果関係は認められない．したがって，日本銀行のマネーサプライ・コントロールが鈴木・黒田・白川(1988)の通りならば，少なくとも貨幣乗数は予測可能なシステマティックな変動を示していなければならない．この点は，実は貨幣乗数アプローチがあてはまる世界でもほぼ同様である．すなわち，そこでは典型的には$H \to M$の一方的因果関係が期待されるが，Hの知識がMの予測に役立つためには，やはりmは全くのランダム変数であってはならない．つまり，いず

13)　もっとも，逆に金融当局に教科書的理解が足りないとする見解(小宮 1988)もある．

表 7–5　貨幣乗数の変動

年	平 均	標準偏差	年	平 均	標準偏差	年	平 均	標準偏差
1967	9.93	0.56	1978	9.74	0.59	1989	11.38	0.59
1968	9.61	0.59	1979	9.87	0.57	1990	11.41	0.60
1969	9.57	0.60	1980	9.59	0.34	1991	11.77	0.65
1970	9.45	0.58	1981	10.44	0.57	1992	12.14	0.56
1971	9.86	0.46	1982	10.79	0.56	1993	12.05	0.75
1972	10.19	0.69	1983	10.93	0.58	1994	11.76	0.56
1973	9.20	0.81	1984	10.91	0.57	1995	11.48	0.67
1974	8.40	0.50	1985	11.31	0.57	1996	10.99	0.70
1975	8.54	0.15	1986	11.51	0.69	1997	10.55	0.62
1976	9.39	0.43	1987	11.36	0.39	1998	10.07	0.31
1977	9.65	0.51	1988	11.39	0.56			

注 1)　四半期の末残ベースをもとに算出.
2)　ハイパワード・マネーは，日本銀行の負債総額から政府預金部分を除いたもの.

れの立場をとるにせよ，マネーサプライの制御のためには貨幣乗数の予測可能性が重要な前提条件となると言えよう.

表 7–5 は四半期レベルの貨幣乗数(M_2+CD)をもとに，1967 年から 98 年までの平均と標準偏差を算出したものである．表 7–5 より，確かに貨幣乗数は一定ではなく，かなり変動していることが読み取れる．貨幣乗数の平均が約 10 であるから，1 年間の標準偏差分の変動は，マネーサプライ伸び率(年率)を 5% 以上変動させるからである．しかし，貨幣乗数の変動自体はそれほど問題ではなく，より重要な問題はそれが予測可能か否かである．貨幣乗数は現金通貨・預金比率と預金準備率の動向に影響される．後者は法定準備率に若干の超過準備部分が付け加わっただけであり，ほぼ予測可能であり，またそもそもその変動は法定準備率自体が大幅に変更されない限り相対的にはかなり小さい[14]．したがって，実質的には貨幣乗数が予測可能か否かは前者の動向に大きく左右される．現金通貨・預金比率は，もっぱら民間非銀行部門のポートフォリオ選択に依存して決定され，その最大の直接的決定要因は(他の事情を一定として)預金金利であろう．銀行預金は，近年でこそ自由金利商品のウェイトが増したが，伝統的には規

14)　ただし，貨幣乗数が大きく減少した 1973–75 年は，法定準備率の引き上げに起因する部分が大である．1980 年にみられる，長期上昇トレンドからの短期的乖離も，この時期の法定準備率の引き上げによると考えられる．なお，貨幣乗数の変動要因を詳しく分析したものとしては，古くは堀内・高橋(1981)や田村(1986)がある.

制金利商品であり，預金金利は公定歩合に連動して決定されていた．そこで，まず貨幣乗数を自己回帰部分と公定歩合でどのくらい説明できるか調べてみよう．

説明変数としての公定歩合は当期と4四半期までのラグ値に固定しておき，貨幣乗数の自己回帰部分を1期から8期のラグまで操作したところ，回帰式の自由度修正済決定係数は単調に増加した(表7-6)．サンプル期間は，1969:2から1999:2までの121四半期である．回帰式の説明力が4四半期，すなわち1年前のラグ値が付け加わることによって大幅に増強されるのは，貨幣乗数の変動に季節性が介在していることが示唆される．実際，貨幣乗数は第4四半期に顕著に減少するという季節性を示し，これは年末時の現金通貨の需要増大を如実に反映したものである．自己回帰部分では5期のラグ値もかなり有意であり，貨幣乗数の変動は単なる季節性だけによってもたらされているわけではないことが理解される．5期以上のラグ値は順次追加しても，自由度調整済決定係数はほとんど変化しない．

8四半期前までのラグ値を考慮した場合の推定結果は，表7-7に示してある．注目すべきは，公定歩合の有意性が個別にはそれほど高くないことであり，これは他のラグ値の場合もあまり変わらない．ただし，公定歩合が全く有意でないという帰無仮説はF検定の結果，貨幣乗数のラグを4期以上とると棄却される(表7-6の(c)欄)．公定歩合，すなわち預金金利の上昇は，(他の事情を一定として)現金通貨・預金比率を低下させ，理論的には貨幣乗数を上昇させる．その効果が1年以上の遅れを伴うのは，マネーサプライとして定期性預金が主流のM_2+CDを対象としているのが一因と考えられる．公定歩合の係数の全体の和は有意な場合には正となり(表7-6の(e)欄)，一面では上のメカニズムの存在を裏付けてもいる．しかし，この効果は安定的な関係として有意に検出されないことが，むしろ特筆されるべきであろう．この原因としては，公定歩合の変更と同時に預金金利以外の金利体系も変動し，他の事情が一定でなくなることが考えられる．個々では有意でないものの全体として有意となるのは，その端的な現れとも言えよう．

公定歩合の影響についてはその解釈がクリアカットでないとしても，と

表 7-6　貨幣乗数の回帰式

$$m_t = \sum_{i=1}^{q} \alpha_i m_{t-i} + \sum_{i=0}^{4} \beta_i d_{t-i}$$

ラグ (q)	(a) $\bar{R}^2$	(b) SER	(c) $\beta_i=0$ の F 検定	(d) $\Sigma\alpha_i$	(e) $\Sigma\beta_i$
1	0.551	0.757	F(5, 114)＝1.45	0.654	−0.067
2	0.642	0.676	F(5, 113)＝1.06	0.827	−0.010
3	0.650	0.668	F(5, 112)＝1.22	0.872	0.010
4	0.917	0.326	F(5, 111)＝16.20**	1.067	0.100
5	0.9509	0.2503	F(5, 110)＝3.97**	0.991	0.030
6	0.9512	0.2496	F(5, 109)＝4.07**	0.982	0.026
7	0.954	0.241	F(5, 108)＝4.06**	1.001	0.031
8	0.956	0.236	F(5, 107)＝4.35**	1.011	0.034

注 1)　サンプル期間は 1969:2–1999:2，同期間の被説明変数の平均値は，10.525.
2)　$\bar{R}^2$は自由度調整済決定係数，SER は誤差項の標準偏差.
3)　推定式には定数項も含まれる.
4)　“*” は 5% 水準で有意，“**” は 1% 水準で有意.

表 7-7　貨幣乗数の回帰式(8 期ラグと 4 期ラグの場合)

	係数	t 値		係数	t 値
m_{t-1}	0.56	5.95**	const.	−0.27	−0.73
m_{t-2}	0.38	3.56**	δ_t	−0.05	−0.94
m_{t-3}	−0.08	−0.75	δ_{t-1}	−0.06	−0.59
m_{t-4}	0.73	8.05**	δ_{t-2}	0.07	0.71
m_{t-5}	−0.53	−5.60**	δ_{t-3}	0.15	1.45
m_{t-6}	−0.35	−3.33**	δ_{t-4}	−0.08	−1.18
m_{t-7}	0.09	0.81			
m_{t-8}	0.22	2.42*			

注 1)　諸統計値については表 7-6 を参照のこと.
2)　“*” は 5% 水準で有意，“**”は1% 水準で有意.

もかく 5 四半期以上のラグを考慮すると自由度調整済決定係数が 0.95 以上と十分高いことから，貨幣乗数の変動はかなり予測可能と判断される[15]．これが日本経済において，$M \rightarrow H$ の一方的因果関係の検出に貢献したと考えられる．ただし既述のように，貨幣乗数の予測可能性自体は教科書的な乗数アプローチの有効性を否定するものではなく，また全く逆の

15)　これは，堀内・高橋(1981)の結論と同じである．なお，貨幣乗数の予測可能性をはじめマネーサプライ・コントロールの諸問題については，日本銀行金融研究局(当時)主催の「わが国におけるマネーのコントロールのあり方」をめぐる研究会が包括的な討議を行っている．『金融研究資料』第 10 号(1981 年 11 月)参照.

$H \rightarrow M$ の一方的因果関係の可能性と矛盾するものでもない．必要条件ではあるが，十分条件ではないわけである．しかし，ここでのわれわれの専らの関心は，そもそもマネーサプライの制御が潜在的には可能なものか否かであるから，その意味では両アプローチの制御可能性を同時に否定する証拠が検出されなかったことは，とりあえずの第1関門をパスしたものと評価できよう．

4.3 マネーサプライ・コントロール

周知のように，日本銀行は1978年7月から四半期単位でのマネーサプライの「見通し」を公表した．これは，四半期先のマネーサプライの伸び率の見通しという形で公表されたものであるが，金融当局の見通しであるから，一種の中間目標を設定したものと解釈される場合もあった．Ito (1988) は，この「見通し」が単なる予測に過ぎないのか，あるいは日本銀行がマネーサプライの中間目標として設定したものであり，明言しないながらもその達成に努力してきているのか，を統計的に検証している．その結果，①実現値は見通しの予測誤差の許容範囲に入らない場合も多い，②より詳細な仮説検定によると，日本銀行は必ずしも「見通し」の達成を至上命令とせず，ケース・バイ・ケースで裁量性を発揮してきている，という結論に到達している．Ito (1988) の分析結果は，マネーサプライの制御可能性との関連で捉えると，中立的なものであろう．すなわち，日本銀行が見通し達成に最大限のコミットメントを表明したものであるならば，事後的に見通しが外れるということは，制御力がないことを意味する．しかし，もともと「見通し」は見通しであって，裁量的運営が主であるとするならば，事後的観察から制御可能性に問題は生じず，別の観点からの考察が必要となる．Ito (1988) の結論は，後者であることを示唆したものである．

別の観点からの考察として，公定歩合の動向とマネーサプライの動向が，整合的か否か検証してみよう．公定歩合を切り上げた金融引締期にはマネーサプライは減少ないし伸び率の鈍化が認められ，逆ならば逆，すなわち公定歩合とマネーサプライの伸び率の間に事後的に負の関係があれば，一応マネーサプライの制御可能性の事後的要件が満たされていることになる．

表 7-8 マネーサプライの回帰式

$$\Delta M_t = \sum_{i=0}^{q} \alpha_i \Delta M_{t-i} + \sum_{i=0}^{4} \beta_i d_{t-i}$$

ラグ(p)	(a)$\bar{R}^2$	(b)SER	(c)$\beta_i=0$ の F 検定	(d)$\Sigma\alpha_i$	(e)$\Sigma\beta_i$	(f)$\Sigma\beta_i/(1-\Sigma\alpha_i)$
1	0.187	9.25	F(5, 114) = 4.73**	−0.38	1.93	1.40
2	0.483	7.375	F(5, 113) = 1.32	0.48	0.74	1.41
3	0.484	7.368	F(5, 112) = 1.46	0.41	0.84	1.43
4	0.831	4.22	F(5, 111) = 5.01**	1.003	−0.11	39.95
5	0.829	4.24	F(5, 110) = 4.08**	0.995	−0.09	−20.44
6	0.832	4.20	F(5, 109) = 3.59**	0.95	0.01	0.22
7	0.831	4.21	F(5, 108) = 3.61**	0.93	0.05	0.71
8	0.860	3.84	F(5, 107) = 3.88**	1.07	−0.28	4.27

注 1) サンプル期間は 1969:2–1999:2. 同期間の被説明変数の平均値は，9.12%.
2) $\bar{R}^2$は自由度調整済決定係数，SER は誤差項の標準偏差.
3) 推定式には定数項も含まれる.
4) “*” は 5% 水準で有意，“**” は 1% 水準で有意.

表 7-6 の貨幣乗数についてと同様の回帰式を，マネーサプライの四半期伸び率(ΔM＝対数差分，年率換算)について行ったところ，表 7-8 の推定結果を得た.

マネーサプライのラグ値を 8 四半期前まで考慮した場合に，自由度調整済決定係数は最大となった. このとき公定歩合は 3 期前のラグ値が有意にマネーサプライの伸び率にプラスに作用し，その他の期間のラグ値は有意でない. F 検定によると公定歩合は全体として有意であり，係数の合計は −0.28 と小さいながらも負である. ただし，表 7-8 からも明らかなように，F 検定による公定歩合の有意性の結論はロバストであるものの，係数の合計については回帰式のマネーサプライのラグの長さに左右され，必ずしも安定的ではない.

以上の分析結果からは，ここで問題としている 1969 年の第 2 四半期から 99 年の第 2 四半期の期間については，公定歩合の操作で意図している金融政策の方向と事後的なマネーサプライの動向とは相容れない可能性があるというものであり，この面からはマネーサプライの制御可能性に疑義を抱かせるものである. この結果は，69 年の第 2 四半期から 86 年の第 2 四半期をサンプル期間としてまったく同様の回帰分析を行った浅子・加納(1989)の結果と対照的であり，80 年代後半期と 90 年代のデータの追加がマネーサプライの制御可能性についての認識を改めさせるものとなっている.

もちろん浅子・加納(1989)の評価も,「マネーサプライの制御可能性を否定する根拠は事後的には検出されない」という性質のものであり,積極的に制御可能性を支持するものではない.日本経済ではマネーサプライのほとんどは銀行預金であり,それを支える信用は対民間貸出であることをふまえると,かつてのように市中銀行の貸出額枠規制(窓口指導)が有効性を発揮していた時期には,日本銀行のマネーサプライの直接的コントロールがそれなりの有効性を発揮したものの,1991年以降そうした直接的コントロール手段を失った日本銀行にとって,マネーサプライの制御はより困難になったことを反映したものといえよう.

マネーサプライの制御については,特にアメリカが1979年に新金融調整方式に移行し,中間目標としてのマネーサプライが最優先項目とされたのにもかかわらず,その後のマネーサプライ・コントロールが不十分であり,制御可能性に疑問が呈せられることとなったのが,その困難さの象徴とされた.日本においても,第1次石油ショック直前のいわゆる過剰流動性期のエピソードや80年代後半期のバブル期におけるマネーサプライの急増と関連して,金融当局のマネーサプライ管理能力に批判が向けられたのは有名である.ただし,これらの時期の問題は制御可能性よりもむしろ金融当局の情勢判断の誤りに起因する面もあり,制御しようにもその方向が誤っていた可能性も否定できない.

従来の直接的コントロール方式に替って,マネーサプライ管理としてハイパワード・マネーの能動的な操作が必要となった現在が,マネーサプライの制御可能性が真価を問われる段階にある.このとき,従来のようなMからHへの一方的因果関係の世界に慣れ親しんだ発想では,制御力をみすみす喪失してしまうことになるのである.

5　おわりに

本章では,統計モデルの応用やデータの初歩的観察に基づいて,日本の金融政策の政策目標と制御可能性について考察してきた．政策目標に関しては，国内均衡要因として実物経済の活動水準，インフレーション，累積国債残高の3つを，また対外均衡要因として経常収支の不均衡と為替レートの2つをとりあげ，合計5つの中から毎期毎期金融政策の基本スタンスに影響を及ぼす政策目標を統計的基準で選び出す手法を採用した．結果として識別された政策目標は，日銀による公式見解とかなりの程度合致したものとなった．このことは，一方ではわれわれの統計モデルのパフォーマンスの目安となると同時に，他方金融当局の基本スタンスが全くデタラメに決定されてきた訳ではなく，かなりの程度システマティックな運営がなされてきたことの客観的な裏付けがなされたものとみなせよう．

政策目標変数の動向により金融政策の基本スタンスが決められた場合，次の課題は政策意図が事後的にも実行されたか否かであるが，この点については近年のデータが加わるにつれて，制御可能性に疑義が浮上してきたと評価できよう．もっとも，より強いインプリケーションを得るためには，より緻密な研究が必要であろう．

第8章　財政政策の内部ラグと外部ラグ

本章では，景気対策の機動性に焦点をあてながら，公共投資の景気安定化面での評価を試みる．より具体的には，財政政策の内部ラグと外部ラグを計測する．

日本においては，特に建設国債の発行に踏み切った1965年度以降，景気後退期に国の本予算における公共事業費の拡充や補正予算による緊急的増額を行ってきた．これらは，典型的なケインジアン流の景気対策と考えられる．一部には，「日本ではケインズ経済学に則った裁量的な財政政策はとられたことがない」との見解もあるが[1]，計量経済学的手法に判断を委ねるとケインジアン流の裁量政策が採用されていたとの説を棄却できない[2]．第1次石油ショック以降に策定された一連の景気対策である「総合経済対策」の目玉も公共投資の追加・拡充であり，その都度低迷する経済のポンプ役が期待されてきた．

公共投資を景気対策として用いるべきか否かに対しては，根本的にはその効果が問われるのは言を俟たない．しかしながら，最近では多くの国で，やり繰りが苦しい財政状況の下で財政赤字縮小の必要性といった付随的要因も台頭してきており，とくに欧米の主要先進国では，景気対策としての公共投資は行われなくなってきている．もちろん，これらの国ではそもそも公共投資がGDPに占めるシェアが低く景気刺激効果はそれほど大きくないのも確かであり，本来日本とは同列に議論できない[3]．しかしながら，バブル崩壊後の1990年代の長期不況期を通じて財政当局が財政状況の悪化に相当懸念を示しているのも確かであり，デフレ懸念が払拭した後には景気対策としての公共投資の拡大にも慎重になりつつある．

本章は浅子(1996)と浅子・上田(1998)に基づく．

1)　例えば，野口(1996)．

2)　例えば，Asako, Ito and Sakamoto(1991)を参照．

3)　さらに，有効需要不足による非自発的失業が主流の経済と，労働市場の構造的失業が主流の経済とでは，公共投資の景気刺激効果は当然異なるであろう．

本章の主要な目的は，以上の問題意識の下で，1975年度以降の日本の公共投資政策を，景気対策の観点から評価することである．景気対策としては，当然ながら，その政策が機動的に発動されるのが望ましい．しかし，公共投資には，それが予算審議の対象であること，国と地方公共団体等が必ずしも一枚岩ではないといった問題点があり，必ずしも機動性が確保されているとは言い難い．また，景気対策としては政策発動のタイミングが決定的に重要となるが，その際に，第4章でみたように，実際に政策効果が発揮されるまでのラグ(時間の遅れ)の所在と民間経済主体が政策発動を予期して起こるリード(事前の反応)の両面を考慮する必要があり，本章での政策評価の基準もここにある．政策ラグは，政策当局の責任範囲である内部ラグと政策を発動した後効果が発揮されるまでの外部ラグからなるが，本章ではこれらのラグの長さの推計を試みる．

本章の構成は次の通りである．まず第1節では，景気対策としての公共投資の機動性にとって制約となる論点を概観する．具体的には，財政当局にとっての制約事項と財政当局の景気対策への認識を評価する．第2節では，景気対策の行動ラグを推計する．第3節では，意図された政策が実際に発動されてきたか否か，すなわち景気対策の制御可能性を評価する．第4節と第5節では，異なる定式化に基づいて，政策発動後効果が現れるまでの外部ラグの長さを推計する．外部ラグの長短は，経済主体の行動様式や財・サービス市場の特性といった構造経済を集約するものであるから，常に一定というわけではないと考えられ，ここではまずDPマッチング(Dynamic Pattern Matching)法と呼ばれる統計的手法によって推計する．もっとも，可変ラグの推計はDPマッチング法が唯一の統計的手法でもないことから，別の定式化による推計も試みる．なお，これらの節では，金融政策の外部ラグも推計する．

1　景気対策としての公共投資

本節では，1975年度以降の日本における公共投資政策の実際をみながら，景気対策としての役割を評価する．ここでの評価は，第4章で理論的に考察した，政策発動の機動性やタイミングに関連したものであり，公共投資の乗数効果の大小そのものを対象とするものではない.

具体的には，まず第1項では，機動的政策発動にとって障害となる制約について，3つの問題を実際的見地から指摘する．第2項では政府が景気対策の必要性をどれだけ認識していたかを考察し，いわば景気対策の内部ラグのうちの認知ラグの見当をつける.

1.1　財政当局の制約

まず，景気対策としての公共投資に過度の期待を抱くことがないように，実際的見地から，政策当局が機動的な政策運営を行う上で障害となる制約を指摘しておこう.

(1) 財政構造改革　本章の主要な考察対象は第1次石油ショック直後の1975年度以降の期間である．周知のように，75年度の補正予算において戦後初めて赤字国債を発行し，当初は緊急避難的措置の予定が結局恒例化し，この後70年代の後半年度を通じて赤字国債の発行残高は累増した．80年代に入ると財政再建のスローガンを掲げ，国の一般会計予算の内の一般歳出の対前年度伸び率に対して，82年度予算に際してゼロ・シーリング，および翌年度から5年間マイナス・シーリングを設定した.

1970年代の後半に何故赤字国債が累増したかについては，ケインズ的裁量政策説，歳出の慣性説，外圧「機関車論」，新税導入楽観論，等が提示されてきた．次章で詳しくみるように，これら諸説の中で浅子・伊藤・坂本(1991)は，第1次石油ショック以前にコミットした福祉政策に関連して，高率のインフレーションの下でもスライド支出せざるを得なかった側面が最も大きかったと評価している．このような歳出慣性やゼロ・シーリング，マイナス・シーリングの結果，例えば公共事業関連支出の構成比にほとんど変動の余地がなかったといった財政硬直化が蔓延し，財政政策の機動性を大きく減じることとなった.

赤字財政の体質は，財政再建の努力と1980年代後半のバブル経済期の意図せざる税収増の恩恵もあって，90年度の赤字国債の発行がゼロという形でとりあえず解消された．しかし，息つく暇もなく90年代に入るや否やバブルの崩壊に直面し，それまでの反動として深刻な景気後退に襲われた．もともと景気後退の結果としての税収の落ち込みが激しいのは明白であるが，それに加えて景気政策の一環としての減税・積極財政の結果，当然ながら再び財政赤字は拡大することになった．

このような流れのなかで，いわば当然の声として再度財政再建が叫ばれるようになり，財政制度審議会が1995年12月にまとめた「財政の基本問題に関する報告」と「歳出の削減合理化の方策に関する報告」では，公共投資を景気政策の手段とするケインズ政策に慎重な姿勢が打ち出された．こうした経緯の後，次章で詳しくみるように，97年11月には橋本龍太郎内閣の下での財政構造改革法の成立となった．

もっとも，長期的視点から導入が図られた財政構造改革は，直接的な緊縮財政効果ないし間接的なさまざまな経済効果を通じて短期的には景気の不安定化をもたらし，1998年に入ると景気対策としての公共投資に期待がかかり，政府も4月には規模にして16兆6000億円の総合経済対策を打ち出した．その後も98年9月に平均株価がバブル崩壊後の最安値をつけるに至る不況の手詰まり感の中で，11月には事業規模にして23兆9000億円の緊急経済対策を追加決定し，さらに98年度の補正予算と99年度の本予算を連続させた「15か月予算」の編成を図ったり，99年度予算の史上最短期間での国会での議決と，財政面では可能な限りの措置をとってきたと一定の評価を得た．

この間，財政構造改革法については1998年5月に改正が図られ，財政健全化目標の達成年度の2年間の先送り，経済情勢等に応じ赤字国債の発行制限規定を一時停止する「弾力条項」の盛り込み，等が決まった．しかし，これでは緊縮財政の不安が解消せず個人消費や設備投資の増大につながらないとの懸念から，98年7月の参議院選挙の予想外の敗北を受けて橋本首相が退陣した後を襲った小渕恵三首相の下で，98年11月には財政構造改革法を期限を切らずに凍結する方針が閣議決定された．

(2) 公共投資基本計画　公共投資については，日米構造協議を背景として，21世紀を見据えた長期的観点から1990年6月には「公共投資基本計画」が策定され，91-2000年度の10年間に430兆円の公共投資を施行することとされた[4]．この430兆円という額は，当該10年間の当初の実績見込額の約263兆円を大幅に拡充したものであった．しかしながら，92年6月の「生活大国5か年計画」や93年12月の経済改革研究会報告（平岩レポート）でさらなる社会資本の整備が唱えられ，94年10月には95-2004年度の10年間に630兆円の公共投資を行うように公共投資基本計画を上方修正した[5]．新しい基本計画では，単純平均では1年度当たり63兆円の公共投資が必要となる．この基本計画には「後世代に負担を残さないような財源の確保を前提として」という点が新たに明記されているが，94年度の公共投資推計額49.9兆円を発射台として機械的な伸び率を求めると，年率4％程度の成長が必要となる計算となる．

マクロ的な長期計画としては，公共投資基本計画の他にも，歴代の内閣がおおよそ5年単位で策定して来た長期経済計画，原則として10年単位で基本的な国土利用計画の指針となった全国総合開発計画がある．これらは，直接間接に長期計画と整合的な公共投資の総額やタイム・プロファイルを規定してきた．

個別分野の公共投資については，必ずしもそれぞれの計画期間は同一ではないものの，従来から道路，港湾，下水道，住宅等16分野にわたってより細部にわたる長期整備計画が策定され実施に移されてきた．例えば，1993-97年度を対象期間とした道路についての第11次道路整備5か年計画は，事業規模が76兆円に上った．計画の更新回数が多い順では，漁港，治山，治水，港湾，下水道，廃棄物処理施設と続いている．他方，相対的に歴史が新しい分野には，森林整備，急傾斜地，沿岸漁場整備，都市公園等がある．

さて，以上のようなマクロ・ミクロの長期的整備計画を前提とする限りにおいては，公共投資の対象事業については基本的には全体像が把握され，

---

4)　ただし，厳密には弾力枠として15兆円が設けられていた．すなわち，目標額は415-430兆円と幅があった．

5)　ここでも弾力枠として30兆円が設けられており，厳密には600-630兆円と理解されるべきである．

それらの中での優先順位も大筋では決定済みと考えられる．資源配分の効率性の観点からは，公共投資が社会資本ストックを増加させそれが生産力効果を発揮する程度に応じて，優先順位を決定するのが望ましいのは明らかである．ところが，景気対策として公共投資を割り当てるにあたっては，既に決定済みの施行計画の契約を年度内で早めるか遅らせるかの操作をするか，あるいは年度の枠を超えて調整する必要がある．こうした際には，機動性を確保する観点からは，資源配分の効率性基準を多少逸脱するのはやむを得ないであろう．

(3) 公共投資の操作可能性　最後に，公共投資の操作可能性についてみる．国の財政当局の意思通りに公共投資を決められない場合，やはり景気対策の機動性にとって制約となる．

公共事業の規模をみる指標としては，国の一般会計の「公共事業関係費」と国民経済計算上の「公的資本形成」がよく用いられる．前者の公共事業関係費は，あくまでも国の一般会計中の公共事業関係の歳出を主要経費別分類に従って集計したものであり，国の一般会計中の政府固定資本形成該当分を集計したものではない．後者の公的資本形成は国民経済計算上の概念であり，国のほか，地方公共団体，公団，政府関係機関，地方公営企業等を含み，いわゆる政府部門の投資を表す．公共投資は，概ね公的資本形成に対応するが，後者に含まれない用地補償費を含む点など若干の技術的な差はある．

次に，事業を行う主体によって公共事業を分類すると，国の直轄事業，補助事業，地方単独事業，等に分けることができる．直轄事業は，経費の一部は地方公共団体が負担するものの，国の意思決定が直接反映される．補助事業は，国から補助を受けて，地方公共団体が行う事業である．地方単独事業は，文字通り地方公共団体独自の考えで行われ，国庫補助金を伴わない．

このように，景気対策として公共投資を増大するとしても，直接国レベルで操作できるのは公共事業関係費が主であり，しかもその中でも直轄事業とせいぜい補助事業ということになろう．このような問題が内在するた

表 8-1　経済成長率の政府経済見通し

	政府経済見通し		実質 GNP				
	閣議了解	改定日	当初見通値	改定値	実績値	改定値－当初見通値	実績値－当初見通値
			(a)	(b)	(c)	(d)＝(b)－(a)	(e)＝(c)－(a)
1975	12月28日	10月 9日	4.3	2.2	3.4	－2.1	－0.9
1976	12月24日	―	5.6		5.7		0.1
1977	1月11日	10月 3日	6.7	6.7	5.6	0.0	－1.1
1978	12月21日	9月18日	7.0	7.0	5.7	0.0	－1.3
1979	12月28日	8月30日	6.3		6.1		－0.2
1980	12月20日	9月 5日	4.8	4.8	3.7	0.0	－1.1
1981	12月21日	10月 2日	5.3	4.7	3.3	－0.6	－2.0
1982	12月21日	10月29日	5.2	3.4	3.3	－1.8	－1.9
1983	12月25日	―	3.4		3.9		0.5
1984	1月19日	9月19日	4.1	5.3	5.0	1.2	0.9
1985	12月22日	―	4.6		4.3		－0.3
1986	12月23日	―	4.0		2.6		－1.4
1987	12月24日	―	3.5		5.2		1.7
1988	12月22日	―	3.8		5.3		1.5
1989	1月18日	―	4.0		4.8		0.8
1990	12月22日	―	4.0		5.5		1.5
1991	12月22日	―	3.8		3.2		－0.6
1992	12月21日	―	3.5		0.7		－2.8
1993	12月20日	―	3.3		－0.4		－3.7
1994	2月10日	―	2.4		0.5		－1.9
1995	12月19日	―	2.8		2.5		－0.3

注）「政府経済見通し」の「改定日」の表中“―”は，改定がなかったことを示す．

めに，後にみる「真水論争」のように，国の財政当局が意思決定をしたとしてもそのうちどれだけ実行されているか，といった制御可能性(controllability)の問題も生じることになる．

1.2　景気対策への認識

まず政策の内部ラグのうちの認知ラグにメスを入れるために，政府が景気対策の必要性をどれくらい認識していたかを考察する．景気局面に対する政府の現状認識を知るためには，政府の経済見通しをチェックするのがひとつのアプローチと考えられる．

表8-1は，実質GNP(1994年度以降はGDP)の成長率に関する政府経済見通しを，(a)当初見通し値，(b)見通しの改定値，および(c)実績値の順にまとめたものである．当初の経済見通しが閣議決定され公表された日付と(もしあれば)その改定日も付してある．これらの値を相互に比較した，(d)改定値と当初見通し値の乖離，および(e)実績値と当初見通し値との乖離も計算した．

政府の経済見通しは翌年度の本予算の編成方針の根拠にもなるものであり，通常12月末の大蔵原案提出に合わせて閣議了解され，予算の国会提出に合わせて閣議決定される．従来，見通しの改定は下半期が始まる10月に合わせて9月中か10月上旬に行われていたが，1985年度以降は原則行われなくなった．改定が行われた年度についても，改定幅そのものはそれほど大きなものではない．また，実績値と比べると，75年度や81–82年度のように下方修正した場合も，84年度のように上方修正した場合も，改定幅は結果的には過小評価に終わっており，見通しの改定に保守的な姿勢がうかがわれる．

次に，(e)欄の実績値と当初見通し値の乖離を観察すると，これには明らかにシステマティックな誤りが認められる．すなわち，政府見通しは利用可能な情報を最大限効率的に利用した合理的(rational)なものではなく，実績を過大評価する期間と過小評価する期間がそれぞれしばらく持続する傾向がある．ただし，このような適応的な予想形成(adaptive expectations)は，恒久的なショックを一時的ショックと錯誤している際にはもっともな反応であり，それがシステマティックな誤りを持続させる．政府が実質GNPの成長率についてこのような錯誤をしていた可能性はあるが，もともと(定義によってショックが持続する)景気循環を前提としているところであるから，過去の経験からの学習効果もなしに，ショックを一時的なものとみなし続けるのは不勉強といわれてもやむをえないであろう．

別の解釈は，政府が恣意的にシステマティックな誤りを犯していた可能性である．より具体的には，経済見通しはその年度の歳入見通しの根拠になるものであるから，予算案から逆算して「望ましい」経済成長率を設定するというものである．一見この仮説は説明力が高そうであるが，政府と民間の経済見通しを比較した研究では必ずしも政府の経済見通しに特別の偏りがあるとはいえないとの報告もあり，結論を出すには相応の留保条件が必要であろう[6].

ちなみに，1992年度から94年度までの実質GDPの成長率について，政府の経済見通しと民間の予測機関の予測値を比較すると，前者が順に3.5%，3.3%，2.4%なのに対し，後者は3.1%，2.7%，0.5%となっている.実績値は0.7%，−0.4%，0.5%であり，94年度については民間の予測機関の予測が的中し政府の見通しが誤りであったものの，92年度と93年度は(民間の予測の方がやや低めであったが，共に実績値を大幅に過大評価していたという意味では)政府も民間も五十歩百歩の予測形成を行っていたと判断されるのである．しかも，民間の予測も複数の予測機関の平均値でなく個別機関の予測値をとりだすと，予測のパフォーマンスの意味では政府の経済見通しと大差ないのである[7].

政府が恣意的に経済見通しを操作していたか否かは別として，経済見通しにみられるシステマティックな誤りの存在は，それだけ景気対策の必要性を減じさせることになる．すなわち，認知ラグの存在の傍証となっているのである．とくに，1985年度以降見通しの改定を行っていないことから，追加的な政策措置に対する認知ラグを長くさせていると考えられる.

2　景気対策の行動ラグ

次に，政策発動の行動ラグについてみる．景気対策としての公共投資の行動ラグを分析する際には，本予算の対象となる公共事業の施行方針の決定と，秋の景気対策の決定に分けて考察するとよい．より具体的には，前者については国の予算現額[8]の公共事業関係費の上半期契約進捗率の目標

6)　政府の経済見通しが良好な成績を修める時には概して民間の予測機関の予測も良好であり，政府の見通しが見当はずれの時には民間の成績も芳しくない．詳しくは，浅子・佐野・長尾(1989)を参照.

7)　民間の数値は主な予測機関の平均値(1994年度は22機関，1993-94年度は52機関)である．ここの数値は大蔵省の資料から借用させていただいた.

8)　予算現額とは，当年度予算額に前年度繰越額，予備費使用額および流用等の増減額を加えたものである.

表 8-2　行動ラグ：公共事業施行方針の決定日

	概略方針の決定		予算成立	閣議決定		公共事業等施行対策連絡会議		日数				
	(a)	前倒し比率	(b)	(c)	前倒し比率	(d)	前倒し比率	(a)↓(b)	(b)↓(c)	(c)↓(d)	(a)↓(d)	(b)↓(d)
1975	6月16日	70程度	4月 2日					−76				
1976			5月 8日									
1977	3月11日	70程度	4月16日	4月19日	73	4月21日	73.0	36	3	2	41	5
1978	3月25日	70程度	4月 4日	4月 7日	73	4月10日	73.0	10	3	3	16	6
1979			4月 3日	4月 6日	65〜70	4月 9日	66.9		3	3		6
1980	3月19日	当面抑制	4月 4日	4月 8日	60	4月21日	59.5	16	4	13	33	17
1981	3月17日	70＋	4月 2日	4月 7日	70＋	5月11日	70.5	16	5	35	56	40
1982	3月16日	75＋	4月 5日	4月 9日	75＋	4月26日	77.3	20	4	17	41	21
1983	4月 5日	70＋	4月 4日	4月12日	70＋	4月25日	72.5	−1	8	13	20	21
1984			4月10日	4月17日		4月26日			7	9		16
1985			4月 5日									
1986	4月 8日	過去最高を上回る	4月 4日	5月9日	過去最高を上回る	5月9日	77.4	−4	35	0	31	35
1987	5月29日	80＋	5月20日	6月2日	80＋	6月2日	80.1	−9	13	0	4	13
1988			4月 7日									
1989			5月28日									
1990			6月 7日									
1991			4月11日									
1992	3月31日	75＋	4月 9日	4月14日	75＋	4月14日	75.2	10	5	0	15	5
1993	4月13日	75＋	3月31日	4月13日	75＋	4月14日	75.7	−13	13	1	1	14
1994			6月23日									
1995	6月27日	75＋2)	3月22日	6月27日	75＋	7月 3日	75.6	−97	97	6	6	103

注 1)　表中“＋”は「以上」(例えば70＋は70以上)を意味する．
2)　1995年(a)欄“75＋”には「阪神大震災の被災地を除き」と注意書きがある．

値の決定過程を，後者については総合経済対策の公表日と補正予算の成立日との関係に注目する．

2.1　公共事業施行方針の表明

表 8-2 は公共事業施行方針の決定に関連して，(a)概略方針の決定日，(b)本予算の成立日，(c)閣議決定日，(d)公共事業等施行対策連絡会議開催日，および(e)それらの節目節目間の経過日数をまとめたものである．さらに同表には，各段階での公共事業の前倒し比率(上半期契約進捗率)も記してある．概略方針の決定日としては通常は経済対策閣僚会議の開催日としたが，例外的に1977年度＝経済対策に関する関係閣僚の会，80年度＝

物価問題に関する関係閣僚会議，82年度＝大蔵大臣の閣議発言，95年度＝公共事業等の施行対策に関する関係閣僚による連絡会議および緊急経済閣僚懇談会を対象とした．なお，公共事業等施行対策連絡会議の構成員は，大蔵大臣が議長，内閣官房副長官，経済企画事務次官，大蔵事務次官，自治事務次官の4人が副議長となり，各省庁の事務次官が委員となっている．会議の目的は，公共事業等の施行の進捗状況及び事業の施行に伴う諸問題について協議することである．

行動ラグの特徴を探るに当たって，概略方針の決定日と本予算の成立日，本予算の成立日と閣議決定日，閣議決定日と公共事業等施行対策連絡会議開催日のラグを計測し，定型化されたパターンがあるか否かをみる．おおよそ観察される特徴は以下の3点である．

まず第1に，概略方針の決定日は予算が成立する3月から4月にかけてが多いが，細かく観察すると，予算の成立日との間には特に決まったパターンはなさそうである．例えば，1975年度と95年度はそれぞれ予算成立後76日目と97日目に概略方針が決定されているが，77年度は予算が成立する36日前に概略方針が決められている．さらに，表8-2で概略方針が設定された12年度分を分類すると，予算成立前に決定されたのが6年度，予算成立後に決定されたのが6年度とちょうど半々に分かれる．本来は，こうしたパターンが施行方針の内容に依存する可能性も考えられる．例えば，前節の理論分析からは，「強く施行促進や施行抑制を意図している場合には，概略方針の決定を早める」のは，アナウンスメント効果が政策意図をエンドースする場合には望ましい政策運営である．しかし，表8-2の前倒し比率からは，そのような傾向は認められない．

第2に，前倒し比率の正式な閣議決定は，1980年代の前半までは予算成立直後に行われていたが，80年代の後半以降は予算成立後，日数を要するようになった．とりわけ86年度と95年度には，それぞれ1か月以上，3か月以上のラグを要した．86年度はプラザ合意後の円高不況期，95年度はバブル崩壊後の深刻な不況期であり，ともに大型の景気対策が期待されたことから，その草案に日数を要し行動ラグが長くなったと考えられる．

第3に，閣議決定から事務レベルの決定がなされる公共事業等施行対策連絡会議開催日までの日数は，原則的には短い．1986 年度，87 年度，92 年度のように同一日に決定されたこともあるくらいである．ところが，第 2 次石油ショック後の 80 年度から 84 年度までの 5 年間は，この間の行動ラグはかなり長くなっているのが特筆される．この時期は財政再建の旗印の下でゼロ・シーリングやマイナス・シーリングが設定された時期とも部分的にオーバーラップし，80 年度の施行抑制と 81 年度から 83 年度までの施行促進方針との整合性に腐心した結果であろう．

以上の 3 つのラグを合計した行動ラグを計算すると，概略方針の決定から事務レベルの前倒し比率の目標値が決定されるまでの日数は，1975 年度から 86 年度までは対象となる 7 年度分は平均して 34 日要していたが，87 年度以降は大分短縮され，対象となる 4 年度分の平均は 6.5 日になっている．また，予算成立日から事務レベルの具体的目標値決定までの日数をみると，70 年代の後半は 1 週間以内だったものが，80 年代に入って平均として 3 週間前後と長くなり，90 年代は再度短縮されかかったが 95 年度には 103 日と異常値をとるに至っている．

2.2 秋の景気対策

表 8-3 は，恒例となっている「秋の景気対策」ないし一連の「総合経済対策」の名称とその公表日，予算措置の有無，補正予算の提出日から成立日までの日数，本予算成立日から政策公表日までの日数，予算措置を伴う場合の政策公表日から補正予算提出日までの日数，等を整理したものである．

予算措置を伴った景気対策は，1975-95 年度の 21 年間に合計 13 回(1993 年度は年度内に 3 回)あり，月別構成は 4 月＝1 回，5 月＝1 回，8 月＝1 回，9 月＝6 回，10 月＝3 回，2 月＝1 回となっている．すなわち，70% 近くは 9 月と 10 月に集中しており，文字通り秋の景気対策となっている．本予算の成立日(表 8-2 を参照)と景気対策が打ち出される日までの日数をみると，1987 年度の「緊急経済対策」と 93 年度の「総合的な経済対策の推進について」がそれぞれ 9 日と 4 日と，ほとんど本予算成立と同時にアナウンスされているのを例外として，残りの 11 回の景気対策は平均して本

表 8-3　秋の景気対策

日付		名称	予算措置表明	補正予算 提出	→ 成立	日数	要した日数 本予算成立後	補正予算提出まで
1975	9月17日	総合的な景気対策の推進について	○	10月 9日	11月 7日	29	168	22
1976	11月12日	当面の経済情勢とその対策について	×	2月 3日	2月22日	19	188	
1977	9月 3日	総合経済対策	○	10月 3日	10月24日	21	141	30
				1月17日	1月31日	14		
1978	9月 2日	総合経済対策	○	9月26日	10月12日	16	151	24
1979				1月24日	2月14日	31		
1980	9月 5日	経済の現状と経済運営の基本方針	×	1月26日	2月13日	18	154	
1981	10月 2日	当面の経済運営と経済見通し暫定試算	×	1月25日	2月17日	23	183	
1982	10月 8日	総合経済対策	○	11月30日	12月25日	25	186	53
1983	10月21日	総合経済対策	○	2月 8日	2月24日	16	200	110
1984				1月25日	2月13日	19		
1985	10月15日	内需拡大に関する対策	○	1月24日	2月15日	22	193	101
1986	9月19日	総合経済対策	○	10月31日	11月11日	11	168	42
1987	5月29日	緊急経済対策	○	7月 6日	7月24日	18	9	38
1988				2月 8日	3月 7日	28		
1989				1月19日→審議未了				
				2月28日	3月26日	26		
1990				12月10日	12月17日	7		
				2月25日	3月 6日	9		
1991				12月 6日	12月13日	7		
1992	8月28日	総合経済対策	○	10月30日	12月10日	41	141	63
1993	4月13日	総合的な経済対策の推進について	○	5月14日	6月 8日	25	4	31
	9月16日	緊急経済対策	○	11月30日	12月15日	15	160	74
	2月 8日	総合経済対策	○	2月15日	2月23日	8	305	7
1994				1月20日	2月 9日	20		
				2月24日	2月28日	4		
1995	9月20日	経済対策一景気回復を確実にするために	○	一次: 5月19日	5月19日	4		
				二次: 10月 4日	10月18日	14	182	14

注）「予算措置表明」の表中“○”はあり，“×”はなし，である．

予算成立後181日となっている.

政策のアナウンスメントから補正予算を提出するまでの平均日数は40日間(最短で7日, 最長で110日)であり, 補正予算が成立するまでには平均20日間(最短で8日, 最長で41日)を要している. すなわち, 公表された景気対策が補正予算で裏付けられるまでには, 平均して2か月間(最短で15日, 最長で126日)のタイムラグが存在することになる. 公共事業のうち大半は補助事業であり, この施行のためには地方議会での審議も必要であることから, 補正予算が成立して後, 実際に支出されるまでには更に時間的遅れが関与するであろうから, 景気対策の行動ラグはかなりなものと考えられる.

3　景気対策の制御可能性

景気対策としての公共投資を評価するにあたって, 最後の論点として, 意図された政策が実際に発動されてきたか否かを評価する. この場合も, 前節同様, 本予算の対象となる公共事業の施行方針の決定と, 秋の景気対策の決定に分けて考察する. ここでは, 前者については前倒し比率の実績値をみることによって目標値が達成されたか否かを判断し, 後者については総合経済対策の「真水」部分をめぐる論争についてふれる. 最後に, 予算の未消化の問題を考察する.

3.1　前倒し比率の実績値

本予算の公共事業の施行方針について, その政策意図が実際に発動されたか否かをチェックするには, 前倒し比率の目標値と事後的に達成された前倒し比率の乖離をみればよい. 表8-4はこの目的のために作成したものであるが, ここでは国全体の公共事業と建設省所管の公共事業の2段階のレベルで, 目標値と実績値を比較してみた.

まず国全体をみると, 1980年度と82年度を除き, 基本方針が施行促進の年度では必ず実績が目標と同じか上回り, 施行抑制の年度では実績が目標と同じか下回っており, 目標と実績が乖離したとしても政策意図をオー

表 8-4 国全体と建設省所管の前倒し比率

年度	国全体			建設省			
	基本方針	目標値	実績値	目標値	実績値	うち目標値が国全体を上回る	実績値が国全体を上回る
1969			68.3		64.2		
1970			65.8		62.7		
1971	促進	72.2	76.7	68.8	72.7		
1972	促進	72.4	73.9	67.5	69.9		
1973	抑制（繰延率 8.0）	55.8	54.7	53.3	52.2		
1974	抑制（繰延率 8.0）	53.9	52.8	51.8	50.8		
1975		70.0	68.3	69.9	68.3		
1976			65.3		67.4		○
1977	促進	73.0	75.1	71.6	74.1		
1978	促進	73.0	76.0	70.7	73.8		
1979	機動型（留保率 5.0）	66.9	66.7	64.7	66.6		
1980	抑制	59.5	59.6	59.8	60.8	○	○
1981	促進	70.5	70.5	70.7	70.7	○	○
1982	促進	77.3	77.2	77.8	78.0	○	○
1983	促進	72.5	73.5	74.5	75.3	○	○
1984	自然体		72.0		75.0		○
1985	自然体		71.8		74.2		○
1986	促進	77.4	77.5	80.0	80.1	○	○
1987	促進	80.1	80.1	82.5	82.8	○	○
1988	自然体		68.0		69.0		○
1989	自然体		68.2		69.1		○
1990	自然体		68.2		69.1		○
1991	自然体		68.3		68.6		○
1992	促進	75.2	77.4	77.0	78.5	○	○
1993	促進	75.7	78.1	77.5	78.8	○	○
1994			71.6		71.3		
1995	促進	74.2(75.6)	74.2(75.9)	(76.3)	(76.5)	○	○

注） 1995 年度の（ ）内数字は，阪神大震災の被災地を除いた数字である．
出典） 建設省公共事業予算研究会編『公共事業と予算（平成 7 年度版）』．

バーシュートした結果であり，その意味では基本的には目標は達成されてきたと評価できよう．建設省所管に限った場合でもほぼ同様であり，80年度の施行抑制期に実績が目標値を上回っているのが唯一の例外となる．施行方針が機動型とされた79年度では，国全体レベルでは実績値が目標値を下回っているが，建設省所管レベルでは実績値が目標値を上回っている．しかしいずれにしても，乖離があったとしても乖離幅は小さいといえる[9]．

ところで，公共事業に占める建設省の役割には非常に大きなものがあり，施行方針の面でも他省庁と比して主導的な役割が期待されるところである．ところが，国全体レベルと建設省所管レベルを比較すると，目標値の設定段階では1970年代を通じてはかえって建設省所管レベルの目標値の方が国全体レベルの目標値を下回っており，この関係が逆転したのはようやく80年代以降となっている．実績値についてもほぼ同様の傾向が観察される．

国全体の公共事業の予算現額に占める建設省所管の割合は，1975年度から84年までは40％台で推移していたが，85年度に58％台に急上昇し，87年度以降は65％前後で安定的に推移している．85年度の急上昇は旧電信電話公社の民営化等で国全体の予算現額が2兆円強減少したなかで，建設省所管の予算現額はほぼ横這いで推移したことによる．表8-4における建設省所管の公共事業の前倒し比率に質的変化が起こったのは80年度を境としていることから，国全体の公共事業の予算現額に占める建設省所管の割合の変化では説明がつかない．80年代の特徴は財政再建の下でゼロ・シーリングやマイナス・シーリングが設定されたことであり，その副産物として公共事業予算の事業別配分を硬直化させることになった．一般会計当初予算ベースでみた場合に，代表的な建設省所管事業である道路整備の割合は70年度で41.6％，75年度で32.9％であったものが，80年度以降は29％前後でほとんど変動しない状態が続いている．このように70年代を通じて道路整備のウェイトが低下した事実を踏まえれば，道路整備

9) 異なるサンプル期間についてであるが，前倒し比率の目標がおおむね達成されていたとの評価は，浅子・加納(1989)にもみられる．

に関しては前倒し比率が容易には操作できないと考えると，とりあえず表8-4の逆転の謎は説明可能となろう．しかし残念ながら，事業別の前倒し比率に関する時系列データが入手できないために，この仮説を検証することはできない．

3.2　真水論争

秋の景気対策については，通常事業規模が公表される．その規模に対してアナウンスメント効果や失望効果が発生する．しかし，この事業規模は異質な「事業」を単純に合計したものであり，そこから真の公共投資にあたる「真水」部分をめぐる論争が惹起されることがある．例えば，1995年9月20日に策定された「経済対策――景気対策を確実にするために」の総事業規模は14.2兆円と，減税を除外した支出規模では空前のものである．しかし，14.2兆円の内訳は，一般公共事業費や災害復旧事業(4.6兆円)，科学技術・情報通信の振興(0.4兆円)，自治体の公共用地先行取得(3.2兆円)，阪神・淡路大震災関連事業(1.4兆円)，ウルグアイ・ラウンド農業合意関連対策費(1.1兆円)，地方単独事業(1兆円)，住宅金融公庫の融資拡充(0.5兆円)，中小企業対策(1.3兆円)，等と多岐にわたっている．これらのうち，政府の発表では公共投資分は12.8兆円に達する．

しかし，総事業のなかには，いわゆる真水にならないとされる事業も含まれており，政府の定義の公共投資にも疑問が残ると批判されている．ただし，真水の明確な定義があるわけではなく，それをめぐる論争も展開されているほどである．ここでは，清水・伊藤・梛沢(1995)の定義をみてみよう．彼らの第1の定義は，「GDPにカウントされないものと融資など民間との代替が予想され効果が失われるものを除外する」もの(以下，ケース1)であり，第2の定義は，「ケース1から，事業の執行主体が中央政府でないものや，仮に中央政府が主体だとしても，通常支払いが予定される支出項目を除外」したもの(以下，ケース2)である．

この定義によって1995年9月の経済対策の真水部分を計算すると，ケース1では用地費を除く一般公共事業費と災害復旧事業，施設費および地方単独事業の合計で7兆円，真水比率49.3%，ケース2では3.9兆円で真水比率は27.5%になる．清水・伊藤・椥沢(1995)では，表8-3の他の秋の景気対策についても真水部分を試算しており，予算措置を伴った景気対策13回の真水比率の平均はケース1で51.5%(最大75.7%，最小25.5%)，ケース2で25.4%(最大49.5%，最小11.0%)となっている．ただし，清水・伊藤・椥沢(1995)の真水の定義も，広い意味での景気対策を念頭においた場合に妥当なものかは，さらに検討を要しよう．例えば，低利融資による住宅対策は実際にかなりの住宅投資となって結実したと考えられる．これは，一面では，景気対策として公共投資の動向だけに注目する立場の危険性を示している．なお，一部では，財政が赤字になりさえすればよいとの真水の基準もあるが，これも同様の危険性を孕んでいよう．

3.3 予算の未消化

最後に，とりわけ近年注目を浴びている予算の未消化問題について考察する．補正予算で大型の景気対策が組まれても，予算の執行遅れが起こると，当然ながら政策効果は薄れることになる．既に本予算の上半期の前倒し比率については，おおむね目標は達成されていたと評価したが，年度の下半期の予算の使い残し問題については，考察外であった．

清水・伊藤・椥沢(1995)は，1970年代後半以降80年代を通じてほぼ一致していた補正予算と決算の関係が，92年度と93年度には大量の使い残しを記録していると指摘する．さらに，公的資本形成(名目Ig)の伸び率について政府の経済見通しをみると，91年度から94年度まで順に，3.6%，3.3%，9.5%，12.5%であったものが，対応する年度の実績値は順に9.9%，17.7%，11.6%，−1.9%となっている．つまり，最初の3年度については実績が見通しを上回っているが，94年度は実績が見通しを大幅に下回っており，しかも前年度に比して減少してしまった．91年度から93年度にかけては，バブル崩壊後の景気後退を受けて秋の経済対策が積極的に行われた時期であり，政府の当初見通しを上回る公的資本形成の伸びが記録されたのも理解される．

確かに，1994年度は一時的な景気回復の兆候を受けて，公共事業の施行方針も自然体であり，予算措置を伴う秋の経済対策も策定されなかった．

しかし，これだけでは政府の当初見通しと実績の大幅な乖離(金額にして5兆円)は説明し尽くせない．実は，94年度は当初地方単独事業の伸びが12%と見込まれていたが，実績は逆に4.6%のマイナス成長となった．地方単独事業(普通建設事業費)は94年度で17兆円にも上り，いわゆる公共事業の中での最大項目であることから，この影響は非常に大きい．このように，国レベルの予算の未消化はもとより地方公共団体や公営企業レベルでの予算執行の遅れがあると推測されることは，行動ラグの観点からも憂慮すべきことである．

4　財政政策の外部ラグ——DPマッチング法による推計

本節では，政策当局の責任範囲である内部ラグではなく，政策が発動されてから効果が発揮されるまでの外部ラグ(lag in effect)を取り上げる．政策効果が発揮されるまでのラグの長短は，経済主体の行動様式や財・サービス市場の特性といった構造経済を集約するものであるから，常に一定というわけではないと考えられる．浅子・上田(1997)では，財政金融政策の外部ラグをDPマッチング(Dynamic Pattern Matching)法と呼ばれる統計的手法によって推計し，確かに景気局面によって変動することを確認している．しかしながら，浅子・上田(1997)では外部ラグの長短に影響を及ぼす要因にまで立ち入った分析は成されておらず，本節の第1の目的は，DPマッチング法によって推計された可変ラグの決定要因を探ることにある．

もっとも，可変ラグの推計はDPマッチング法が唯一の統計的手法でもないことから，次節では浅子(1982a)に倣って，かつてのマネタリスト＝ケインジアン論争においてセントルイス連銀誘導形方程式と呼ばれた基本方程式の分布ラグパターンに可変性を導入し，政策効果の外部ラグの決定要因を検証する．

4.1　可変ラグ・モデル

本項では，財政金融政策が時期により異なったラグを伴ってマクロ経済に影響を及ぼす可変ラグ・モデルを定式化し，それを推計する手法としての DP マッチング法について説明する．

(1) 可変ラグ・モデルの定式化　財政金融政策がマクロ経済に及ぼす影響を推計するために，次のような線形モデルを考える．

$$\ln GDP_t = \beta_0 + \beta_1 \ln IG_{t-i} + \beta_2 \ln MONEY_{t-j} + \beta_3 \ln GDP_{t-1} + \varepsilon_t \quad (1)$$

ここで GDP は国内総生産，IG は公共投資，MONEY はマネーサプライを表し，(1)式ではそれぞれ自然対数をとっている．財政政策を代表する公共投資および金融政策を代表するマネーサプライからマクロ経済への政策効果にはタイムラグがあることを想定しており，その外部ラグの長さはそれぞれ i と j で示してある．例えば，2 期前の公共投資が今期の国内総生産に効果がある場合には $i=2$ となる．$\beta_l (l=0, 1, 2)$ は推定すべきパラメータ，ε_t は誤差項である．

従来の政策分析では，多くの場合政策効果の外部ラグは経時的に一定なものと想定して分析が行われてきた．例えば，タイムラグを考慮した最も単純なケースとして，常に 1 期先に政策効果が現れるとすれば，以下のような定式化が考えられる．

$$\ln GDP_t = \beta_0 + \beta_1 \ln IG_{t-1} + \beta_2 \ln MONEY_{t-1} + \beta_3 \ln GDP_{t-1} + \varepsilon_t \quad (2a)$$

しかし (2a) 式の定式化では，外部ラグを 1 期と固定したために，政策効果が現れるまでに 2 期以上のラグがある場合には，通常の最小 2 乗法で推定すると係数パラメータにはミス・スペシフィケーションによるバイアスが生じる．そこで，一般には (2a) 式を拡張して，公共投資，マネーサプライがそれぞれ今期から (I, J) 期先まで効果をもつとすれば，

$$\ln GDP_t = \beta_0 + \textstyle\sum_{i=0}^{I} \beta_{1i} \ln IG_{t-i} + \sum_{j=0}^{J} \beta_{2j} \ln MONEY_{t-j} + \beta_3 \ln GDP_{t-1} + \varepsilon_t \quad (2b)$$

といった定式化が考えられる．しかしながら，(2b) 式でも，財政金融政策の外部ラグの長さは経時的に一定であることが前提となっている．そのため，近年財政政策の効果が現れるまでのタイムラグが長期化しているの

ではないか，あるいは，そもそも景気循環の局面がラグの長短に影響するのではないか，といった類の疑問には答えられない．

こうした問題に答えるには，外部ラグの可変性を前提した形で定式化する必要があり，本節での(1)式の定式化はまさにその目的に沿ったものとなっている．もっとも，実際に実証分析を進める際には(1)式において，国内総生産の強い自己回帰性を考慮するために 1 期前の GDP を先決説明変数として加えるか，誤差項がランダム・ウォークしているとの想定を導入して，(1)式において自然対数表示の各変数の階差(すなわち，近似的には成長率)同士での推計を行う．

(2) DP マッチング法による推定　(1)式では説明変数のラグは可変的であるから，モデルを推定するためには，各期における説明変数のラグを判別する必要がある．ここでは，DP マッチング法を用いて説明変数のラグの推計を行う．

DP マッチング法は，一般にパターン間の類似度を効率よく計算する手法である．本節で問題とするパターンとは，時系列変動そのものである．すなわち，ここでのパターン間の類似度とは，GDP に代表されるマクロ経済の時系列変動と財政金融政策変数の(タイムラグを調整した)時系列変動のパターンの間の類似を示すことになる．

DP マッチング法の説明には，経路図を利用するのが理解しやすい．図 8–1 はマクロ経済(GDP_t)と公共投資(IG_{t-i})の時系列パターンのマッチング例を，経路図を用いて示したものである(経路は左下から右上方向に向かって辿られる)．図 8–1 の例では，時系列パターンは次のような対応になっている．すなわち，第 0, 1, 4, 6 期には公共投資の GDP への政策効果がタイムラグなしで現れているが，第 2, 3, 5 期には政策効果はタイムラグをもって現れており，しかも各期でタイムラグが可変となっている．

このようなタイムラグのパターン(もしくは図 8–1 での経路)は，仮に(1)式でサンプル数が 100 個あるデータを用いると，ラグが 0–4 期先までの範囲で可変であると仮定すれば，公共投資の時系列パターンだけで 5^{100} 通り，すなわち 7.89×10^{69} 通りが検討の対象となってしまう．DP マッチング法は，理論に基づいた制約を加えることにより，このような膨大な計算負荷量を減らし最も類似度の高いパターンを効率よく見つけるための手法である．

ここでは，DP マッチング法に，下記のような制約および条件を設ける．

(a) 政策の効果が現れるまでのタイムラグに，上限期間 I, J を定める．また，タイムラグはあくまでラグであって，負の値をとることはない($0 \leqq i \leqq I$, $0 \leqq j \leqq J$)と仮定する．これは，政策発動とマクロ経済変動の因果関係が逆転することはないとの想定であるが，政策の発動期待による事前反応(アナウンスメント効果)が大きい場合には，必ずしも正当化されない可能性はある．しかしここでは，あくまでも計算負荷量を減少させる目的で，この仮定を導入する．この結果，可能な時系列パターンの経路は，図 8-2 で示した影の部分に限定されることになる．

(b) 図 8-2 では，*GDP*→*IG*(あるいは *MONEY*)への写像を考える．すなわち，同一期の *IG*(あるいは *MONEY*)が複数期の *GDP* に対応することはあるが，逆に複数期の *IG*(あるいは *MONEY*)が同一期の *GDP* に対応することはないとする．これは，各期について(1)式が成立すると仮定した結果である．図 8-1 においては，経路が真上方向に動くことはないことを意味している．

(c) 時間的に後の政策発動が，前の政策発動を追い抜いて効果を現すことはないと仮定する．例えば，$GDP_t \leftarrow IG_s$ であれば，$GDP_{t+1} \leftarrow IG_{s-1}$ は有り得ない．経路図では，図 8-2 で示した影の部分の中で，図 8-1 の例のように経路は常に右斜め上または右横方向に辿られ，右下方向に動くことはないことを意味する．

(d) 類似度の基準としては，残差 2 乗和 $\sum_{t=1}^{T} \varepsilon_t^2$ (T はサンプル数)が最小のパターンを最も類似度が高いパターンとして採用した(最小 2 乗法)．

ところで，DP マッチング法によって説明変数のラグパターンを得るためには，(1)式の係数パラメータの推定値の情報が必要であるため，DP マッチング法と最小 2 乗法による回帰分析を，繰り返し収束するまで行う必要がある．ここでは，ラグの全くないパターンを用いた推定値を初期値として最適化を行うことにより，最も類似度の高いパターンを求める方法

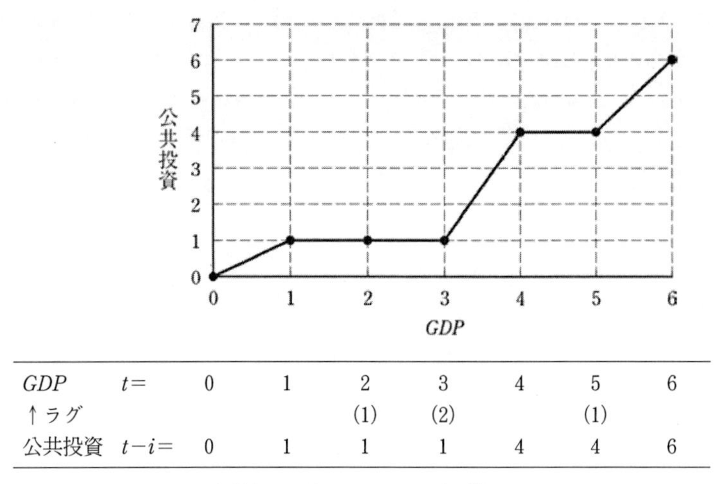

GDP	$t=$	0	1	2	3	4	5	6
↑ラグ				(1)	(2)		(1)	
公共投資	$t-i=$	0	1	1	1	4	4	6

図 8-1　DP マッチングの例

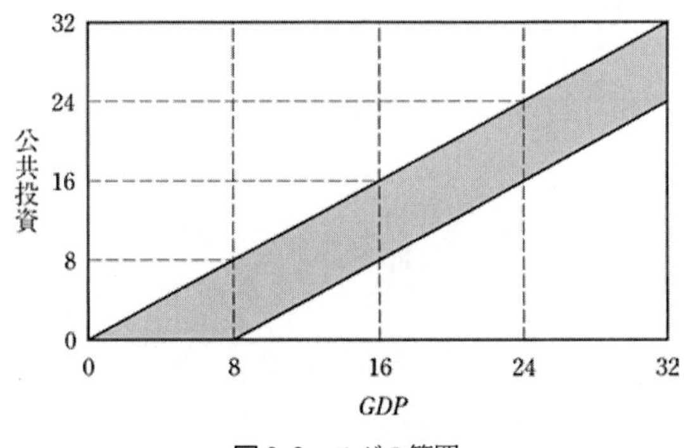

図 8-2　ラグの範囲

を採用した．

(3) データ　浅子・上田(1997)が対象としたサンプル期間は，1955 年第 2 四半期から 95 年第 1 四半期までの 160 四半期分であったが，ここでは 55 年第 3 四半期から 97 年第 3 四半期までの 169 四半期分を対象サンプル期間とする．データは 85 年価格による季節調整済み実質値を基準としたが，各変数とも名目値のまま採用するケースも試みた．GDP(国内総生産)，IG(公的総固定資本形成)は経済企画庁『国民経済計算年報』により，MONEY (M_2＋CD) は日本銀行『経済統計月報』の月次名目データより実質化・季節調整を行って使用した．具体的には，実質化はGDP デフレーター(経済企画庁『国民経済計算年報』)を使用，季節調整はEviews (MicroTSP) v1. 1A を使用して行った (X11)．なお，データは全て日経 NEEDS のデータベースから取得した．

DP マッチング法のラグの上限の長さとしては，$I=J=8$ として分析を行った．このため，最初の 8 期間に関しては，8 期前までの全てのタイムラグについては検証できていないことに留意する必要がある．例えば，1 期目の GDP は同じく 1 期目の公共投資に対応し，4 期目の GDP は 1 期目から 4 期目の公共投資のいずれかに対応せざるを得ないためである．

4.2 推計結果の解釈

(1) 実質値の場合　表 8–5 は，(1) 式として定式化された基本形 (ケース A) および右辺の被説明変数の先決値を除いた後，両辺の変数とも 1 期前との変化率 (厳密には自然対数値の階差) として定式化したケース B について，それぞれのケースの財政金融政策の係数パラメータの推計値と t 値，そして推計式関係の基本統計量をまとめたものである．

表 8–5 のパラメータ値の有意性はいずれも高く，財政金融政策ともに基本的には有効性を備えていることが示唆されている．この結果は，サンプル期間がほとんど同じである浅子・上田 (1997) と同様である．ここでも，財政金融政策の外部ラグの時系列推移については，それぞれ図 8–3 と図 8–4 にプロットした．なお，プロット図の上段のパネルは財政政策，下段のパネルは金融政策の外部ラグを表す．

図 8–3 からは，ラグパターンは財政政策と金融政策で異なったものとなっているが，それぞれの政策の伝播経路等の違いを考慮すればこれは自然であろう．問題は，いずれの政策とも，ケース A とケース B の定式化の違いでかなり異なったパターンが推定されていることである．すなわち，定式化によるロバストネス (頑強性) は見られない．

図 8–3 の基本形をみると，いくつかの特徴が認められる．財政政策についてみると，まず第 1 に，平均的な外部ラグは 1 年弱 (正確には 3.2 四半期

表 8-5　DP マッチングの推計結果

	ケースA	ケースB
被説明変数	ln*GDP*	Δln*GDP*
定数項	0.546 (15.6)	−0.007 (15.8)
公共投資	0.038 (9.38)	0.520 (49.7)
マネーサプライ	0.098 (11.2)	0.504 (37.6)
lnGDP (−1)	0.812 (56.9)	
R^2	0.999	0.946
SEE	0.008	0.003
DW	2.25	2.17

注)　サンプル期間は 1955:3–97:4 の 169 四半期．（　）内は t 値の絶対値．R^2 は決定係数，SEE は推計式の標準偏差，DW はダービン・ワトソン統計値.

＝9.6 か月) であるが，その振れはかなり大きい (標準偏差は 2.6 四半期)．すなわち，外部ラグはかなり可変的であるといえる．第 2 に，ラグの変動パターンに長期的な趨勢を見いだすと，以下のようになる．すなわち，1960 年代には前半期は外部ラグの長期化傾向が認められ，後半期にはそれが反転する．70 年代は概して外部ラグは短いが，第 1 次石油ショック直後のスタグフレーション期には，相対的には長くなっている[10)]．第 1 次石油ショック後の 75 年度には初めて赤字国債が発行され，それを契機として以降は積極的な財政政策が発動された時期であり，それが即効性を発揮し外部ラグを短くしている (乗数が大きいことに対応) と解釈される．

1980 年代の前半は，財政再建目標が景気対策に優先された時期であり，その意味でタイムラグが長期化される傾向にあったと解釈される．80 年代の後半期はプラザ合意後の円高不況を意識した拡張政策がとられた時期であり，当初は外部ラグも短かったが，やがてバブルの膨張とともに外部ラグは長期化しだしている．90 年代に入るとバブルの崩壊がおこり，一

---

10)　1970 年代の前半期の第 1 次石油ショックまでの外部ラグが短いのは，それを長く推計した浅子・上田 (1997) とは異なった結果になったが，ここでの推形式に 1973 年の第 1 次石油ショックダミーを追加変数とすると，第 1 次石油ショック直前の外部ラグは長期化する傾向にある．

財政政策:

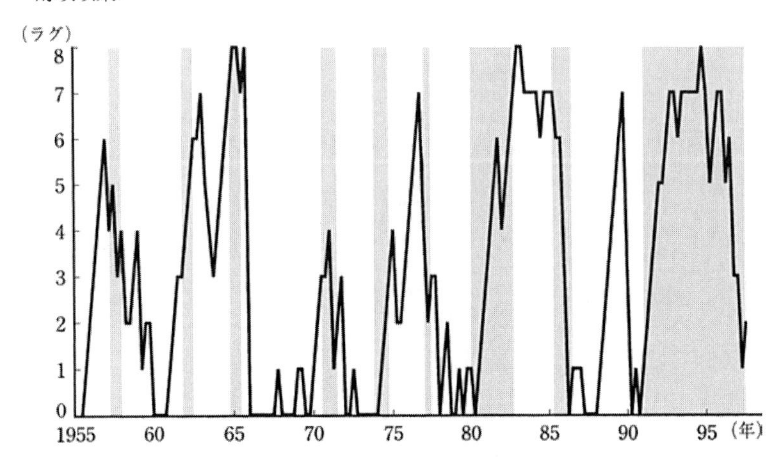

金融政策:

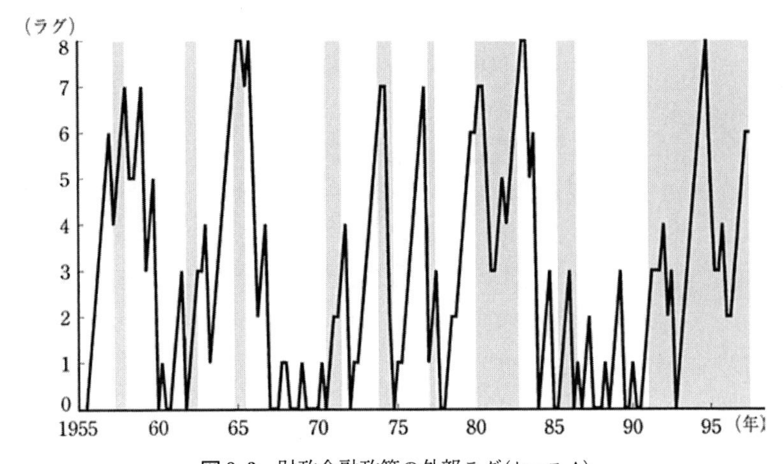

図 8-3　財政金融政策の外部ラグ(ケース A)

時的にラグは短期化するが，その後はバブル崩壊の後遺症が深刻化し，景気局面では 93 年第 4 四半期以降拡張期に転じるものの，実態は不況感が長引くことになる．この時期公共投資増による景気対策が幾度となくとられたわけであるが，その効果には目立ったものがなく，それが図 8-3 のラグの長期化に反映されていると解釈される．ただし，96–97 年の外部ラグが短期化する傾向にあるのは，この時期公共投資の支出額そのものが直前と比較して相対的に抑制されたことを反映したものと考えられる．

金融政策についての特徴としては，次の 4 点があげられる．まず第 1 は，1960 年代後半期から 70 年代初頭の過剰流動性期，そして第 1 次石油ショックによって拍車がかかった狂乱物価期の外部ラグが一時的でこそあれ短いことである．第 2 に，70 年代後半期と第 2 次石油ショック後の 80 年代初頭までは，ラグが相対的に長期化していることである．この時期はマネーサプライ管理が金融政策の目標に近い形で意識されていたが，それが GDP の安定化に直結していなかったことが原因の 1 つと考えられる．第 3 に，その後の 1980 年代を通じては，平均的には外部ラグは短くなっており，プラザ合意後の金融緩和政策がバブルの膨張をひきおこした経緯にも呼応している．第 4 は，バブル崩壊後は金融政策の外部ラグも長期化していることである．以上は，基本的には浅子・上田(1997)の結果と同様である．

以上が図 8–3 の基本形の推定結果から観察される財政金融政策の外部ラグの特徴であるが，政策の外部ラグの長短を政策効果の大小と反比例させることによって，ほぼ一貫性のある解釈が可能と言えよう．例えば，財政政策のラグが長い(ないし短い)時期は，通常の意味での乗数が小さい(ないし大きい)時期であると解釈すればよいわけである．ただし，問題がないわけではない．既述のように，ラグパターンが推定式によってロバストでないことである．

推計結果のロバストネスを確認する意味で，成長率(対数階差)による推計結果を見ておこう．このケース B の結果をプロットしたのが，図 8–4 である．

図 8–4 のケース B が基本形のケース A と大きく異なるのは，次の 3 点である．まず第 1 に，ケース A では 1960 年代後半から第 1 次石油ショックを経て第 2 次石油ショックが発生した 80 年前後まで，相対的には財政政策の外部ラグが短かったのに対して，ケース B では第 1 次石油ショック直後や 77 年頃は外部ラグが短くなっているものの，全体的にはこの期

間とりたてて外部ラグが短いとはいえないことである．第2に，ケースBでは財政政策の外部ラグが80年代には全体として平均的に短期化しているのに対し，ケースAでは80年代の前半期はむしろ外部ラグは長く，プラザ合意前後に一時期短くなるものの，基本的には後半期にも長くなっていることである．第3に，金融政策については，ケースAでみられた第1次石油ショック前後の外部ラグの短期化が，ケースBでは特に見られないことである．ただし，金融政策の外部ラグのパターンは，財政政策と比べるとケースAとケースBで相違は小さいといえよう．

もっとも，細部の微妙なタイミングは必ずしも一致しないとしても，財政金融政策ともに1970年代まで外部ラグが循環的な動きをしていること，財政金融政策ともに90年代に入るとタイムラグが長期化していること等，ケースAとケースBで共通点もあることも強調されるべきであろう．

(2) 名目値の場合　(1)式の基本形を名目値について推定すると，推計式は

$$\ln GDP_t = \underset{(17.8)}{0.335} + \underset{(10.8)}{0.059}\ln IG_{t-i} + \underset{(10.8)}{0.099}\ln MONEY_{t-j} + \underset{(63.3)}{0.811}\ln GDP_{t-1} \quad (3)$$

$$R_2 = 0.999 \qquad SEE = 0.011 \qquad DW = 2.14$$

となり，財政金融政策の外部ラグのパターンは図8-5のようにプロットされる．推計式で注目されるのは，浅子・上田(1997)では金融政策のパラメータ係数が有意に負となり理論的解釈に困難な面があったが，ここでは財政金融政策ともに正で有意となっていることである．

浅子・上田(1997)では名目値の場合には財政金融政策のタイムラグに逆相関関係が認められたが，図8-5のラグパターンからはこれはうかがわれず，むしろ両者の間には正の相関が認められる(相関係数=0.74)．これには，やはり(3)の推形式における金融政策のパラメータの符号が逆転したのが大きい．

図8-5からは，財政金融政策いずれもの外部ラグは，1960年代の後半から70年代末の第2次石油ショック時まではほぼ一貫して短く，80年代の前半期は相対的に長期化するものの，80年代後半のバブル期には再び

財政政策:

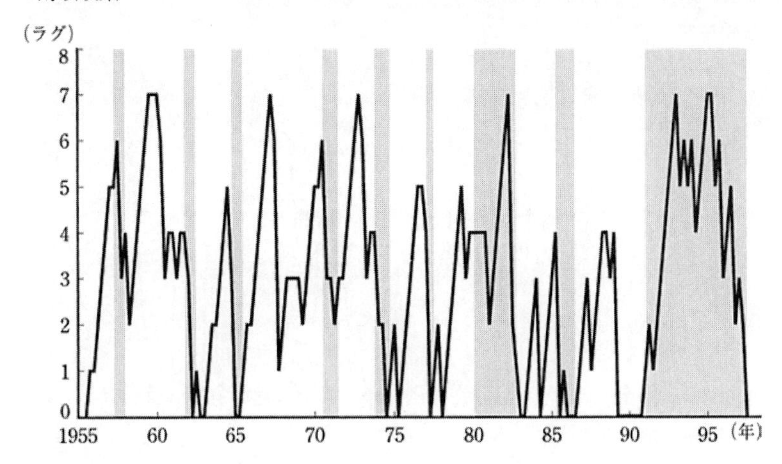

金融政策:

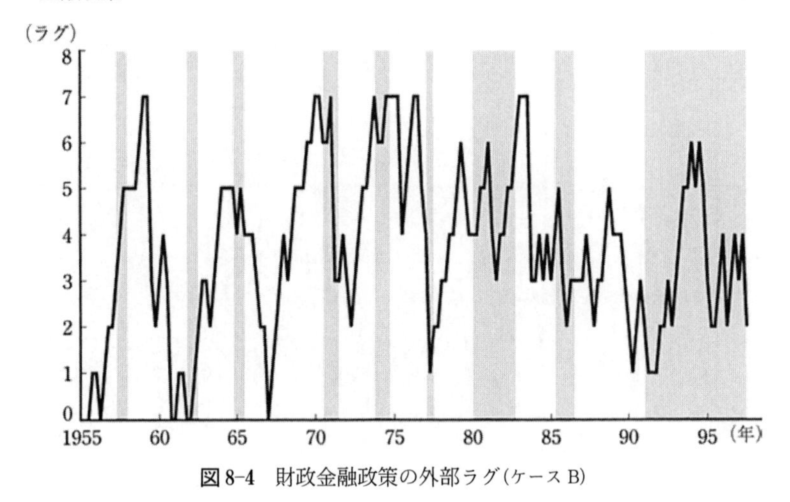

図 8-4　財政金融政策の外部ラグ(ケース B)

短期化し，90 年代に入ってからの長期不況期には長期化していることが分かる.

4.3　外部ラグの決定要因

前項までで，日本の財政金融政策の外部ラグは決して固定的なものでは

財政政策：

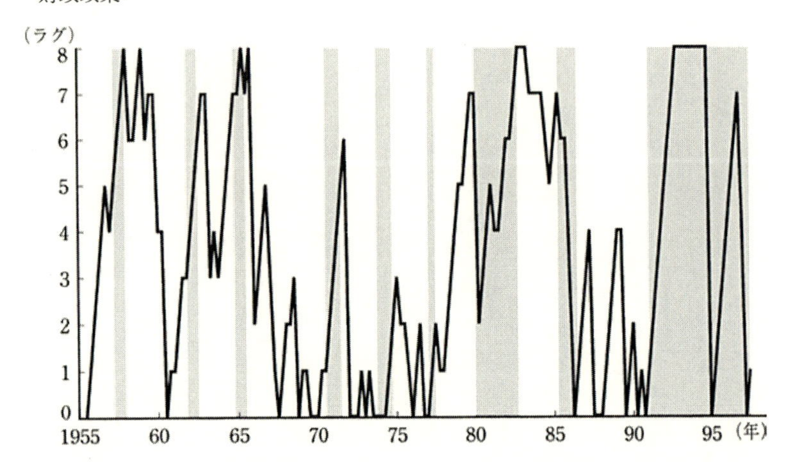

金融政策：

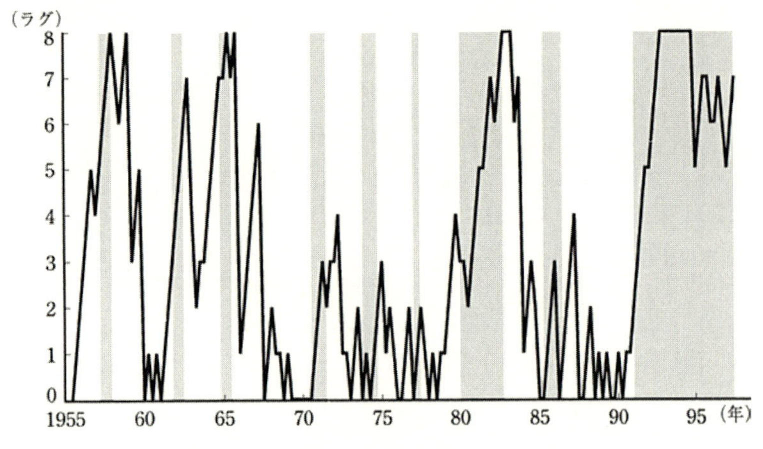

図 8-5 財政金融政策の外部ラグ(名目値)

なく，むしろかなり可変的なものであることが分かった．本項では，特に公共投資の支出がGDPに拡張効果を及ぼすまでの財政政策の外部ラグの可変性が，どのような要因によって影響されるかを検討する．

理論的には，政策が発動された時点から政策効果が発揮される時点までの，経済環境を形成する要因は，すべて潜在的には財政政策の外部ラグに影響を与える可能性がある．しかしながら，ここでは経済環境としては景気循環の局面(景気動向指数)，財政金融政策のスタンス(それぞれ公共投資とマネーサプライの対GDP比率で代表)，およびタイムトレンドのみを考える．ただし，これらが影響を及ぼすタイミングとしては，政策が発動された時点(過去ケース)と政策が効果を現す時点(現在ケース)の2通りを考慮する．被説明変数は，DPマッチング法によって表8-5のケースAとして推計された財政政策の外部ラグである．推計対象としたサンプル期間は，景気動向指数の利用可能性の制約から，1974年第1四半期から97年第3四半期に影響している公共投資の期まで，結果として92四半期とした．

表8-6の推定結果は，次のように整理できよう．まず第1に，経済環境を政策発動時点とする(過去ケース)か政策の効果が発揮される時点とする(現在ケース)かによっては，推定結果に大きな差異はない．決定係数からは，過去ケースの方が現在ケースよりも当て嵌まり具合が多少良好であるが，むしろ各経済環境を代理する説明変数の係数パラメータのロバストネスがより印象的である．第2に，各説明変数の符号条件や有意性から判断すると，財政政策の外部ラグは，①景気動向指数が大きな値をとる景気拡張期に外部ラグは短期化する，②公共投資の規模が大きくなると外部ラグは長くなる，③金融が緩和されると外部ラグは短期化する，④趨勢的には外部ラグは長期化してきている，とまとめられる．もっとも，③の金融政策との関連は必ずしも有意ではない．

①の景気循環の局面による財政政策の効果の比較については，公共投資に呼応する形での有効需要への乗数過程は，景気後退期よりも景気拡張期により働きやすいであろうから，理論的にも十分期待される性質と考えられる．②のGDPに占める公共投資の割合が増えることによって外部ラグが長期化するのは，クラウディング・アウト効果を想起することによって理解可能である．すなわち，より一般的には，基本的な財政スタンスが拡張的であるときに，より程度が強い景気刺激策がとられれば直接的に代替的な民間経済活動が締め出されたり，利子率の上昇を通じた民間経済活動の圧迫が起こり，乗数効果は縮減され，その帰結として政策効果の外部ラグは長期化するであろう．表8-6の係数パラメータにおいて，仮に①の効

表 8-6　財政政策の外部ラグの決定要因

	過去ケース	現在ケース
定数項	−3.596 (1.28)	−4.616 (1.42)
景気動向指数	−0.033 (4.10)	−0.015 (1.64)
財政スタンス	53.76 (2.19)	64.09 (2.22)
金融スタンス	−20.13 (1.58)	−9.577 (0.46)
タイムトレンド	0.038 (3.74)	0.035 (3.03)
R^2	0.311	0.133
SEE	2.170	2.489
DW	0.507	0.343

注)　サンプル期間は 1974:1–97:3 までのうちの 92 四半期. ( )内は t 値の絶対値. R^2 は決定係数, SEE は推計式の標準偏差, DW はダービン・ワトソン統計値.

果をマイナス 0.02 程度, ②の効果を 60 程度とすれば, 景気動向指数が 10% ポイント大きくなれば財政政策の外部ラグは 0.2 四半期(すなわち約 18 日)短縮し, 公共投資が 1 兆円程度増大し対 GDP 比率が 2% ポイント上昇すると, 財政政策の外部ラグは 1.2 四半期(すなわち約 108 日)長期化する.

④のタイムトレンドの係数パラメータを 0.0375 と想定すれば, 10 年間に財政政策の外部ラグは 1.5 四半期(すなわち約 135 日)長期化していることになるが, 外部ラグそのものの平均が 3.2 四半期, 標準偏差が 2.6 四半期であることを踏まえれば, この趨勢の存在は必ずしも顕著なものではないであろう.

5　財政政策の外部ラグ——セントルイス連銀誘導形方程式による推計

本節では, 前節の分析に引き続き, 財政政策の外部ラグの可変性について検討する. ここでのアプローチは, パラメータの可変性を導入した修正版セントルイス連銀誘導形方程式の推計に基づくものである.

いうまでもなく, 誘導形方程式とは, 本来内生変数を右辺に含む構造方程式体系の解として, 右辺には外生変数(ラグ付内生変数である先決変数も含む)ばかりが登場する方程式のことである．しかし，セントルイス連邦銀行の誘導形方程式という場合には特別な意味合いがあり，1950年代から70年代にかけてさまざまな論点をめぐって展開されたマネタリスト＝ケインジアン論争のなかで，大型マクロ計量モデルと対峙し，背後の構造モデルの中身はブラックボックスとしたままで，単純に究極的な関係を把握しようとするマネタリスト側のアプローチを指す．これは，ケインジアン側による大型マクロ計量モデルを駆使して名目GDPの予測をしたものと，単純に財政金融政策を代表する変数だけで回帰予測したものの精度に優劣がつけ難いか，むしろ後者が前者を凌駕するといった報告例があることから，いたずらにマクロモデルを大型複雑化することのメリットについて疑問を投げかけたものと理解されている．

こうした政策分析の方向は，マネタリスト＝ケインジアン論争におけるケインジアン側の反論にもかかわらず[11)]，構造形方程式体系のパラメータが政策の変更によってシフトしてしまう可能性を指摘したルーカスの批判(Lucas 1976)や，背後の経済学理論よりもデータに内包された統計的性質の精緻な分析に重点を置く時系列分析(time series analysis)の登場等により，1980年代以降はむしろ中心的な位置を占めるまでに至ったといっても過言ではない．

5.1　推計式

具体的に推計する誘導形方程式は，$a(i), b(i) (i=1, 2, \cdots, I)$ を可変パラメータとして

$$(\triangle X/X)_t = \text{const.} + \Sigma a(i) \triangle G_{t-i} + \Sigma b(i)(\triangle M/M)_{t-i} \qquad (4)$$

とする．ただし，被説明変数の X は四半期GDPの対前期変化率，説明変数の G は公共投資(公的総固定資本形成)，M はマネーサプライ(M_2+CD)である．公共投資について変化率をとらないのは，四半期ベースでの公共投資の変化率は時に大きく変動してしまうことによる．GDPとマネーサプライの変化率は，自然対数の差分で近似した．財政金融政策の乗数パラメ

11)　セントルイス連銀誘導形方程式をめぐるマネタリスト＝ケインジアン論争については，浅子(1982a)を参照．

ータ $a(i)$, $b(i)$ は，それぞれ過去の政策発動時点より1四半期前での財政金融政策のスタンスのみに依存すると想定する．すなわち，

$$a(i) = a_i + a_{G_i} G_{t-i-1} + a_{M_i} M_{t-i-1} \tag{5}$$

$$b(i) = b_i + b_{G_i} G_{t-i-1} + b_{M_i} M_{t-i-1} \tag{6}$$

とする．

推計がいたずらに複雑なものとならないように，外部ラグは最長でも4四半期($I=4$)とし，推計は名目値同士と実質値同士で行った．具体的なデータの出典と加工法は，第2節で説明されたものとまったく同じである．推計に用いたサンプル期間は，1956年第3四半期から97年第3四半期の内の全期間の165四半期ないし，75年以降に注目した75年第1四半期から97年第3四半期の91四半期である．

5.2 推計結果

全サンプル期間1956:3-1997:3についての推計結果は，実質値同士と名目値同士について，それぞれ表8-7と表8-8としてまとめてある．いずれの表においても，推形式の当て嵌まり具合はそれなりの水準にあるが，(5)式と(6)式で可変パラメータと想定した政策乗数の有意性については，特に政策スタンスに依存すると想定した部分は必ずしも高くない．すなわち，個々のパラメータ推計値の有意性のみを基準にするならば，乗数の可変性は必ずしも高くなく，したがって政策効果の外部ラグの可変性も小さいと評価せざるを得ない．

しかしながら，当期から4四半期前までの分布ラグ(distributed lags)として推計されたパラメータ値を合計した累積効果(以下累積乗数と呼ぶ)の値に注目するならば，時系列的にはかなり変動していることが分かる．これを確かめたのが，図8-6と図8-7である．これらの図には，まず表8-7と表8-8の推計結果に基づいて計算された財政政策と金融政策のそれぞれの累積乗数が，実質値同士の場合と名目値同士の場合について1975年第1四半期以降の時期についてプロットされており，さらに本来の(4)式の誘導形方程式を1975年第1四半期から97年第3四半期までの最近時のサンプルのみで推計した場合の，同様の累積乗数が同一期間についてプロット

表 8-7　可変乗数の推定結果(実質)

	$a_i\times10^5$	$a_{G_i}\times10^{10}$	$a_{M_i}\times10^{12}$	$b_i\times10$	$b_{G_i}\times10^5$	$b_{M_i}\times10^8$
$i=0$	1.17 (4.26)	−3.31 (1.34)	0.65 (0.37)	−1.39 (1.64)	0.28 (0.25)	4.30 (0.50)
$i=1$	0.08 (0.29)	2.48 (0.98)	−2.35 (1.26)	1.25 (2.51)	−0.50 (0.52)	1.52 (0.20)
$i=2$	0.15 (0.51)	−0.29 (0.10)	−0.32 (0.16)	1.68 (3.43)	−1.32 (1.34)	5.91 (0.76)
$i=3$	−0.17 (0.58)	4.14 (1.57)	−2.41 (1.25)	1.20 (2.64)	−0.64 (0.72)	3.36 (0.48)
$i=4$	0.23 (0.80)	1.43 (0.57)	−2.01 (1.07)	2.12 (2.75)	−0.30 (0.28)	−3.98 (0.49)
$R^2=0.487$　SEE＝0.010　DW＝2.16						

注)　サンプル期間は 1956 : 3–1997 : 3 の 165 四半期．推計式には定数項も含まれ，0.00649 (3.08) と p 値は 0.25% で有意になっている．(　)内は t 値の絶対値．R^2 は決定係数，SEE は推計式の標準偏差，DW はダービン・ワトソン統計値．

表 8-8　可変乗数の推定結果(名目)

	$a_i\times10^5$	$a_{G_i}\times10^{10}$	$a_{M_i}\times10^{12}$	$b_i\times10$	$b_{G_i}\times10^5$	$b_{M_i}\times10^8$
$i=0$	1.42 (3.67)	−4.56 (1.19)	1.42 (0.49)	−1.31 (0.95)	0.27 (0.11)	1.80 (0.11)
$i=1$	−0.11 (0.26)	1.04 (0.27)	−0.87 (0.29)	1.57 (2.65)	1.07 (0.59)	−8.64 (0.66)
$i=2$	−0.29 (0.67)	−1.39 (0.32)	1.43 (0.43)	2.92 (5.00)	−0.86 (0.45)	2.80 (0.20)
$i=3$	−0.43 (1.01)	2.02 (0.50)	−0.34 (0.11)	2.41 (4.28)	−0.51 (0.30)	1.56 (0.13)
$i=4$	0.08 (0.18)	0.84 (0.21)	−0.99 (0.32)	2.60 (1.98)	0.31 (0.14)	−5.57 (0.37)
$R^2=0.561$　SEE＝0.014　DW＝2.16						

注)　サンプル期間は 1956:3–1997:3 の 165 四半期．推計式には定数項も含まれるが，0.000345 (0.08) と有意ではない．(　)内は t 値の絶対値．R^2 は決定係数，SEE は推計式の標準偏差，DW はダービン・ワトソン統計値．

されている．

まず図 8-6 の公共投資の累積乗数についてみると，いずれのケースについても累積乗数は趨勢的には概ね低下してきている．しかしながら，より細かくみると，特に実質値同士で全サンプル期間についての推計結果に基づいた場合には，1992 年以降は 96 年の短期的な急反転を除いて累積乗数は上昇傾向にある．これを財政政策の外部ラグの長短に翻訳すれば，75 年以降趨勢的には外部ラグは徐々に長期化してきたが，92 年以降はむしろ短期化する傾向にあるとまとめることができよう．

次に，図 8-7 のマネーサプライ増加率の累積乗数について観察すると，

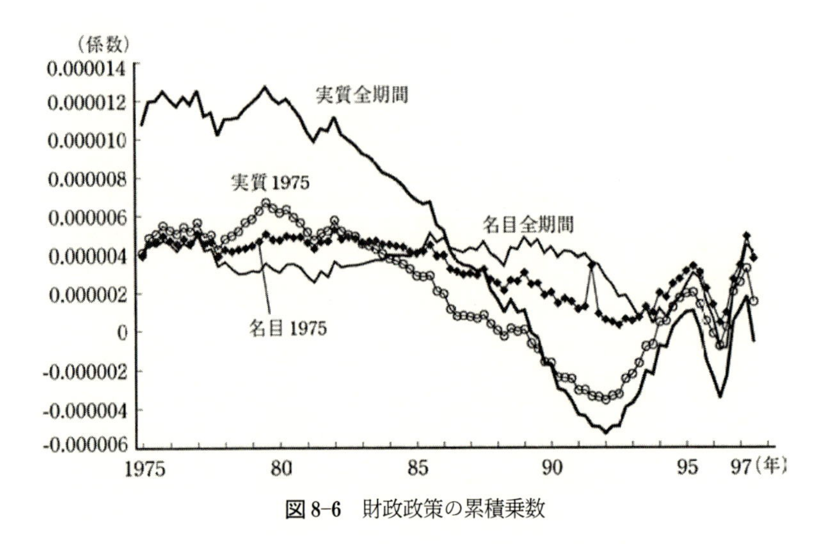

図 8-6　財政政策の累積乗数

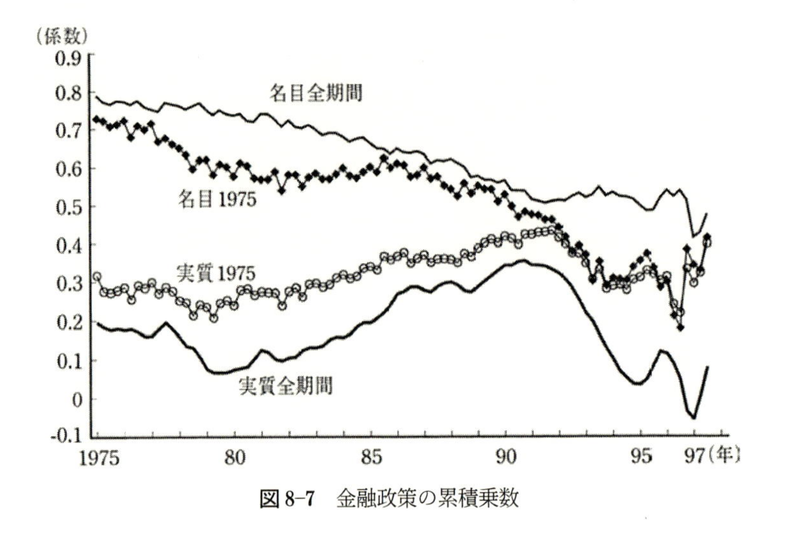

図 8-7　金融政策の累積乗数

2つの特徴が浮かびあがる．まず第1は，推計に利用したサンプル期間にかかわらず，名目値同士の場合には累積乗数は趨勢的にほぼ一貫した低下傾向にあるのに対して，実質値同士の場合にはバブル崩壊後の1990年代はやや急激な低下傾向にあるものの，80年代はむしろ緩やかな上昇傾向にあったことである．第2は，50年代中頃以降の全サンプル期間のデータを利用した推計結果に基づいた場合には，実質値同士と名目値同士での累積乗数の時系列的動向には一貫してかなりの相違があるが，75年以降のデータに限って利用した推計結果によれば，90年代初頭以降は，実質値同士と名目値同士での累積乗数の時系列的動向にはほとんど乖離がない．これは，この時期には物価が安定的に推移していることから，実質値と名目値の変化率の差違が実質上消失してしまったことによると考えられる．75年以前のデータを用いた場合の推計結果では，第1次石油ショック時の狂乱物価のエピソード等にみられる高インフレ期の影響が残っており，これが最近時の累積乗数の動向にも無視できない作用を及ぼしていると考えられる．

6　おわりに

本章では，1975年度以降の日本の公共投資政策を，景気対策の観点から評価した．すなわち，財政当局の制約，景気対策への認識，景気対策の行動ラグ，景気対策の制御可能性，そして景気対策の外部ラグといった複数の観点から，公共投資政策の機動性について総合的に評価した．

公共投資をタイミングよく景気対策として活用するにあたっては，政策当局側の責任範囲にある内部ラグは短ければ短いほど望ましい．本章の初歩的な考察からも，日本の公共投資政策をめぐっては，認知ラグ，行動ラグのいずれの面からも，無視できないほどの内部ラグが存在することが理解された．意図した政策が本当に実行されたか否かといった公共投資の制御可能性の問題とも絡めて，公共政策における内部ラグの存在は，機動的な政策発動にとっては排除すべき障害といえよう．

後半で推計した財政・金融政策の外部ラグは，推計式の定式化によって，必ずしも整合的な解釈が可能でない場合もあり，結論の信頼性を高めるにはさらなる試みが必要であろう．しかしながら，そのような留保条件付きであるものの，本章全体の分析結果の総括としては，財政金融政策の外部ラグの長さはかなり変動することが示されたわけであり，そうであれば政策発動にあたっては十分考慮すべき問題であるといえる．第4章でみたように，一般論としてはタイムラグが可変であると，政策発動の積極主義(activism)の程度は低めざるを得ないが，だからといって安易に最近のケインズ主義的なマクロ安定化政策への批判に直結すべき論点ではない．積極主義を左右するのはタイムラグの可変性の程度であり，それが安定的に長期化している1990年代には，それをあらかじめ織り込んだ上での政策発動は意図した効果を発揮できる態勢にあるからである．

第9章　長期の政策目標とマクロ安定化政策

マクロ安定化政策は端的には景気循環の平準化を目指すものであり，時間的視野としては短期を意識したものである．第1章でも言及したように，現代の主流派経済学の立場では，長期においてはそれなりに価格の伸縮性が回復することから，完全雇用の実現なり自然失業率仮説が成立し，効率的な資源配分が達成されると考える．したがって，典型的にはかつてのサミュエルソンの新古典派総合(neoclassical synthesis)の考え方にみられるように，長期においてはマクロ安定化政策の出番はないと整理される場合が多い．しかしながら，話はそれほど簡単ではない．長期において達成される長期均衡が，2つの意味でマクロ安定化政策の在り方に依存するからである．

その1は，到達する長期均衡そのものがそれまでに辿った経路に依存するといった履歴効果(hysteresis)の存在である．履歴効果はさまざまな要因によって起こるが，その1つとして短期のマクロ安定化政策の歴史そのものがあげられるのである[1]．さらに，第4章で議論したように，同じ目的をもった同じ規模の政策手段の発動であっても，その具体的インプリメンテーションの違いによって，政策効果が異なるという自由度もある．その2は，たとえ長期において自然失業率仮説が成立し総額としての自然産出量は変えられないとしても，その構成については政策次第で変わることである．

本章では，以上の2つの点を踏まえて，短期のマクロ安定化政策を遂行する上で長期均衡のあるべき姿がどのような関連をもつかを考察する．この際，これまでの章とは異なり，長期の政策目標を座標軸の中心に据えて，それとの係わりでマクロ安定化政策のあるべき姿を探る．具体的には，長期均衡を規定する要因がマクロ安定化政策発動の自由度を奪い，制約条件

本章は，もっぱら浅子(1999a)と浅子(1999b)に基づく．

1)　履歴効果については，例えば大瀧(1994)を参照．

となる可能性を議論する．ここで取り上げるのは，より具体的には財政政策に関連した事項であり，景気対策としての公共投資と長期的な社会資本整備の問題，および財政支出と財政再建に関連した問題である．後者については，財政赤字の持続可能性(sustainability)に対する懸念が背景にある．

本章の構成は以下の通りである．まず第1節では，社会資本のあり方について長期的視点から整理し，その中での短期の景気・雇用対策としての公共投資政策の果たすべき役割をさぐる．第2節と第3節では財政再建ないし財政構造改革を遂行する中での，マクロ安定化政策の手段としての財政政策について考察する．第2節はもっぱら1980年代の「第1次財政再建」の歴史からの教訓を整理したものであり，第3節が来たるべき「第2次財政再建」を意識したものである．

1　社会資本整備と景気対策としての公共投資

戦後50年以上が経ち，日本の社会資本ストックもそれなりに蓄積されてきた．よく指摘されるように，この間の蓄積パターンとしては，前半期は国土保全型社会資本や高度経済成長期を支えることにもなった生産基盤型社会資本の整備に重点が置かれ，後半期は生活関連社会資本の整備に重点が移った．しかし，この間，日本においてはほぼ一貫して対GDP比で10% 近くの公共投資が行われてきており，その割合が数%である欧米先進国とは一線を画している．

第2次世界大戦時の全国的な空襲によって破壊されたことや，もともと欧米先進国と比べて近代的な経済発展段階で後塵を拝していたことから，終戦直後の社会資本ストックの蓄積水準は極めて不十分なものであった．このため，社会資本整備はとりたてて綿密な計画を立てる必要もなく，国民にも政策当局にも，いわば「片っ端から」公共投資をすることが当然の既成事実であると判断されていた．このため，敢えて誇張して言えば，社会資本整備はそれ自体が独立な政策目標であったというよりも，意識としては他の政策目標の達成に付随した位置付けに終始していたと考えられる．この際より意識されていた政策目標は2つあった．1つはマクロ的な意味での景気対策ないし雇用対策であり，もう1つが日本中の都道府県間ないし地域間の所得再分配であった．どちらも，結局は何らかの項目への支出額の調整を通じて達成されるべきものであるが，その対象として公共投資が選ばれたともいえよう．これが，欧米先進国と比べて，蓄積分野の重点の変遷にかかわらず，公共投資の総需要に占める割合が高い理由と考えられる．

ところで，社会資本の整備・蓄積には2つの経済効果が働く．第1は，蓄積された社会資本が，生産力効果や生活環境向上によるアメニティ効果を発揮するストック効果である．第2は社会資本蓄積を目指す公共投資が，直接的に生産物市場で有効需要創出効果および労働市場での雇用創出効果をもつフロー効果である（ストック効果は，財・サービスの生産に資することから，生産物市場では供給増をもたらす）．社会資本整備に伴って同時に2つの経済効果が現れるということは，それを1つの政策手段と捉えた場合に，同時にストック面での社会資本整備とフロー面での有効需要管理といった2つの政策目標を達成するか，達成しないまでも政策当局としては2つの政策目標を意識することを意味する．

第4章でみた経済政策に関するティンバーゲンの定理によれば，「独立なn個の政策目標を同時に達成しようとすれば，n個の独立な政策手段が必要となる」．換言すれば，政策手段と政策目標が独立である限りにおいて，比較優位原則に基づく望ましい政策割当問題などが議論の対象となる（マンデルの定理）．しかしここでは，公共投資総額の決定という唯一の政策手段が出発点となることから，意味のある問題設定としては政策目標がお互いに独立でないことが大前提となる．ここに，政策問題が2通り生じる．

第1は，2つの政策目標が同時に達成可能な好ましい関係にあるか，それとも本来的に相容れないような負の相関を持つものかである．独立でない政策目標が互いに「好ましい」関係にあれば，1つの政策手段が一石二鳥効果を発揮する．逆に，「好ましくない」関係にあれば，政策目標間のトレード・オフを考慮する必要性が出てくる．日本の社会資本整備に関連した2つの政策目標の間では，高度成長期なり，その後の安定成長期と比べて，21世紀を目前とした1990年代の長期不況期には，既にこの関係には構造的な変化が起きていると考えられる．すなわち，公共投資をめぐる近年の論点は，社会資本整備といった中長期的な政策目標と短期的な景気対策や雇用対策としての公共投資の操作が，かつての相互補完的な「好ましい」関係ないし悪くても中立的な関係から，むしろ「好ましくない」関係ないし現実論として「正当化し難い」関係に移ってしまっていることにある．実際，橋本内閣が進めようとした財政構造改革では，財政赤字の削減策として真っ先に公共投資基本計画の見直しを図ったのであった．

第2は，仮に政策目標として相容れないトレード・オフの関係にあるとした場合に，2つの政策目標のどちらを優先的に選択するか，あるいは別の選択を考えるかといった問題である．21世紀に向けての社会資本整備を考える時に，この優先度の選択は非常に重要な意味を持ってくると考えられる．既述のように，ティンバーゲンの定理によれば，2つの政策目標を独立に達成しようとすれば，そもそもは独立な2つの政策手段が必要となるのである．その原則を徹底するならば，社会資本整備の観点からは，政策手段としての公共投資を短期的な景気対策や雇用対策目的に割当てないことが検討対象となる．この際には，景気対策としては減税や地域振興券など諸々の補助金給付といった公共投資以外の政策手段に委ねるか(予算を計上する景気対策を一切やらないという選択もある)，あるいは「公共投資」の定義の再考を通じて，社会資本そのものの意義を見直す必要もあろう．

1.1　景気・雇用対策，地域間所得再配分と公共投資

短期の景気対策や雇用対策として，あるいは地域間の所得の再配分手段として，政府の支出項目としては多々ある中で，何故に公共投資が選ばれたのであろうか？　この問いに対する答えは，少なくとも3つ考えられる．

第1は，既に言及したように，社会資本の整備はそれ自体いずれにしても取り組むべき自然な政策目標であったことである．

第2としては，景気対策ないし雇用対策として，その効果が大きな支出分野が求められたことがあげられる．終戦直後は農業を主とした第1次産

業のウェイトが高かったが，日本でもペティ・クラークの法則に違わず，近代的な経済発展は製造業や建設業の第2次産業やサービス業の第3次産業の興隆をもたらし，その過程で農家の過剰労働が吸収される必要があった．戦後の二重構造下の労働市場で，高度成長期を通じて生み出された農家の過剰労働の多くは，いわゆるブルーカラー労働者となって製造業に職場を求めることになるが，それに勝るとも劣らぬ仕事場が特段の熟練を要しない土木・建設業界であり，これが公共事業と大きな関わりを持つことになる．すなわち，政府のより長期的な成長政策としては貯蓄奨励策や民間部門の設備投資や住宅投資の促進策を中心とするが(もちろん，社会資本ストックの蓄積も伴う)，短期の景気・雇用対策はもっぱら公共事業の操作によることになるのである．

より具体的には，第3章と第8章でみたように，日本では伝統的に景気・雇用対策として裁量的公共投資が重要な役割を果たしてきた．特に，建設公債が発行されだした1965年度以降にとられた景気対策において，その政策手段の主要な中身は補正予算による公共投資増であった．当初予算の段階でも，前倒し比率(上半期契約進捗率)を操作することによって，公共事業の施行を促進ないし抑制し景気を微調整してきた．また，前倒し比率を閣議決定することが，政府の意思表明としてアナウンスメント効果をもち，家計や企業の将来の期待形成に好ましい影響をもたらした．

その後，バブル崩壊後の財政赤字の急増と1990年代を通じて発動された財政政策の有効性に対する疑問とが重なり，一時的には財政構造改革の錦の御旗の下で，政府も従来のケインジアン流の裁量的な景気対策の発動に対しては消極的になった．しかしながら，不良債権問題の処理が長引く中でデフレ・スパイラルの懸念が台頭し，結局大型の総合経済政策として公共事業の拡大が図られることになった．とはいえ，公共投資の対象分野の見直しを始めとして，旧態依然とした景気・雇用対策としての公共投資に対しては疑問感が定着しつつあるのは確かであり，公共投資の拡大も一時避難的な方策とのコンセンサスが形成されており，不良債権問題の処理が終了し金融システムが再生される21世紀においては再度見直されるのは必至である．

第3に指摘されるのは，公共事業をめぐっての土木・建設業界，官僚，政治家の間での「もたれあい」関係の自己増殖メカニズムの存在である．公共事業の発注を目指して，業界から政治家や官僚に働きかけが行われ，政治家は政治資金や選挙協力を，官僚は天下り先の確保を始めとした諸便益を享受する．そして，一旦出来上がった密接な関係は，公共事業の継続・拡大という面で利害が一致し，結果として公共事業の予算は既得権として確保されてきたという強い批判がある．この点は，しばしば指摘されるように，1980年代以降の公共事業の分野別配分比率の見事なまでの硬直性を一つの根拠としている．

こうした「もたれあい」構造は，地方公共団体を含めることによって完成する．すなわち，都道府県や市町村は地方交付税，地方譲与税，国庫支出金といった形で国からの予算配分を受けるが，その配分を有利に進めるために所轄官庁や代議士に陳情する．この際に大きな影響力を持つのが，地方公共団体の首長とも密接な関係にある地元の土木・建設業界である．中小企業育成を大義名分として，地元事業者への発注を規定した自治体の条例が多く存在する．首長は，公共投資の地元経済への影響と対象社会資本による住民サービス向上を目的として，公共事業を推進する．この過程で，日本中の地域間での所得の再配分が成される．すなわち，国税収入の多い高所得地域から国税収入の少ない低所得地域に所得移転が行われることになるが，そのもっぱらの具体的手段は交付税などの税収の再配分と当該地域における公共事業なのである．

1.2　社会資本整備の効率性

日本における景気対策としての公共投資政策の有効性については前章で少なからず議論したことから，ここではもっぱらストックとしての社会資本整備の効率性について考察する．社会資本整備も稀少資源を用いて行う限りにおいては，その配分においては，資源利用面での効率性が問題となる．この点に関しては，日本においては必ずしも万全の考慮が成されてこなかった感が強い．

具体的には，社会資本のストック面では，生産基盤型社会資本と生活関連型社会資本の配分割合の問題，地域間の配分の問題，そして異なる世代間での社会資本整備費用の分担の問題(現世代の租税による負担と将来世代の租税負担となる国債発行の間の選択)，等があげられよう．ある時点をとった場合に，民間資本ストックの蓄積水準を始めとした経済環境によって望ましい社会資本ストックの絶対水準が決まってくるが，社会資本整備に回す絶対額が所与の下でも，こうした配分の見直しにより効率性を改善する余地がある．どの方向で配分を変革していくかを論じるためには，社会的なコンセンサスを得る必要があろう．日本において，既にそうした変革のコンセンサスができているのか，できていなければ今後どうすべきかを整理しておく必要がある．

日本の社会資本の配分をめぐっては，浅子他(1994)，三井・太田(1995)，吉野・中島(1999)を始めとしていまでは少なからぬ実証分析の蓄積があり，効率性の向上といった観点から変革方向が議論されていないわけではない．例えば，生産基盤型社会資本と比べると生活基盤型社会資本の整備が遅れているとか，相対的には地方圏と比べて都市圏の社会資本の蓄積が遅れているといった指摘がなされている．社会資本に生産力効果がある場合には，経済学的には資源配分の効率性の基準からは，各地方における社会資本の限界生産力がそれぞれ均等化し，しかもその水準が(資本減耗分を調整した上で)民間資本の限界生産力にも等しくなることが必要となる．そうした条件が満たされるように社会資本の地域間配分が成される必要があるが，既述のように，日本では地域間の所得の再分配を目的として公共投資が行われてきた経緯があり，結果として所得の高い都市圏の社会資本の限界生産力の水準と比べて所得の低い地方圏の社会資本の限界生産力の方が低くなってしまっている．こうした社会資本の「地域間配分の失敗」による社会的費用(逸失利益)に関しては，浅子他(1994)の推計では年間当たりGDP(国内総生産)の3%程度に上ると試算しており，決して小さくはない．

社会資本整備の異世代間の負担分担については，社会資本の便益が明らかに異世代間に亘ることから，当然ながら整備に要する費用も世代をまたいだ受益者負担にすべきとの考えがある．これを実際に行う方策が公債発行による資金調達であり，1965年度より公共投資は建設公債の発行によって賄われることになった．しかし，第1次石油ショック後の70年代後半期やバブル経済崩壊後の90年代に顕著に見られるように，公債発行による公共投資が過度に行われ，現世代の負担と比して後世代の負担が過重になる可能性を否定できず，世代間の歪みを生み出している．

1.3 短期の制御可能性と中長期計画との整合性

前章でもみたように，短期における公共投資の制御可能性と社会資本整備の中長期計画との間には，両者間の整合性をめぐってコンフリクトが生じる．本項では，現行制度を大きく変えないまでも，工夫によって改善可能な側面を指摘する．

景気対策に関しては，通常事業規模が公表される．しかし，この事業規模は異質な「事業」を単純に合計したものであり，前章でも問題としたように，真の公共投資にあたる「真水」部分が必ずしもはっきりしない．さらに，地方単独事業における予算の未消化問題もある．最近では，地方財政の負担から，地方単独事業は中央から期待された水準をはるかに下回るとされる．補正予算で大型の景気対策が組まれても，予算の執行遅れや事業の未着手が起こると，当然ながら政策効果は薄れる．

こうした制御可能性の問題を解消するためには，景気対策として発動する公共事業を，地方公共団体レベルで事前に準備しておく必要がある．国から突然公共投資額が上意下達されても，投資分野の制約も多い中でその額の範囲内での投資先が短期間内で思い付かなければ，結局は予算の未消化になってしまう．これを防止するには，いわゆる地方分権によって地方の権限を高め，その地方にとって必要な公共事業分野は地方自らの選択に委ね，しかも日頃からプロジェクト間の優先度を決め，実施計画も煮詰めておくことが望まれる．このような地方レベルの選択を重視する態勢をとることによって，公共事業の分野別配分比率の硬直性は自ずと解消される筈である．換言すれば，それなりの地方分権の導入によってのみ，公共事業をめぐる省庁毎の縦割り行政の硬直性や弊害が排除されるといえよう．

マクロ・ミクロの長期的整備計画との整合性については，前章でも指摘した「割り切り」も必要であろう．すなわち，明らかに長期計画でのプロジェクトの順位付けは，資源配分の効率性の観点から決定するのが望ましいが，景気対策として公共投資を割り当てるにあたっては，景気対策としての機動性を確保する観点から資源配分の効率性基準を多少逸脱するのはやむを得ないと達観すべきことである．

ただし，許容される非効率性にも限度があり，事後的なチェックは必要である．例えば，結果的に事後的に長期間たなざらし状態に放置されることになった公共事業は，たとえ事業半ばであってもいわゆる「時のアセスメント」によって，適切に再評価すべきである．

もっとも，景気が悪いといっても，日本経済は全体としては既に十分豊かな生活水準を享受しており，いたずらに高い経済成長を目指す段階ではない．景気対策としての公共投資にも，無駄な事業の見直しに加えて，そうした節度があってもしかるべきかもしれない．財政の果たすべき資源配分，所得再分配，マクロ経済の安定化の 3 つの機能には依然として期待されるところが大であるが，要はそれを効果的・効率的に，しかもバランスよく行う必要があるということである．

1.4　変化する社会資本の意義

社会資本整備の歴史の中で，21 世紀を迎えて今後の 50 年，100 年を射程に置くならば，根本的に社会資本の意義そのものを考え直すことが有益であろう．そもそも，旧来の社会資本の概念は，明らかに必要条件として「有形固定資本」であることが前提になっており，加えて外部経済や規模の利益の存在など故に「市場の失敗」を惹起することから，電力・鉄道などの私企業によって供給される分野も含めて，何らかの公的介入を正当化する条件が課された分野に摘要されている．

しかし，文字通りの有形固定資本でなくても，一旦支出されたものが，将来にわたって外部性や公共性を持つものは有り得る．代表例が人的資本である．教育投資などの人的資本関係の支出は，その利益の多くは直接個人に帰属するが，中には社会的な生活を営む上での基本ルールの取得など，ネットワーク外部性をもつものもある．こうした部分が義務教育の賜とすれば，義務教育費を公共投資，その累積額を「社会的人的資本」ないし

「人的社会資本」と定義し，広義の社会資本の範疇に含めることも可能である．社会資本の定義の拡張としては，自然環境や街並みの景観などを含めることも考えられる．宇沢(1972, 1994)が提唱する社会的共通資本の概念には，狭義の社会資本(インフラストラクチュア)に加えて，自然資本と制度資本(金融システムや司法制度など)も含まれている．こうして拡張された社会資本の整備のための支出を公共投資として建設公債の発行の対象とすれば，景気・雇用対策の自由度が高まることになる．

また，社会資本の中には外部経済の存在などの公共財的性質を持つものであっても，同時に排除性がありそのサービスの使用に対して料金を徴収できるようなものであれば，その整備をPFIなどの手法によって民間部門に委ねることも選択肢の1つになる．ただし，この場合にも，過度の市場メカニズムの導入が本来の社会資本としての役割を本末転倒させることのないように注意する必要はある．

さて，社会資本の定義が拡張されるとして，今後その整備の重要性が増していくのは情報・通信関連インフラなどの例外もあるものの，全体としては生産基盤型社会資本に比して生活関連型社会資本であり，さらには環境重視型，しかも温暖化対策などの地球環境問題に対処するような分野となることが予想される．生活関連型でも，現時点での日常生活の豊かさが感じられる分野に対する選好が高まるであろう．具体的には，自動車の騒音や排気ガスから自由な交差点や広場，街路樹が生えた街並み，酸性雨やダイオキシンの心配のない環境，杉花粉の飛んで来ない環境，といったところであろう．インフルエンザやO-157菌，あるいは環境ホルモンの危険性からの解決も，社会資本の整備によって可能となろう．小渕内閣が打ち出した空間倍増も重要な方向性であり，日本人も間もなく狭い住環境や満員電車，渋滞する高速道路には閾値を超えて我慢がならず立ち上がるに違いない．

高度成長期以降，個々の問題の解決策として導入されてきた社会資本整備の手法から，哲学のあるビジョンを前提として社会資本の整備を図る手法への転換も望まれる．例えば，自動車の渋滞対策として対症療法的に設置されてきた歩道橋は，障害者ならずとも設計者の人間性を疑う発想の産物である．高速道路網への投資によって淘汰された感のある貨物列車網，魚類や渡り鳥の生息に悪影響を及ぼした海岸や河岸，河口，湿地帯，干潟等の干拓，杉花粉アレルギーの原因でもある全国の森林の針葉樹化，と反人間性や環境破壊につながってきた事例も多い．

日本全国一律の基準によって社会資本整備を追求してきたことも，反省材料である．地域による比較優位の構造を尊重して社会資本整備も図るべきであったところを，地方においても単純に東京での生活を模倣しようとしたのが，個性のある地域経済・地域生活の育成に失敗し，結果として地方の過疎問題を助長してしまったのではないだろうか．ここでも，21世紀に向けて，地方分権の流れに期待すべきことが多いと考えられる．

2　財政再建と景気対策

言うまでもなく，近年の財政・財政政策をめぐる環境には厳しいものがある．すなわち，1990年度に達成した赤字公債発行ゼロの積年の目標もバブルの崩壊に伴ってたちまち持続できなくなり，94年度以降再び赤字公債の発行が漸増し，財政再建を目標に掲げざるを得ない状況に陥った．また，90年代はほぼ一貫した景気の低迷期でもあり，この間の総額100兆円を超える総合経済対策の景気浮揚効果が疑問視されることにもなった．もちろん，こうした景気対策なしでは更に苛酷な長期不況に陥ってしまったことも確かであるし，第8章で強調したように，政策効果が限られたものであった原因として政策発動が万全な態勢でなされなかったこともあげられる．

しかしながら，2000年代に入り，ようやくバブル崩壊後の長期不況に終息の兆候がみられだすと，1997年に一旦成立しながら直後の急激な景気悪化により半年後に凍結された財政構造改革法の凍結解除により，歳入・歳出構造を抜本的に見直す財政再建の必要性が再度強く意識されだしてきたのも確かである．短期の景気対策と長期の財政再建には，必ずしも常に相容れない関係があるわけではないが，90年代に集中的に行われた景気対策や金融システム不安対策によって，財政状況が大きく悪化したこともまた確かであり，その建て直しが強く望まれ出したといえよう．

2.1 財政赤字

戦後日本の国債発行は1965年度の建設公債の発行開始と，10年後の75年度の赤字公債(特例公債)の発行開始が2つの契機となっている．国の一般会計の歳出規模が国内総生産の6分の1弱あるにもかかわらず，租税負担率が先進諸国と比較してそれほど高くなかったことに象徴されるように，不足部分は財政赤字となりその分国債が発行されてきた．

図9-1は戦後日本の財政事情の推移を複眼的に示したものであり，同図上段のパネルには1965年度以降の各年度の公債発行額と公債依存度をプロットしてある．赤字公債の発行は70年代後半に急増し，80年代前半は高止まりし，80年代後半になって急減している．90年度から4年間は赤字公債は発行されなかった(ただし，90年度には湾岸戦争の支援金90億ドルの財源となった1兆円の臨時特別公債の発行があった)が，94年度からは再び発行され出した．

最近時に目を転じると，1992年度以降建設公債の発行額が急増していることが注目される．これは，この時期景気対策としての公共投資の役割が増大したことを反映している．もっとも，その政策が財政事情を急速に悪化させた原因との指摘もあり，政策効果の評価と絡んで今後必要とされる財政構造改革の懸案事項となっている．なお，公債依存度の時系列的推移についてはおおむね公債発行額と同様の動きを示しており，しばらくは79年度の最高34.7%から91年度の最低9.5%までの変動幅でゆったりとした波動を描いていたが，98年度40.3%，99年度43.4%と20世紀末に急上昇した．この動きは，時系列的にはランダム・ウォーク型ないし自己回帰型のパターンの特徴といえ，前年度の公債依存度の水準が当年度にも引き継がれる慣性型でもある．

図9-1にあるように，大蔵省の(楽観的)見積りでは2000年度末の国債の発行残高は約364兆円であり，そのうち56%の203兆円が建設公債，残り44%の161兆円が赤字国債となっている．2000年代に遂行すべき財政再建は，戦後の日本経済にとってはいわば第2次財政再建であって，過

去では1975年度の赤字公債の発行開始から90年度における新規発行ゼロの目標達成までの経緯がある．本項と次項では，この期間に財政赤字が急増する原因の特定と財政再建が達成される真の原因を探る．

2.2　財政赤字の拡大：1975-79年度

1960年代後半期から回顧しよう．この時代までには，日本経済は順調な高度成長を達成した．この期間を通じて，一般会計の規模は安定的な伸びを示し，また多くの年度で当初予算，補正後予算，決算の間にほとんど乖離がみられなかった．換言すれば，この時期には予算の修正を必要とするような突発的な出来事は起こらなかった．

1970年7月になると，65年10月から57か月続いたいざなぎ景気もついに転換期を迎え，景気後退期に入ることとなった．さらに71年8月にはアメリカの新経済政策の発表(ニクソン・ショック)があり，12月には1ドル360円から1ドル308円に切り上げられた．円切り上げの影響もあって景気停滞の様相が濃くなったこともあり，71年度補正予算において公共投資の追加等の景気刺激策をとった．また72年度と73年度は一般会計規模の加速度的な拡大が図られ，当初予算段階の伸び率も20%台にのった．この理由は2つある．第1は，73年2月に変動相場制に移行し円の増価が進んだことから，景気拡張策の一環として積極的な財政運営を目指したこと．第2は，1973年度は「福祉元年」といわれるように年金の物価スライド制が導入された年でもあり，社会保障費等福祉充実のための歳出が増えた．

また，1970年代初頭は金融緩和期でもあり，マネーサプライの急増による過剰流動性が生み出され，田中内閣の日本列島改造論に煽られる形で全国的な地価上昇が起こった．そのような中で，73年の秋に第1次石油ショックが起こり，すでに上昇傾向にあった物価は狂乱物価と呼ばれる高インフレーションにまで至った．政府は急遽インフレの鎮静化のために，金融引締めや財政執行の繰延べ措置をとった．

財政面では，1975年度の補正予算を端緒として赤字公債の発行が始まり，70年代後半にはそれが一方的に拡大した．もっとも，財政赤字の拡

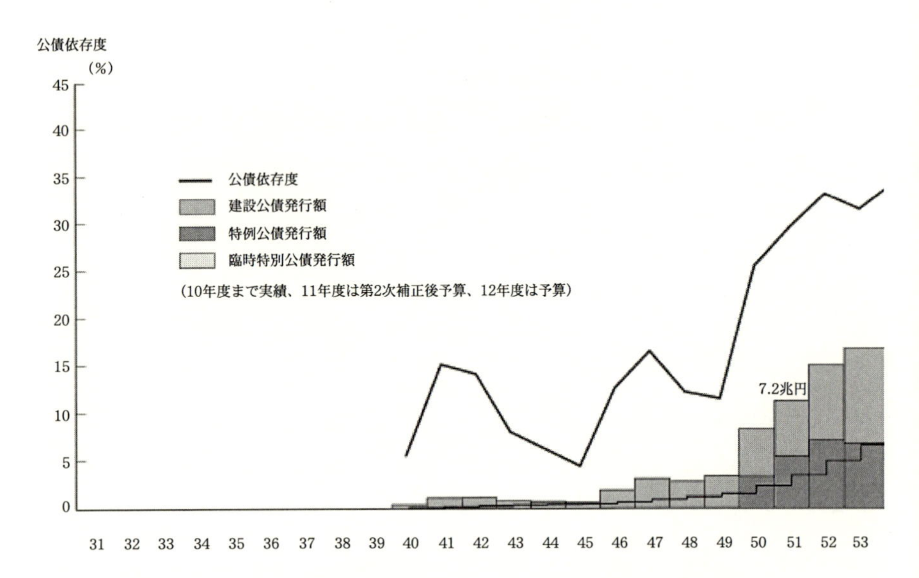

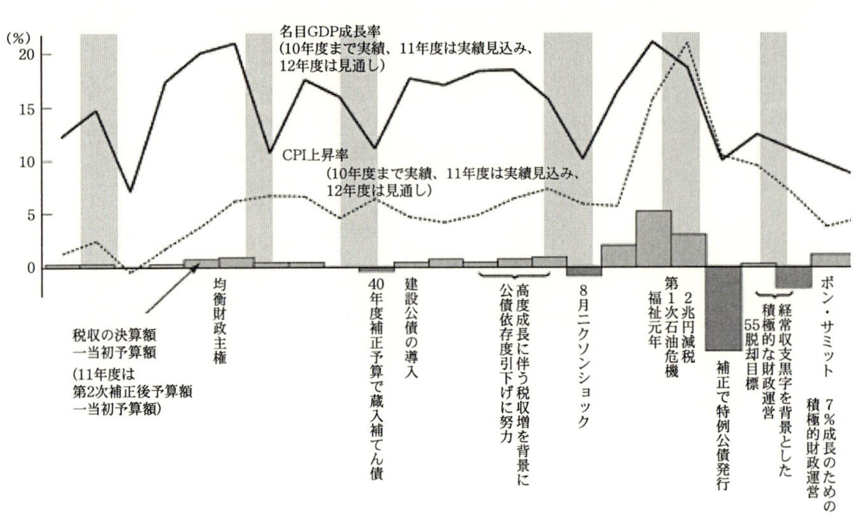

図 9-1　日本の財政の歩み

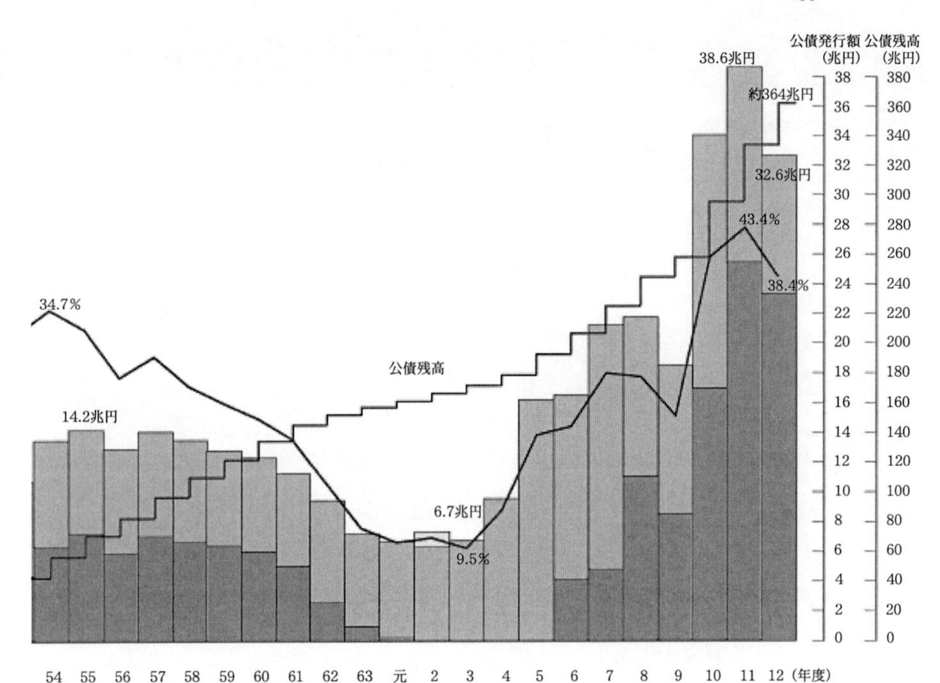

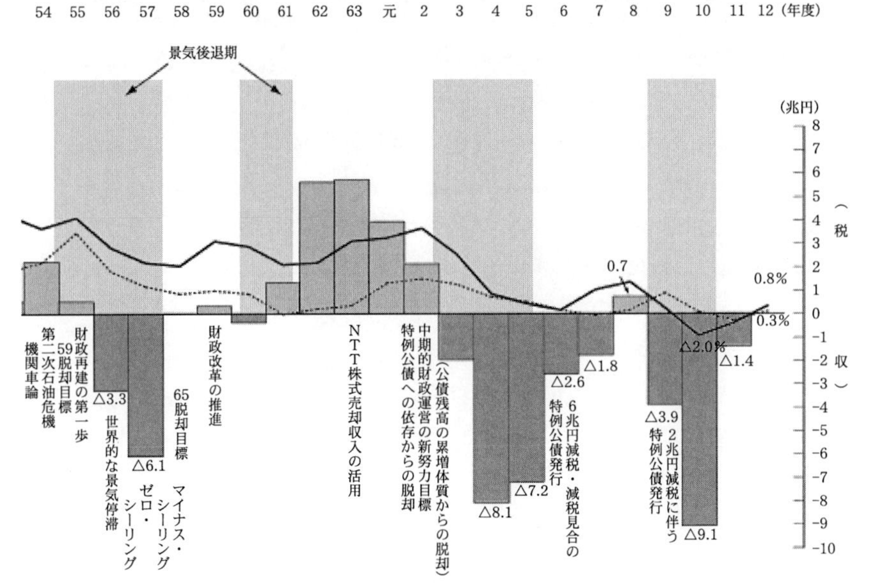

出所) http: //www. mof. go. jp/jouhou/syukei/sy01d. htm

大期のうち76–77年度や79年度は歳出ベースの決算が予算を上回っているが，78年度は決算の方が予算を下回っている．決算が予算を上回った76–77, 79年度についても予算と決算の乖離幅そのものは大きくなく，その意味ではこの時期の財政赤字の拡大は意図せざるものというよりも，ある程度覚悟の上での処方箋だったといえる．

すなわち，第1次石油ショックの起こった1974年度は，当初予算段階では一般会計歳出の規模は伸び率を19.7% と前年度の24.6% と比べて低めに設定したが，補正段階では25.7% と大幅な上方修正を行った．決算段階ではさらに伸び率は高まり，結局29.2% にまで達した．しかし，こうした財政規模の拡大修正にもかかわらず74年度の実質経済成長率は戦後初めてマイナス(−0.2%)となった．続く75年度の財政は，当初予算では24.5% と高率の伸びを見込んだが，補正段階では大幅な下方修正がなされ，決算段階とともに一桁台の伸びとなった．

この時期と高度成長期の財政事情を比較するときに特筆すべきは，経済成長の減速による法人所得の落込みなどにより，税収の伸びが鈍化してきたことである．すなわち，高度成長の配当ともいうべき自然増収はまったく期待できなくなった．そして1975年度には，とうとう財政法の規定を離れた赤字公債(特例公債)の発行に追い込まれることになったのである．

既出の図9–1にもみられるように，1975年度に赤字公債が発行されるのは，直前の第1次石油ショックの影響によることが一目瞭然である．すなわち，同図下段パネルの税収の決算額と当初予算額の差の推移をみると，65年度以降74年度までで税収の決算額が当初予算額を下回ったのは，景気後退期にあたる65年度，71年度の2年度のみであったのが，75年度には前年度の実質マイナス成長の余波もあり3.6兆円(当初予算比20.7%, GNP比2.4%)もの大幅な税収の予期せざる落ち込みをみせた．歳出面では75年度の決算は当初予算を下回っていたことから，75年度に赤字公債の発行に至った直接の原因が，大幅な(当初予算と決算実績が乖離したという意味での)意図せざる税収減によることは明らかである．

さて，1975年度の赤字公債の発行が意図せざるものだったとして，それではなぜ76年度から79年度にかけて，意図した赤字幅の拡大が起こったのであろうか．浅子・伊藤・坂本(1991)は，この点をめぐるいくつかの見解について検討している．これらは，①歳出慣性説，②ケインズ的裁量政策説，③新税導入楽観論である．

浅子・伊藤・坂本(1991)の結論を総括するならば，次のようになる．すなわち，直接的原因となったのは歳出慣性であるのは疑いないが，他方同時に財政赤字の蓄積に対して財政当局が根本的な対処を講じなかったのは，経済成長の長期的減速を過小評価していたことおよび新税導入の楽観的見通しがあったことがあげられる．浅子・伊藤・坂本(1991)では，他にも典型的には1978年のボン・サミット時に展開された，世界景気の牽引役となるべくアメリカ等から積極財政を要請された外圧の「機関車論」が検討されている．しかしながら，この時期は機関車論の外圧がなくとも財政政策は拡張的な方針で運用されていた時期でもあり，全体としてはそのために既存の政策経路に変更を迫ったということは考えられない．したがって，これ自体が独立の説明仮説とはなりにくいが，ケインズ的裁量政策の発動に副次的役割を果たしたとはいえよう．

歳出慣性説について多少詳しく述べるならば，基本的にはこの説では，第1次石油ショック後の潜在成長率減速が1976年度の段階でたとえ認識されていたとしても，それに合わせて歳出構造を手直しするためには時間が必要だったと考える．そうした経費の典型例は，第1次石油ショック直前にプログラムを充実させた社会保障関係費であり，高インフレにスライドして急膨張を余儀なくされることになった．すなわち，社会保障関係費の構成比はトレンドとして上昇し，中でも70年度から75年度にかけての伸びは5.8%ポイントと著しく，75年度から80年度にかけても1.9%ポイントの増加となっている．これは支出規模としては，1.14兆円から3.93兆円へと3.4倍，また3.93兆円から8.21兆円へと2.1倍の伸びに対応している．

物価スライド制の下では，インフレによって社会保障関係費の歳出増が不可避となり，しかもスライドがラグを伴うことからほぼ確実に予見される．このようにみると，意図した財政赤字の拡大過程で，社会保障関係費の急上昇が果たした役割は大きい．さらに，主要経費別分類では陽表的に表れないが，人事院勧告による公務員給与の引き上げも同様の役割を果たした．したがって，財政赤字が意図したものであるとの立場をとると，歳出慣性説は確かに有力な仮説となるのである．

2.3 第1次財政再建：1980-90年度

本項では，財政再建の過程，すなわち意図した財政赤字の縮小過程を考察する．1980年度の「財政再建元年」宣言を経て，82年度予算編成でのゼロ・シーリングの設定，82年9月の非常事態宣言，83年度からのマイナス・シーリングの設定と本格的な再建策がとられ，10年後の90年度に脱却目標がようやく達成された．この流れのなかで重要な役割を演じたのが，財政赤字の拡大過程から本格的な財政再建策がスタートするまでの間に発生した第2次石油ショックである．以下では，まずこのショックが具体的にどのような形で財政再建の姿勢にインパクトを与えたかを考察し，次いで具体的な財政赤字の縮小過程をみる．

まず特筆すべきは，1979年に起こった第2次石油ショックに際して，財政当局がことのほか敏感に反応したことである．その最大の表れが，赤字公債の発行に踏み切ったことである．79年1月の閣議で赤字脱却目標を84年度まで先送りしたものの，いよいよ80年度を財政再建の元年としたのは，一般消費税導入を断念したこととともに，来たるべき第1次石油ショックの再来を覚悟したことが原因にあげられよう．

果たして第2次石油ショックは，景気局面を1980年の2月を山として以後後退期に転じさせた．実質経済成長率の政府見通しは，79年度以降82年度までいずれの年度も過大に見積もり，81,82年度にいたっては乖離幅は2%ポイントにも達した．乖離幅は名目GNPの成長率ではより顕著であり，その結果81,82年度には大幅な意図せざる歳入欠陥に見舞われた．すなわち，第2次石油ショックの帰結として，75年度以来の意図せざる赤字公債の発行に追い込まれることになった．

既述のように，財政赤字の拡大過程では歳出慣性が重要な要因となっていた．そこで，意図した赤字を縮小するためには，まずはこうした歳出の硬直性を見直す必要があった．こうした不退転の決意で導入したのが，82

年度予算編成方針のゼロ・シーリングおよび翌年度から5年間続いたマイナス・シーリングの設定である.

一般歳出の伸び率と名目経済成長率の政府見通しを比較すると，1975年度から79年度までは前者が後者を一貫して上回っていたのに対し，80年度以降は逆に一貫して下回っている．特に，大幅な歳入欠陥を経験した後の83年度以降は概算要求時にマイナス・シーリングが設定され，83年度は経常部門マイナス5%，投資部門0%，84-87年度はより強化され経常部門マイナス10%，投資部門マイナス5%，そしてそれぞれ前年度に意図せざる歳入増加を享受した88-90年度は若干緩和され経常部門マイナス10%，投資部門0%とされた.

このように，財政再建過程で支出の抑制策としてのゼロ・シーリングやマイナス・シーリングが果たした役割は大きい．特に，その結果として，当初予算における一般歳出伸び率が一貫して名目経済成長率の政府見通しを下回っていたことは，予想される税収の動向と合わせて考えると，財政赤字の相対的削減に大きく貢献した.

また，第1次財政再建過程は，時に「増税なき再建」と称せられた．確かに，この間，大規模な税制改革による積極的な増税策はとられていない．しかしながら，高度成長期には減税方向での税制改革が毎年のように行われてきており，その意味では税制改革を実行しないことは，ブラケット・クリープを通じて実質的な増税となる．ブラケット・クリープは，経済成長ないしインフレによって，課税対象額の名目値が上昇することによってより高率の所得階層(ブラケット)に移行し，結果的に対象税率が自動的に引き上げられることから生じる自然増収である．浅子・伊藤・坂本(1991)は，1980年代の財政再建過程における税率上昇のほとんどはブラケット・クリープによると試算している．とりわけ，80年代後半の年度についてはそれが顕著であり，例えば88年度においてはブラケット・クリープによって0.5%ポイントの税率上昇が起こり，それによって1.5兆円の増税となった.

財政再建のプロセスで実質的な増税が進んでいたことは，一般会計税収ばかりでなく地方税や社会保障負担も含めた国民負担率(対国民所得比)の上昇によっても確認される．すなわち，1980年度段階の国民負担率は31.3%であったものが，90年度段階では39.5%となった．この間の一般会計税収の税率の上昇は4.0%ポイントであるから，その2倍強の負担の増加が起こったことになる．

以上をまとめれば，財政再建のプロセスは決して増税なくして達成されたわけではなく，国税の税制改革の表舞台には現れない2つの形態——すなわち，ブラケット・クリープと地方税や社会保障負担の増大——をとって進展したのである．国民負担率の上昇は，必ずしも直接的に一般会計の税収増にはならないが，一般会計からの補塡部分を表面上減少させる形で，財政赤字の縮小に資したわけである．

最後に，第1次財政再建のプロセスでとられた制度改革や特例措置について整理しておこう．この際に重要となるのは，特別会計や地方財政とのやり取りや歳出の繰り延べによって生じたいわゆる「隠れ借金」の規模と，NTT株式の売却や記念金貨の発行等で生じた税外収入の規模である．

まず後者の税外収入のうち，臨時特別収入の色彩が強いのが次の2項目である．まず第1は，電信電話公社の民営化に伴い1986年度から88年度の3年間行われたNTT社の株式売却による収入であり，合計額は10兆円に上る．第2は，86年度に発行された昭和天皇御在位60年記念貨幣からの収入であり，0.37兆円に上る．

次に，隠れ借金の実態をみる．1990年度末段階で「今後処理を要する措置」として残された項目のうち累計額が大きいものは，①国有鉄道清算事業団長期債務(26.20兆円)，②地方財政対策の改革による交付税特会借入金の一般会計振替分(5.83兆円)，③政管健保の棚上げ債務(1.46兆円)，④地方財政対策に伴う後年度負担(1.36兆円)，⑤国民年金特別会計への国庫負担金の繰入平準化(1.22兆円)，⑥政管健保の国庫補助の繰入特例(0.46兆円)，等であり総額は36.53兆円となっている．さらに，厳密な意味での隠れ借金とは異なるものの，それに準じる性格のものとして，⑦公債整理基金特別会計への定率繰入等停止額があり，82年度から89年度までの累計額は15.57兆円に達する．

したがって，広い意味での隠れ借金の残高は，上記①-⑦の合計52.10

兆円に上る．このうち，①の旧国鉄関係の債務は仮に資産とバランスするとして別格扱いしても，②-⑦の項目の合計で25.90兆円に上り，これは1990年度末の赤字公債残高約64兆円の4割強に達する．換言すれば，こうした広義の隠れ借金なしでは，赤字公債残高は40%も増大する．財政再建の成功裏には，こうした特例措置の存在を見逃すわけにはいかない[2]．

3　バブル経済の崩壊と財政構造改革

高度成長の達成や2度にわたる石油ショックの克服など栄光多き日本型経済システムも，1980年代後半期のバブル経済を掉尾の一振として，あるいはその過度のバブル膨張に対する必然の報いとして，グローバル化した世界経済との競争圧力の前で，以後90年代を通じてバブル崩壊後の長期不況に苦しむこととなった．こうした日本経済の逼塞状況に直面して，97年1月20日の第140通常国会の施政方針演説において，6つの構造改革が橋本龍太郎首相によって提唱された．長期不況といっても，当時は93年10月を始点とする戦後12番目の景気循環の拡張期であり，橋本首相の念頭には短期の景気循環の局面の悪化に対する懸念はなく，まさに21世紀に向けた経済社会システムの「変革と創造」の実現をめざし，行政改革，財政改革，社会保障改革，金融システム改革，経済構造改革，および教育改革の6つの改革を一体として断行する決意表明であった．

しかし，実は橋本首相の決意表明が成された2か月後の1997年3月には景気は天井を打ち以後後退期に転じた(ただし，経済企画庁の景気基準日付の正式決定は15か月後の98年6月)．これが，97年11月の北海道拓殖銀行の経営破綻や山一證券の自主廃業，98年10月の日本長期信用銀行の一時国有化，等に代表される金融システム不安と相俟って，その後の深刻な長期不況を招来する端緒となるとは橋本首相ならずとも大多数の景気予測担

2)　ちなみに，5年後の1995年度末における隠れ借金の残高(見込み)は①の国有鉄道清算事業団長期債務が約26.4兆円となり，⑦の公債整理基金特別会計への定率繰入等停止額は1993-95年度に合計9.38兆円増加した(1995年末の累計額は24.95兆円)．また，②-⑥の項目等の合計は15.16兆円である．したがって，①-⑦の合計額は66.51兆円に上ったことになる．

当者の想定外だったに違いない．しかしながら，今から振り返るならば，この景気局面の転換とその後の金融システムの不安定化や株式市場の低迷には，それが起こるべくして起こった要因があった．

すなわち，1997年4月の消費税率の引き上げによる5兆円をはじめとして，97年度中には特別減税の廃止による2兆円，社会保障料率の引上げによる1.5兆円，公共投資減による1.5兆円を併せて前年度と比して合計10兆円近くの財政資金対民間収支面での引揚げがあり，このタイミングを誤った緊縮財政が，97年度において，第1次石油ショック直後の74年度以来の戦後2度目のマイナス成長をもたらしたのである．そもそも90年代前半期を通じては，92年8月の総合経済対策をはじめとして，93年4月，同年9月，94年2月，95年4月，95年9月の合計6回の補正予算に裏打ちされた総合経済対策ないし緊急経済対策が発動されてきたところであり，こうした財政の出動によってはじめて93年10月以来の景気拡張局面が支えられてきた経緯がある．したがって，財政スタンスの転換は景気局面に対しては中立ではありえなかった．こうした判断のミスはまさに「政策不況」との汚名に値しよう．

3.1 財政の「危機的状況」と財政構造改革

戦後日本における財政・財政政策とマクロ経済の関連については第3章や本章第1節で概観しているが，要は陰も陽もある財政や財政政策の歴史によって，はじめて今日の500兆円規模に達する年間GDPや133兆円に上る対外純資産残高(1998年末)，そして対GDP比120％に達する国および地方の債務残高(グロス値，99年度末推計値)の日本経済の現状がある．このうち，国および地方の債務残高の対GDP比は93年にはほぼ半分の63％程度でアメリカと同程度であったものが，その後の6年間でアメリカは57％へと減少したのと比べると対照をなしている．また，G7諸国のなかでもイタリアに次いで2番目に高い比率になっていること，そのイタリアも近年のトレンドは改善傾向にあること，を踏まえると急速に悪化する一方の財政状況は，如何にも日本の財政が「危機的状況」にあることの証左のようにみえる．

当然ながら，こうした危機的兆候が察知されだした段階から大蔵省主計局を中心とした財政当局は警戒警報を発してきた．そうした中で，橋本首相の施政方針演説を受けて 1997 年 1 月には財政構造改革会議が発足し，6 月には 98 年度予算の概算要求で一般歳出の伸びをマイナスにする旨を謳った「財政構造改革の推進について」を閣議決定し，併せて財政構造改革法の早期の国会提出を決めた．結果的には，財政構造改革法は 97 年 9 月に国会に提出され同年中の 11 月に成立した．

成立した財政構造改革法は「財政構造改革五原則」が中心となる．すなわち，

① 財政構造改革の当面の目標を 2003 年度とし，それまでに財政健全化目標(財政赤字対 GDP 比 3%，赤字国債発行ゼロ)の達成を目指す，
② 今世紀中の 3 年間を集中改革期間と定め，期間中は「一切の聖域なし」で歳出の改革と縮減を進める，
③ 1998 年度予算では政策的経費である一般歳出を対前年度マイナスとする，
④ 公共投資基本計画などあらゆる長期計画の大幅縮減を行い，新たな長期計画は一切作成しない，
⑤ 国民負担率(財政赤字を含む)は 50% を超えない，

に従って財政構造そのものについて大胆な見直しを行う筋書きだった．

しかし，既述のように，この財政構造改革法は成立後ほぼ半年の 1998 年 5 月に改正が図られ，財政健全化目標の達成年度の 2 年間の先送り，深刻な不況・災害時等の経済情勢に応じ赤字国債の発行制限規定を一時停止する「弾力条項」の導入，および社会保障費のキャップ(歳出額の上限)を 99 年度だけ緩和，の 3 項目が決まった．さらに，その後に景気対策として追加浮上した恒久減税の財源問題や金融システム安定化のための公的資金投入の財源(10 兆円分は国債発行)との整合性から，財政構造改革法の凍結ないし廃止も時間の問題となり，実際，98 年 7 月の参議院選挙後に就任した小渕恵三首相の下で，財政構造改革法を期限の定めなしに無制限に停止する法案が 98 年 12 月に成立したのである．

3.2 財政状況は真に危機的か

第1節で概観したように，確かに日本の財政状況はとりわけ1990年代の半ばから急速に悪化し，また他の先進諸国と比しても対GDP比での公的債務残高が高くなっている．財政の健全性の観点からは，財政構造改革の必要性も理解できないことはない．しかしながら，現在ないし予想される将来の財政状況は，本当に許容限度を超えているのであろうか．本項では，この問題について2つの視点から考察する．1つは，金融市場の整備の問題，もう1つは負債と資産のバランスシート上の問題である．

(1) 金融市場と国債の発行残高増　国の財政赤字の残高がたとえ500兆円や600兆円といっても，それをゼロにする必要があるわけではない．国債が日本国民に保有されている内国債である限り，一方では国の債務(将来の増税含みという意味で国民の債務)であるのは確かであるが，他方で債権者も日本国民であって，平均的な日本国民像としては債権・債務が相殺する．したがって，国債の累増は，ミクロ的には資産の保有者と債務の保有者の二極分化が進むことを示唆するが，マクロ的には，国債が海外の経済主体に保有されているのでない限り，日本国民全体としては特段問題が生じるわけではない．

伝統的に間接金融優位の金融システムを維持してきた日本経済に「金融革命」をもたらした契機の1つが，1970年代後半期の(当時としては)急速に累増した赤字国債の受け皿先の確保であり，これが結果として金融自由化・国際化に貢献してきた．しかしながら，例えば個人金融資産1200兆円(債務を相殺した純資産では850兆円ほど)といわれた99年において，総資産の6割が現金や預貯金であり，債券や株式の有価証券比率は2割に満たない(残りの2割強は保険・年金)．アメリカの最近のこの比率がそれぞれ順に2割と4割弱であることをふまえれば，まだまだ国債などの有価証券の供給増を吸収する潜在的需要は残っている．

実際，1990年代の長期不況を通じては低金利が続いており，金融市場においては潜在的に国債の需要が供給を上回る状態にある．すなわち，金融市場の厚みを増す意味からは，長期的にはより一層の国債の発行増が望まれさえするのである．国債の発行は，理論的には資金供給者としての国民と資金需要者としての国民の間での資金貸借を，国の経済活動を通じて仲介しているものと解釈される．この貸借を国民同士が直接行う場合の民間の貸借利子率と比べて国債の利子率の方が低ければ，国が介在することは資源配分上も社会的に望ましいことになろう．

こうみると，問題なのは発行残高そのものではなく，経済規模に対して国債の利払い費が発散的に増加してしまい，それを賄うためにさらに国債を発行するといった悪循環に陥ってしまうことである．その場合には国の信用リスクが是認範囲を超え，国債の流通に支障が生じる．こうした顚末を避けるための経済成長率と利子率の間の条件(サステナビリティ条件という)が知られており，日本経済が将来にわたってこの条件を満足しているか否かを厳密に評価するにはそれなりのデータ収集などの準備が必要であるが，既述のように，「それは心配無用」と市場が評価した結果が国債自体の低金利に反映されていると判断すべきである．当然ながら，海外からは国内で相殺し合う国や地方の債務残高よりも，海外に対する債権である対外純資産残高の方がより印象深いものがあるはずでる．

なお，国債の累増に関連して，世代間の負担分担の不公平を問題にする見解がある．これは，公的年金制度による保険料支払い・年金受け取りの生涯計算に関連して議論される場合が多いが，公平・不公平は社会資本の費用・便益計算等にも当てはまる「世代会計」の概念で把握される．しかし，この問題は国債の累増全般というよりは，転換期にある公的年金制度などの構造改革にとっての改革方向の拠り所となるべき概念であり，ここでは立ち入らないことにする．ただし，1点だけコメントしておくべきは，過去において高い公的支出水準を維持しながらヨーロッパの先進諸国等と比べると相対的にかなり低い国民負担率で推移してきた日本では，当然ながらその差が国債や地方債の累増となってきたわけであり，その帰結は，国民の選択として織り込み済みであったと解釈すべきことである．

(2) 公有財産の評価　国債や地方債の累増の「危機的状況」に関連してもう1つの視点を提供するのが，国や地方政府が保有する資産の評価である．負債に見合う資産があれば，国債や地方債の累増を憂いる根拠は薄いものとなる．それでは，国や地方の資産はどれくらいあるのだろうか．

1997年度における一般政府(国，地方，および社会保障基金)のバランスシートをみると，グロスの債務残高が481兆円(国債272兆円，地方債等136兆円，その他72兆円)に対して，金融資産が370兆円あり，ネットの債務残高は111兆円となる．これは対GDP比では21.9%であり，グロスの債務残高が対GDP比で95.2%に達するのとは，財政の「危機的状況」の判断材料としては多いに異なった情報を与える可能性がある．

資産の太宗を占めるのが社会保障基金積立金238兆円であり，残りの資産132兆円は特殊法人等への出資金，貸付金，外貨準備等からなる．これらは必ずしも財政収支の補塡に用いることができるものではないが，少なくとも資産の運用益は期待でき，この分は原理的には債務の利子支払いを相殺するであろう．また，以上の資産は金融資産に限定したものであって，この他に固定的な実物資産があることも忘れてはならない．

実物資産については，大蔵省理財局の調べによると1997年度末現在，国の行政事務や事業に直接使用されている行政財産が49.3兆円，国の仕事には直接使われていない普通財産が46.3兆円，合せて95.6兆円の国有財産がある．ただし，普通財産には政府出資等の34.4兆円が含まれており，この部分は金融資産として計上済みであるから，これを除くと追加資産額は61.2兆円となる．したがって，ネットの債務残高は50兆円程度となり，さらに「危機的状況」が緩和する．

さらに，以上の国有財産はあくまでも国有財産であって地方政府の実物資産は対象外となっていること，道路，河川などの社会資本の一部も対象外であること，国有財産の土地等の時価評価額に対しては過小評価であり相当額の「含み」があるとの見解もあること，等をふまえるならば一般政府の債務残高に見合う資産がありネットの債務残高は限りなくゼロに近いか，試算法によってはマイナス(すなわち純資産)となる可能性もあろう．

(3)「強い意味での持続可能性」と「弱い意味での持続可能性」　最後に，日本の財政赤字の持続可能性について検討しよう．政府債務が持続可能か否かをめぐっては，財政当局の試算を始めとしていくつものシミュレーション分析や時系列分析に基づく実証分析が報告されている(例えば，土居・中里 1998)．それぞれの実証分析上の前提の違いなどによって，結果もイエスとノーが混在している．ここでは，実際にデータに基づいた検証を試みるわけではないが，考え方を述べたい．

従来のアプローチでは，まずは利用できる情報を最大限利用して将来の財政赤字の経路を推計する．そして，この経路と適当な割引率を基に，無限先における政府債務残高の期待割引現在価値がゼロとなるか否かをチェックする．具体的にチェックする方法は明示的直截的なものであったり間接的なものであったりするが，いずれも，将来における政府や民間経済主体の行動原理には，現時点で予測できる範囲から逸脱することはないものと想定する．

さて，ここで問題としたいのは，仮に政府債務残高の経路が発散経路に乗っているとして，政府なり民間セクターが，それを放置するだろうかという問いである．もちろん，「放置したくないが，実際上放置せざるを得ない」という状況も考えられなくはない．しかし，国民負担率が既に100% に近いような国民経済ならいざ知らず，50% にも達していない日本においては，その気になって国民負担率を高めれば発散経路を修正することは何時でも可能と考えられる．

したがって，財政赤字の持続可能性の問題は，いくつかの段階に分けて整理されるべきであると考える．国民全体がその気になって対処するという前提下の「強い意味での持続可能性」は，例えば国民負担率が 70% 以下の国民経済は条件を満たすとほぼ自動的に判定する．もちろん，閾値となる国民負担率については 70% である必然性はなく，さらに細分してもよい．日本のように，こうした「強い意味での持続可能性」条件をクリアした場合には，経済成長率と実質利子率の間での相対的関係を問う「弱い意味での持続可能性」条件をチェックすればよい．

前述の 1990 年代の日本の国債の低金利には，たとえ「弱い意味での持続可能性」条件には疑問符がつくことがあったとしても，「強い意味での持続可能性」には決して疑問符がつかないという，投資家の確信が反映されているものと見なせるのではないだろうか．

4　おわりに

戦後直後や高度成長期，さらには石油ショック後の低成長期と比べても，近年の経済構造は変化してきた．したがって，マクロ安定化政策のあり方や有効性が変化してきたのも当然な面もある．しかしながら，その変化は必ずしもマクロ安定化政策の絶対的有効性を完全否定するものであるとは限らず，実際本書第I部第2章の実証分析をはじめとして，日本経済のマクロデータからは財政金融政策の潜在的有効性は依然として検出されるとの報告が多い．

前章をはじめとして本書を通じて，本来有効な政策手段もその使い方によっては，現実には顕著な形では有効性を発揮しない可能性があることに言及してきた．景気対策としての公共投資の操作に焦点を当てるならば，短期において「支出すべき公共投資額を実際に支出できているか」といった公共投資額そのものの制御可能性，社会資本整備の中長期計画との整合性，財政構造改革法にみられる財政再建との整合性，等々の基本的問題から，タイミングよく政策発動できているか，といった政策運営上の「熟練」なりノウハウの問題まで多彩なポイントとなるべき論点がある．

1990年代後半期以来のデフレ・スパイラルを危惧した政策運営に頼る日本経済も，21世紀を迎えて，自律回復の兆しが見えてきた．短期の景気回復か財政再建かといった二者択一の選択も，そろそろトレード・オフの関係でなくなってきたといえよう．90年代に経験したアメリカ経済の謳歌を，日本も遅れて享受するのであろう．もっとも，その場合でも，マクロ経済の安定には引き続き財政金融政策のファイン・チューニングが不可欠と考えられる．

参考文献

邦　文

浅子和美(1980)「金融・財政政策の「アナウンスメント効果」と安定化政策」『週刊東洋経済』臨時増刊近代経済学シリーズ 54 号，44-53 頁.

――――(1982a)「期待の役割および金融財政政策とインフレーションの計量分析―米国のデータを用いて」『米国のインフレーションの現状と今後の見通し等についての調査研究報告書』世界経済研究協会，57-92 頁.

――――(1982b)「マクロ安定化政策は有効か―合理的期待学派の理論を中心に」日本経済新聞社『季刊現代経済』臨時増刊 49 号，40-55 頁.

――――(1984a)「簡単なマクロ・モデルと日本経済」『経済セミナー』355 号，37-43 頁.

――――(1984b)「合理的期待形成仮説とマクロ安定化政策」政策構想フォーラム編『論争―経済政策は有効か』東洋経済新報社，131-153 頁.

――――(1987)「政府支出の乗数効果の実証分析」藪下史郎・浅子和美編『日本経済と財政政策―マクロ経済と財政赤字の分析』東洋経済新報社，59-95 頁.

――――(1988)「主流派経済学の新しい波」『別冊宝島』(JICC 出版局) 82 号，138-168 頁.

――――(1996)「景気対策としての公共投資」『公共投資の経済波及効果分析に関する調査』財政経済協会，101-119 頁.

――――(1999a)「財政構造改革と日本経済」『経済研究』第 50 巻第 13 号，238-248 頁.

――――(1999b)「変化する社会資本の意義」社会資本整備研究会・森地茂・屋井鉄雄編著『社会資本の未来―新しい哲学と価値観でひらく 21 世紀の展望』日本経済新聞社，189-206 頁.

――――(2000)「戦後日本のマクロ安定化政策」東京大学社会科学研究所『社会科学研究』第 51 巻第 2 号，19-42 頁.

浅子和美・浅田利春・坂本和典・佐野尚史・司淳・中川和明・中田眞豪・長尾知幸・舟橋雅己・村達男(1991)「戦後日本の景気循環：定型化された事実」『フィナンシャル・レビュー』第 19 号，124-183 頁.

浅子和美・伊藤隆敏・坂本和典(1991)「赤字と再建：日本の財政 1975-90」『フィナンシャル・レビュー』第 21 号，131-162 頁.

浅子和美・上田貴子(1997)「財政政策のラグ―DP マッチングによる推計」『道路資本整備の需要創出効果に関する研究』財政経済協会，61-70 頁.

――――・――――(1998)「財政政策の外部ラグ」『公共投資の長期的・短期的経済効果の研究』財政経済協会，85-103 頁.

浅子和美・内野裕子(1987)「日本の銀行貸出市場――不均衡分析の新しい視点」『金融研究』第6巻第1号，61–98頁.

浅子和美・大久保正勝(1999)「日本経済のマクロモデルと構造変化」『マクロ経済の構造変化に関する調査研究』財政経済協会，7–21頁.

浅子和美・加納悟(1989)「日本の財政金融政策の政策目標と制御可能性：1968–1986」『フィナンシャル・レビュー』第11号，43–81頁.

浅子和美・加納悟・倉澤資成(1993)『マクロ経済学』新世社.

浅子和美・國則守生(1989)「設備投資理論とわが国の実証研究」宇沢弘文編『日本経済――蓄積と成長の軌跡』東京大学出版会，151–182頁.

浅子和美・佐野尚史・長尾知幸(1989)「経済予測の評価」『フィナンシャル・レビュー』第13号，10–33頁.

浅子和美・常木淳・福田慎一・照山博司・塚本隆・杉浦正典(1994)「社会資本の生産力効果と公共投資政策の経済厚生評価」経済企画庁経済研究所『経済分析』第135号.

有賀健・金古俊秀・坂本和典・佐野尚史(1992)「戦後日本の景気循環――価格・賃金・マークアップ」『フィナンシャル・レビュー』第22号，130–161頁.

今川健(1999)「トービンのq理論による日本の投資関数：サーベイと試行例」中央大学経済学研究会『経済学論纂』第39巻第3・4合併号，55–95頁.

岩田規久男(1993)『金融政策の経済学――「日銀理論」の検証』日本経済新聞社.

岩田規久男編著(2000)『金融政策の論点――検証・ゼロ金利政策』東洋経済新報社.

岩本康志・大竹文雄・齊藤誠・二神孝一(1999)『経済政策とマクロ経済学』日本経済新聞社.

宇沢弘文(1972)「社会的共通資本の理論的分析」『経済学論集』第38巻第1，3号.

――――(1994)「社会的共通資本の概念」宇沢弘文・茂木愛一郎編『社会的共通資本：コモンズと都市』東京大学出版会，15–45頁.

大久保正勝・浅子和美(1999)「土地評価と資金調達――電気機械と化学工業の設備投資をめぐって」『住宅問題研究』(住宅金融普及協会)第15巻第2号，3–24頁.

大瀧雅之(1994)『景気循環の理論』東京大学出版会.

小川英治(1994)「為替変動と金融システムの安定性――1980年代後半の日本銀行の金融政策運営を中心に」『ビジネス・レビュー』(一橋大学産業経営研究所)第41巻第3号，69–90頁.

小野善康(1992)『貨幣経済の動学理論――ケインズの復権』東京大学出版会.

貝塚啓明(1967)「安定政策の目標と金融政策」木下和夫編『経済安定と財政金融政策』日本経済新聞社，145–166頁.

加藤寛孝(1979–80)「経済理論における予想形成仮説の検討(上)(中)(下)(続)(続2)(完)」『週刊東洋経済』臨時増刊近代経済学シリーズ49–54号.

加納隆(1997)「インフレーションと経済成長」浅子和美・大瀧雅之編『現代マクロ経済動学』東京大学出版会，163–201頁.

釜国男(1987)「金融政策の目標と効果」『日本経済研究』No.17，32–44頁.

経済企画庁経済研究所編(1998)「短期日本経済マクロ計量モデルの構造とマクロ経

済政策の効果」『経済分析』第157号.
小宮隆太郎(1988)『現代日本経済』東京大学出版会.
財政制度審議会(1995)『財政の基本問題に関する報告』.
齊藤誠(1996)『新しいマクロ経済学：クラシカルとケインジアンの邂逅』有斐閣.
地主敏樹(1992)「金融政策当局の反応関数—国際比較の試み」神戸大学『国民経済雑誌』第166巻第2号，79–103頁.
清水滋・伊藤由樹子・椥沢徹郎(1995)『制度疲労が生む曖昧さ—総合経済対策を点検する』JCERPAPER No. 36，日本経済研究センター.
鈴木淑夫(1984)「日本の金融政策：効果波及経路と有効性」『金融研究』第3巻第2号，1–15頁.
鈴木淑夫・黒田晁生・白川浩道(1988)「日本の金融市場調節方式について」『金融研究』第7巻第4号，43–65頁.
田中敦(1994)「金融政策の反応関数—レジーム・シフトの計量分析」『経済学論究』(関西学院大学)第48巻第3号，161–177頁.
田村茂(1986)「金融自由化の下での銀行貸出とマネー・サプライ」『金融調査研究会報告書(7)』(全国銀行協会連合会)，41–58頁.
釣雅雄・浅子和美(2000)「社会資本ストックと家計消費」『日本経済の構造変化と財政政策に関する調査』財政経済協会.
土居丈朗・中里透(1998)「国債と地方債の持続可能性—地方財政対策の政治経済学」『フィナンシャル・レビュー』第47号，76–105頁.
西村和雄・増山幸一・吉田真理子(1989)「経済変動：均衡景気循環理論」伊藤元重・西村和雄編『応用ミクロ経済学』東京大学出版会，265–301頁.
西村清彦(1989)「マクロ経済学：不完全競争分析」伊藤元重・西村和雄編『応用ミクロ経済学』東京大学出版会，229–263頁.
日本銀行金融研究所編(1986)『わが国の金融制度(新版)』日本銀行金融研究所.
————(1995)「ワークショップ『金融政策目標と中央銀行』」『金融研究』第14巻第3号，21–76頁.
野口悠紀雄(1996)「有効需要策，高度成長生まず」『日本経済新聞』4月9日朝刊.
畑農鋭矢(2000)「公共投資の民間投資誘発効果」『日本経済の構造変化と財政政策に関する調査』財政経済協会.
伴金美(1996)「マクロ計量モデルにおける公共投資の乗数効果：展望と評価」『公共投資の経済波及効果分析に関する調査』財政経済協会，65–76頁.
星岳雄(1997)「資本市場の不完全性と金融政策の波及径路—最近の研究成果の展望」『金融研究』第16巻第1号，105–136頁.
————(2000)「金融政策と銀行行動—20年後の研究状況」福田慎一・堀内昭義・岩田一政編『マクロ経済と金融システム』東京大学出版会，23–56頁.
堀内昭義・高橋俊治(1981)「マネー・サプライ・コントロールの「貨幣乗数アプローチ」」『経済研究』第32巻第1号，49–66頁.
三井清・太田清編著(1995)『社会資本の生産性と公的金融』日本評論社.
宮川努(1997)「設備投資理論の進展と実証分析の多様化」浅子和美・大瀧雅之編

『現代マクロ経済動学』東京大学出版会，283–322 頁.
安田正(1981)「マネーサプライ・コントロールのあり方」『金融研究資料』第 10 号，37–62 頁.
吉川洋(1984)『マクロ経済学研究』東京大学出版会.
吉川洋編著(1996)『金融政策と日本経済』日本経済新聞社.
吉野直行・中島隆信編(1999)『公共投資の経済効果』日本評論社.
吉野直行・義村政治(1997)「金融政策の変化とマネーサプライ」浅子和美・福田慎一・吉野直行編『現代マクロ経済分析：転換期の日本経済』東京大学出版会，57–83 頁.
脇田成(1998)『マクロ経済学のパースペクティブ』日本経済新聞社.
渡辺努(1995)「免責条項付き金融政策ルールの推計」本多佑三編『日本の景気――バブルそして平成不況の動学実証分析』有斐閣，195–217 頁.

欧 文

Asako, Kazumi (1983), “The Utility Function and the Superneutrality of Money on the Transition Path,” *Econometrica*, Vol. 51 No. 5, pp. 1593–1596.

——— (1984), “Money Supply Uncertainty and Activist Stabilization Policy under Rational Expectations,” *The Economic Review* (*Keizai Kenkyu*), Vol. 35 No. 4, pp. 368–371.

——— (1987a), “On the Optimal Short-Run Money-Supply Management under the Monetarist Long-Run Money-Supply Rule,” *The Economic Studies Quarterly*, Vol. 38 No. 1, pp. 46–60.

——— (1987b), “Money Supply Rules and Non-Superneutrality of Money,” *Economia* (*Journal of the Economic Society of Yokohama National University*), No. 95, pp. 16–25.

Asako, Kazumi, Takatoshi Ito and Kazunori Sakamoto (1991), “The Rise and Fall of Deficit in Japan,” *Journal of the Japanese and International Economies*, 5, pp. 451–472.

Asako, Kazumi, and Satoru Kanoh (1997), “Objectives of Japanese Monetary Policy—Estimation by the Time-Varying Logit Model,” *The Economic Review* (*Keizai Kenkyu*), Vol. 48 No. 4, pp. 351–367.

Blanchard, Olivier J., and Danny Quah (1989), “The Dynamic Effects of Aggregate Supply and Demand Disturbances,” *American Economic Review*, 79, pp. 655–673.

Brainard, William (1967), “Uncertainty and the Effectiveness of Policy,” *American Economic Review*, 57, pp. 411–425.

Bryant, Ralph C. (1990), “Model Representation of Japanese Monetary Policy,” *Bank of Japan Monetary and Economic Studies*, Vol. 9 No. 2, pp. 11–61.

Chow, Gregory C. (1975), *Analysis and Control of Dynamic Economic Systems*,

New York: John Wiley.

Craine, Roger (1979), "Optimal Monetary Policy with Uncertainty," *Journal of Economic Dynamics and Control*, 1, pp. 59–83.

Fellner, W. (1980), "The Valid Core of Rationality Hypotheses in the Theory of Expectations," *Journal of Money, Credit and Banking*, 12, pp. 763–787.

Fisher, Irving (1933), "The Debt-Deflation Theory of Great Depression," *Econometrica*, 1, pp. 337–357.

Friedman, Milton (1961), "The Lag in Effect of Monetary Policy," *Journal of Political Economy*, 69, pp. 447–466.

——— (1968), "The Role of Monetary Policy," *American Economic Review*, 58, pp. 1–17.

Gordon, Robert J., ed. (1970), *Milton Friedman's Monetary Framework: A Debate with His Critics*, Chicago: The University of Chicago Press.

Hamori, Shigeyuki, and Kazumi Asako (1999), "Government Consumption and Fiscal Policy: Some Evidence from Japan," *Applied Economics Letters*, Vol. 6, pp. 551–555.

Holbrook, R. S. (1972), "Optimal Economic Policy and the Problem of Instrument Instability," *American Economic Review*, 62, pp. 57–65.

Hutchinson, Michael M. (1988), "Monetary Control with an Exchange Rate Objective: The Bank of Japan, 1973–86," *Journal of International Money and Finance*, 7, pp. 261–271.

Ito, Takatoshi (1988), "Monetary Targeting in Japan: 1975–1988," Paper Presented at the MOF-NBER international symposium on "Macroeconomic Policy in the New Era," November 1–2, 1988, Tokyo.

Lucas, Robert E., Jr. (1972), "Expectations and the Neutrality of Money," *Journal of Economic Theory*, 4, pp. 103–124.

——— (1976), "Econometric Policy Evaluation: A Critique," in K. Brunner and A. H. Meltzer eds., *The Phillips Curve and Labor Markets*, Amsterdam: North-Holland.

Modigliani, Franco (1977), "The Monetarist Controversy or, Should We Forsake Stabilization Policies?" *American Economic Review*, 67, pp. 1–19.

Mundell, Robert A. (1968), *International Economics*, New York: The Macmilan Co..

——— (1971), *Monetary Theory: Inflation, Interest, and Growth in the World Economy*, Santa Monica, California: Goodyear Publishing Co..

Okun, Arthur M. (1972), "Fiscal-Monetary Activism: Some Analytical Issues," *Brookings Papers on Economic Activity*, No. 1, pp. 123–163.

Sargent, Thomas J., and Neil Wallace (1975), "'Rational' Expectations, the Optimal Monetary Instrument, and the Optimal Money Supply Rule," *Journal of Political Economy*, 83, pp. 241–254.

Sidrauski, M. (1965), "Rational Choice and Patterns of Growth in a Monetary Economy," *American Economic Review, Papers and Proceedings*, 55, pp. 534–544.

Taylor, John B. (1993), "Discretion versus Policy Rules in Practice," *Carnegie-Rochester Conference Series on Public Policy*, 39, pp. 195–214.

Tinbergen, J. (1952), *On the Theory of Economic Policy*, Amsterdam: North-Holland.

Tobin, James (1965), "Money and Economic Growth," *Econometrica*, 33, pp. 671–684.

——— (1975), "Keynesian Models of Recession and Depression," *American Economic Review*, 65, pp. 195–202.

——— (1980), "Stabilization Policy Ten Years After," *Brookings Papers on Economic Activity*, No. 1, pp. 19–71.

Turnovsky, Stephen J. (1977), *Macroeconomic Analysis and Stabilization Policies*, London: Cambridge University Press.

索　引

あ　行

か　行

さ　行

た　行

な　行

は　行

ま 行

や 行

ら・わ行

■岩波オンデマンドブックス■

一橋大学経済研究叢書 49
マクロ安定化政策と日本経済

2000年12月25日　第1刷発行
2001年11月28日　第2刷発行
2016年10月12日　オンデマンド版発行

著　者　浅子和美（あさこかずみ）

発行者　岡本　厚

発行所　株式会社 岩波書店
〒101-8002 東京都千代田区一ツ橋 2-5-5
電話案内 03-5210-4000
http://www.iwanami.co.jp/

印刷／製本・法令印刷

ISBN 978-4-00-730503-0　Printed in Japan